天津市社区社会工作实务指导丛书

最暖心
社工故事选编

ZUINUANXIN
SHEGONG GUSHI XUANBIAN

天津市社会工作协会 编

中国社会出版社
国家一级出版社·全国百佳图书出版单位

图书在版编目（CIP）数据

最暖心社工故事选编／天津市社会工作协会编．
—北京：中国社会出版社，2017.3
（天津市社区社会工作实务指导丛书）
ISBN 978－7－5087－5583－0

Ⅰ.①最…　Ⅱ.①天…　Ⅲ.①社区—社会工作—案例—天津
Ⅳ.①D669.3

中国版本图书馆 CIP 数据核字（2017）第 022751 号

丛　书　名：天津市社区社会工作实务指导丛书
书　　　名：最暖心社工故事选编
编　　　者：天津市社会工作协会

出　版　人：浦善新
终　审　人：王　前
责 任 编 辑：张　迟　　　　**责任校对：**董凯丰

出 版 发 行：中国社会出版社　**邮政编码：**100032
通 联 方 法：北京市西城区二龙路甲 33 号
电　　　话：编辑室：（010）58124856
销售部：（010）58124850
网　　　址：www.shcbs.com.cn
shcbs.mca.gov.cn
经　　　销：各地新华书店

中国社会出版社天猫旗舰店

印 刷 装 订：保定彩虹印刷有限公司
开　　　本：170mm×240mm　1/16
印　　　张：15.25
字　　　数：230 千字
版　　　次：2017 年 3 月第 1 版
印　　　次：2018 年 4 月第 3 次印刷
定　　　价：48.00 元

中国社会出版社微信公众号

天津市社区社会工作实务指导丛书编委会

前言 | PREFACE

社会工作是一门科学，也是一门专业，其目的在于协助人们解决其个人、群体（尤其是家庭）、社区的问题，以及运用个案工作、小组工作、社区工作、行政和研究等方法，促使个人、群体和社区之间的关系达到满意的状态。

为了更好地帮助广大社区社会工作者尽快掌握科学、专业的助人技巧，提高社会工作人员职业素质和专业水平，天津市社会工作协会联合全市各区民政部门，成立编委会，收集整理基层社区工作人员开展工作的亲身事例、工作经历、创建项目等，通过层层筛选、择优录用，汇编形成一套“天津市社区社会工作实务指导丛书”。

本套丛书分为三个部分，共6册。第一部分为社区社会工作典型案例，包括《社区社会工作案例选编·民主协商篇》《社区社会工作案例选编·为民解困篇（上下）》《社区社会工作案例选编·处理纠纷篇》《社区社会工作案例选编·精神文化篇》4册；第二部分为最暖心社工故事，《最暖心社工故事选编》1册；第三部分为最具影响力社工项目，《最具影响力社工项目选编》1册。

本书内容均为专业社工、社工机构或服务对象亲身经历的实务案例，内容真实。同时，本书在理念、技巧、方法和问题解决方面都较好地体现了社会工作的专业性、理论性和创新性，具有很强的示范性和借鉴性。

目录 | CONTENTS

以居民利益为先　做社区群众知心人

王　蕊

成立于2003年的泰丰社区现有专职工作人员7人，虽然毕业于不同专业，但大家始终坚信“道虽通不行不至，事虽小不为不成”，从每一件小事做起，从点点滴滴做起，在平凡的岗位上勤于学习、勤奋工作、努力钻研、不断进取，积极完成上级领导部门委派的各项工作任务。与此同时，作为与社区居民接触最为密切的群体，全体社区工作人员将“以人为本”的工作理念贯穿于日常工作，想民之所想，急民之所急，竭尽全力为民办事，做社区群众的知心人。

一、关爱老年群体，做群众知心人

作为开发区较早成立的社区，泰丰社区所辖区域内人口结构呈现出老龄化趋势。为做好社区老年人口服务，满足日益增长的居家养老需求，泰丰社区在提升社会工作专业技能、拓宽工作思路的同时，结合公益项目，整合社区资源，鼓励社区工作者融入老年群体，倾心关怀，悉心服务。在与老人们的接触中，了解他们的内心想法和实际困难。在“走出去”的过程中，社区工作者们逐渐了解了老人们的生活，感受到老人们光鲜外表下的无助和无奈。一些老人不愿与外人道的苦恼却愿意“透露”给这些朝夕相处的年轻社区工作者，也由此演绎了一段段感人的、暖心的社区工作者故事。

2015年3月一大早，泰丰社区居民孙阿姨、王阿姨带着一面写着“服务见真情 忠诚印寸心”的锦旗来到泰丰社区，对社区全体工作人员走访居民、了解居民困难并利用业余时间竭尽全力为居民群众服务的工作态度和工作作风表示感谢。

事情的起因要追溯到2015年1月。孙阿姨患乳腺癌住院手术，因儿子在外地工作，儿媳要照顾家中年幼的孩子，手术后出院复查、换药无人陪同。社区工作人员了解这一情况后，多次利用业余时间陪伴孙阿姨到医院复查、换药。社区的贴心服务为术后恢复中的孙阿姨带来更多的温暖和支持。病愈后，她与同样在困难中接受过社区帮助的王阿姨为社区送来了锦旗。

为民服务的故事温馨、温暖，危急时刻社区工作者与居民间的亲情互动也让人不禁感慨大爱无疆。就在2015年母亲节的前夕，泰丰社区一位90多岁、患有阿尔茨海默病的老奶奶在午休时趁家人不注意，从家中走失。家人在寻找一夜无果后遂向辖区派出所报案。次日清晨，泰丰社区工作人员得知后，迅速将该消息在居民QQ群里进行转发，号召社区在职党员、居民及各文体队伍成员在泰丰公园附近寻找，并通知各物业公司予以关注留意。工作人员根据家属提供的老人的体貌特征，沿工业区方向寻找，最终在五大街尽头马路边发现老人并将其送回家中。所幸，老人只是手被树枝划破，并无大碍。为表达感谢，当事人的女儿也为社区送来了一面锦旗。

紧要关头，社区工作者的爱心接力让当事人家属感动，更让每一个参与其中的人感到欣慰。

二、践行社会责任，灾难面前义无反顾

作为基层社区工作者，在“8·12故事”发生当日，泰丰社区的工作人员第一时间到岗，组织物业公司、志愿者，共同安抚居民情绪，疏散居民，保证社区周边重点场所及居民小区安全稳定。

面对2500余户居民、底商不同程度地受损，社区工作人员连续多天值班到晚间10点，详细地记录了居民家中的受损情况，为后期配合各部门开展救援、维修、安置等工作发挥了信息支持方面决定性的作用。这也是泰丰社区“救援处置大数据”管理机制的良好体现。

“8·12故事”发生当日，距社区一名80后工作人员妻子的预产期还

有一周时间，但是他始终坚守在小区的救助安置工作组，为来访登记的群众耐心做好解释工作，并及时协助办理安置补贴等申领登记工作。在妻子分娩当天，他仍然坚守在救助安置的现场，继续为广大受灾群众进行服务。同时作为80后的他在大灾大难面前，勇挑重担，积极参与重灾小区的排险和垃圾清理等工作。他往复徒步攀爬33层的楼宇数日，虽然腰酸背疼，但还是一如既往地坚持着。当时正值盛夏，由于爆炸导致断电，居民家中冰箱里的食物都不同程度地腐败变质，捂着鼻子都能感觉到气味难闻，更别提垃圾中的各种蝇虫。但他仍旧默默地一户户、一层层清理着。当将垃圾清理完毕时，他身上都是垃圾腐败的味道，但他没有任何怨言，继续进行着后续的救援工作。

虽然，社区的救援安置工作比起在火灾爆炸事故核心区的消防、武警官兵救援排险工作危险程度相去甚远，但是群众的心理安抚、协助救援、有序疏导、妥善安置、房屋修缮等工作也是非常重要的。

社区工作是平凡的，见惯了柴米油盐、摩擦琐碎；社区工作是质朴的，印证了居民与社工间的将心比心、以诚相待。短短几年的社区工作经历，让我们见证了社区发展繁荣的时代变迁，也见证了社区同人们历练成长的足迹。暖心的社工故事，讲述了爱与关怀，润物无声。

（作者单位：滨海新区泰丰社区）

助人自助　全心全意为人民服务

滨海新区紫云社区

社会工作者，一个越来越被大众所熟知的职业，被写进李克强总理的政府工作报告中，什么是社工一度成为社会热议话题。

对于小李而言，在上大学之前根本不了解社工专业，选择它很大一部分原因是这个专业不用学高等数学，对于理科差得一塌糊涂的小李来说，这个“优势”是那么充满吸引力。在大学期间，老师上课第一个问题居然是问大家谁是自己主动报考这个专业的，很不幸，全班 82 个人只有 5 个人举手，其中居然有 3 个人是小李宿舍的，这不得不说是一种缘分。同学们大多数都是被调剂过来的，从他们的表情和语气里，小李看到的是一种不甘。也许他们都曾志存高远，最后却学了一个只能用“前途光明”来安慰自己的专业。不管怎么样，学还是终究要上的。很快，老师就将第二盆冷水毫不留情地向他们泼来。老师告诉他们，专业社会工作者在上海的月平均工资只有 1800 元。小李不知道老师是不是夸张，但听老师说完这句话，小李就默默合上了课本，顿时感觉没有什么希望了。就这样，他略带不安地开始了四年的学习。

四年的时光很快就过去了。这四年间，小李对社会工作专业的认知度提高了，“助人自助”这四个字就像一个烙印一样深深地烙在了他的心里。老师说社会工作者是社会灵魂的工程师，始终在直面社会问题，促进解决问题，使这个社会更加和谐。毕业以后不可避免地要面临择业的问题，这个专业就业的困境是一个回避不了的现实，许多同学纷纷转行，无奈地放弃了自己曾经的理想。而小李却来到了开发区，来到了紫云社区居民委员会从事社工行业。这个社工准确地说应该叫社区工作者，和专业的社会工作者还是有一定区别的。居民委员会使用社工是社会工作本土化的一种表现形式，是专业社会工作与中国国情相融合的产物。说实话，小李对居民委员会的了解还停留在过去的认识，就是一些退休的大爷大娘和热心的中年妇女组成的组织，每天喝茶看报，无事可做。

来到了紫云社区工作以后，小李逐步转变了以前的这些看法。首先，这个团队的年龄不大，平均年龄30岁左右；其次，专业化水平高，都具有本科学历，而且一半以上都取得了助理社会工作师和社会工作师资格证，是一支非常专业的队伍。而且开发区社区工作模式一直处于天津市领先水平，不仅以较高水准协助基层政府和派出机关完成有关工作，还组织各种丰富多彩的社区活动，满足居民各类的需求。小李的工作就是与基层老百姓接触，会遇到千奇百怪的事情，碰到各种各样棘手的问题，但是每当小李处理好这些问题，看到居民们高兴了，顿时觉得很有成就感，这让小李充满了信心和对工作的热情。

2015年3月的一天，小李接到了荣鑫园小区一位大爷的求助电话，原来大爷的儿子是一名彩票爱好者，经常去彩票投注站玩一种叫“快乐十分”的游戏。有一天晚上大爷接到儿子的电话说，身上带的钱不够了，欠了彩票投注站的钱，自己的钱包、身份证和手机都押在彩票投注站了，然后就挂断了电话。大爷说儿子的精神有些问题，也没有说清楚彩票投注站的地址，只是提供了一个大致的范围，老人希望居民委员会能帮忙找到彩票投注站，自己花钱先把儿子的物品赎出来。从电话里，小李听出老人十分着急，本着为居民排忧解难的宗旨，小李和另一位同事对小区周围的彩票投注站进行了摸查，店主都说没有这么回事。考虑到老人儿子描述得可能不是特别清楚，小李就又扩大了摸查范围，终于在距离社区两公里以外找到了那家彩票投注站。小李把来意告诉了投注站店主，希望店主能跟他去老人家里取钱并归还手机和钱包。投注站店主一开始并不很配合，但是在小李积极地协调和沟通下，投注站店主最终答应了小李的请求，归还了手机和钱包，老人也把儿子欠的钱还给了投注站店主。小李现在也忘不了老人当时开心的样子，一个劲儿地对他表示感谢。能够在老人有困难的时候提供一点帮助、解决一点实际问题，让小李感到特别欣慰。这样的小事在小李的日常工作中不胜枚举，但也会遇上一些突如其来的大事儿。

2015年8月12日晚上11点30分，一声巨响撼动了整个滨海新区，这就是“8·12”天津港瑞海公司重大爆炸事件。小李当时并没有意识到事态有那么严重，以为只是一起普通的事故。第二天早晨起来才得知轻轨无限期停运，小李突然意识到事情不是那么简单，公交车上人们都在议论。到了单位，主任让各网格社工立刻下小区统计受损情况。由于社区离事故核心区相对较远，受损情况并不严重，社区要随时做好支援其他严重受损社区的准备。平时总是在电视上看到大灾大难，而这次事故就发生在自己身边，小李感觉自己有一种使命感。随后便接到取消休假的通知，许多同事身体不好，有的同事孩子还很小需要人照顾，但是在这一刻没有一个人退缩，就连休年假的副主任也从外地赶了回来。小李作为紫云社区两名男社工之一，更有责任冲到前面，他向领导表示哪里有需要随时都能顶上。当小李如愿来到前线，他感到无比震撼和自豪。在安置点，受损登记点到处都能看到社工的身影，他们希望能用自己的行动来增强受灾群众的信心。

8月16日，所有男社工接到了一项任务，跟随军队进入受损严重的金域蓝湾小区排险。由于小区断电，33层的楼小李一层一层地爬，仔细记录每层的受损情况，为后续救灾工作提供参考。当他从楼道口出来的时候，抬头看看天空中的太阳，顿时感觉生活充满了希望。

我国经过数十年的发展，社会工作的领域、对象日趋扩大，社会工作的制度功能也日趋完善。在领域上，从社区、慈善场所发展扩大到学校、医院、福利机构以及企业、监狱和法院等。而在工作对象上，从困难群体、边缘群体逐渐扩大到所有需要社会支持和帮助的群体。通过社会工作发展可以有效地扶贫帮困，整合社会矛盾，预防社会犯罪；实现个人与社会的和谐关系，提升社会福利与社会保障的水平，维护社会的稳定与进步。因此，社会工作在我国和谐社会的建设过程中发挥了重要作用，我们应该大力度发展社会工作，以此推动和谐社会更好更快的发展。

能成为一名社会工作者，小李觉得很幸运，在社区这个大家庭里，让他感受到温暖与一种坚持的精神。也许有一天他不再从事这个工作，但在这个岗位所收获的将使小李终生受益。要想做好一名合格的社工，需要具备的能力很多，如品格、责任心、勇敢、表达能力、沟通能力、原则性、善于发掘并整合社会资源、寻求社会支持系统。只有认可社工的价值理念并身体力行、坚持不懈地干下去，才能做个好社工。

暖心社工故事

滨海新区联合村居民委员会

社会工作者专门从事着社区的管理和服务，行使着政府各部门下派的各项事务，默默无闻。他们，工作很平淡，也很烦琐，需要为辖区居民解决各种生活难题，使社区变成温暖的大家庭。

一、抚慰未亡人心灵

2007年5月的一天早晨，张桂霞在去单位的路上，突然有人叫道："小张，儿童公园里死了一个人，你赶紧去看看吧。"张桂霞听完赶紧一路小跑来到儿童公园，只见一个男人躺在地上，旁边围了一群人。大夫正在收拾器具说已经没有了生命体征，让家属准备后事。男人的老伴王姨一听情绪非常激动，一边阻止着准备帮忙的人们，一边重复地叫着老伴的名字说："你起来啊，地上凉，你躺在地上干什么？"边说边把老伴抱在怀里。他的儿子在旁边怎么劝也不行。张桂霞看到这个情况，走到王姨身边，俯下身子说："王姨，您认识我吗，我是居民委员会的小张。"王姨抬头看了看张桂霞，点了一下头。张桂霞看到她能和自己交流就说："王姨，您看地上这么凉，您老伴躺在这也不是个事，咱把王姨夫送回家吧，好吗？"王姨看着张桂霞的脸想了一会儿说："行。""那好，我先跟您回家收拾一下，让您儿子送老伴儿回家。"张桂霞一边说着一边把王姨从地上扶起来，然后拉着她的手往家的方向走。一边走张桂霞一边说："我看您收拾得挺利索的去干啥了？"王姨说："早晨我去送孙女上幼儿园，他去跑步，还嘱咐我路上注意安全，你说他怎就走了呢？这是他跟我说的最后一句话，他怎就走了呢？我俩还没过够呢啊……"张桂霞一边倾听着，一边和她回忆着他两人这么多年的点点滴滴，偶尔插上一句，直到王姨接受了老伴去世的现实。然后帮助其儿子联系殡葬管理人员，处理后事。

二、助困解难题

社工的工作不是在办公室里等，要在日常的工作中去发现。2012 年 3 月的一天，一个女孩来居民委员会开家庭生活困难的证明，说是申请学校的救助款。女孩说，她和妈妈一起住，爸爸 2009 年因病去世，妈妈受爸爸去世的打击太大，一直有病，不能在原来的环境里居住，去年 10 月母女俩搬到了本小区。母亲待岗，每月单位有 499 元的生活补助，平时靠姥爷的救助生活，姥姥也没有工作。因为自己家是新搬来的，户口也刚刚迁入到本小区，居民委员会好些情况也不甚了解，张桂霞就对女孩说："孩子，你回家先把你妈妈的工资本拿来，我看看好吗?"女孩走了，张桂霞马上联系了她家以前居住的社区，了解到情况属实，女孩的妈妈因为丈夫去世受打击太大，患上了抑郁症。女孩回来开了证明走了。工作到此并没有结束，张桂霞跟低保主任说："咱去家里走访一下，如果符合低保条件，就帮她办个低保。"张桂霞首先联系了女孩的姥爷，通过她姥爷联系了女孩的妈妈（女孩的妈妈不给任何人开门）。当张桂霞走进女孩的家时，看到家里布置得很简单，女孩妈妈坐在沙发上眼睛直直地看着她们一句话不说，旁边放着一把很长的刀。张桂霞慢慢地靠近她，坐在她的面前，看着她的眼睛试着和她交谈："你这房子楼层不错，就是靠着阴面，冬天冷吗?""……家里条件不好对不起闺女。"通过近两个小时的沟通，女孩妈妈慢慢地接受了张桂霞。后来，社区按照手续给女孩办理了低保，为女孩以后的生活提供了保障。

绽放吐香在社区的铿锵玫瑰

滨海新区惠安里社区

刘丽芹，2015年5月进入滨海新区新村街道惠安里社区居民委员会，担任副书记。主要负责党务、文体、志愿服务等工作，是一名平凡的社区工作者。自参加工作以来，她紧紧围绕街道下达的各项目标任务，以服务群众为宗旨，努力践行社会主义核心价值观，较好地完成了各项工作。2011年度被评为滨海新区优秀村居计生专干；2012年度被新村街道授予创先争优“党员百颗星”荣誉称号；2012—2013年连续两年被评为新村街道优秀居民委员会主任；2013年度被评为优秀共产党员；2014年被评为区级“滨海好人”；2015年被评为塘沽街道优秀居民委员会主任。

一、她是领导信任的得力干将

2015年5月，由于工作需要，刘丽芹被上级领导调到惠安里社区。自负责社区党务工作后，她天天加班加点，整理党员名册。由于社区党委原来的五个支部没有按照居住地址划分，造成混乱，查阅起来不方便。自从她接手后，详细划分了党员的居住地址。刚进入这个社区时，她为了尽快熟悉和掌握社区基本情况，天天入户走访。社区党员400多人，需要重新核实他们的家庭住址，然后再录入电脑整理。每天她总是在孩子熟睡后，深夜在家里完成党员的录入工作。因为这项工作必须在换届选举前整理出来，经过努力，本来要求一个月完成的工作，她两周内就完成了，并且结果无一错漏。一年来，她做了大量的工作，在完成自己本职工作的同时，还帮助其他同事做相关的工作，得到了大家的一致认可。

二、她是居民喜欢的善良社工

社区党组织是党在城市工作的基础，社区党员又是居民学习的榜样，所以刘丽芹一直将居民群众的满意作为自己的工作目标，将居民群众的拥护作为自己的最大幸福。她以最大的热情，最浓的亲情，关注着社区内的每一个人。对待孤残儿童、特困学生、孤寡老人这些困难群体，她更是嘘寒问暖，始终如一。在“关爱失独家庭，促进社会和谐”的活动中，她到失独老人家中探望，陪老人聊天、为老人打扫卫生，让老人享受儿女般的亲情。对待不同情况的失独家庭，她有针对性地开展心理咨询和心理疏导，定期在社区开展各种有益身心健康的讲座、报告会、讨论会，帮助失独老人解开心结、快乐生活。虽然参加社区工作的时间不长，但她通过自己的真心付出，通过对社区居民的热爱，换回了社区老百姓对她的支持和爱护，成为社区服务工作的中坚力量。

她坚持以全心全意为人民服务为工作宗旨，群众哪里有困难作为社工就要第一时间出现在哪里，群众哪里有矛盾第一时间就要去调解。社会工作的内容很广泛，社会工作者承担着为困难群体提供帮助和服务，为社会公众提供社会服务的职能。人民调解属于社会工作的一个领域。人民调解在一定程度上化解矛盾和冲突，有助于社会整合。人民调解与其他社会矫治、医疗卫生与计划生育、公益慈善事业等构成了社会工作这个整体，而社会工作从理论上、政策上、方法上系统地支撑着人民调解的运行，两者密不可分。她运用社会工作中的三大工作方法个案工作、小组工作、社区工作，以利他主义价值观为指导，以科学的知识为基础，运用科学的助人方法开展各种服务活动。

三、她是女儿最爱的努力妈妈

作为一名军嫂，照顾家庭的责任很重，但刘丽芹克服了孩子小需照顾、工作忙时间紧的实际困难，努力摆正学习、工作、家庭的关系。在完成自己工作的前提下，经过努力，考取了社会工作者证书，提高自己成功服务居民、解决问题的能力。平时积极参加社区组织的各项活动。另外，她还多次组织参与了重大节日活动，运动会、慈善义卖、志愿者活动。多少次，别的夫妇一起带着孩子逛公园，而她依然坚守在岗位值班；多少次，乖巧可爱的女儿只能在家等着她的电话，等待从电话线那头传来妈妈的声音。有时候，爱人也会偶尔抱怨，但她只能耐心地去说服，当然她的真诚最终得到了家人的理解。有时候她四岁的女儿会问她："妈妈，你工作怎么总是这么忙?"而她始终回答："妈妈没有爸爸那么聪明，只有更加地努力，才能不被社会淘汰啊!"确实，党员需要的不仅仅是豪情满怀的壮语，更需要脚踏实地地默默奉献，这些必须建立在努力之上。

四、她是一名最美的共产党员

美丽不仅仅体现在她的外表，更体现在她的内心、她的行动中。自参加工作以来，她处处以共产党员的标准严格要求自己，在平凡的岗位上兢兢业业，恪尽职守，用满腔的热情、强烈的事业心和高度的政治责任感，在政治理论学习、服务居民群众以及和谐社区建设等方面较好地发挥着共产党员的先锋模范作用，在社区党建、社区服务、社区平安和社区信息化建设方面做了大量的工作，取得了显著的成绩。一分耕耘，一分收获，工作上取得的成绩不是炫耀攀比的资本，而是刘丽芹向更高目标迈进的动力。岁月带走了青春，时光改变了容颜，但大浪淘沙，这一切终会留下痕迹，印刻在社区居民的心中，那就是：她是一名最美的共产党员，她是一枝绽放吐香在社区的铿锵玫瑰。

风雨兼程　奉献社区

田贵华

风雨兼程，为社区服务的信念坚如磐石；默然坚守，15 年岁月里奉献的征程初心无悔。滨海新区塘沽街道碧海龙都社区书记、居民委员会主任张永梅自 2000 年参加社区工作以来，始终奋战在为社区人民服务的第一线，把有限的精力全部倾注到工作中去，以身作则、兢兢业业，吃苦在前、享受在后，为社区工作奉献着自己的青春。在她的带领下，碧海龙都社区先后获得全国科普示范社区、全国社区服务先进社区、全国巾帼文明岗、全国计划生育工作先进单位，天津市党建工作示范点，天津市平安社区、文明社区、绿色社区等多项荣誉称号。她本人到北京人民大会堂参加了全国社区服务总结大会；作为街道系统的党代表参加了滨海新区第二次党代会。

一、认真学习，不断提高个人综合素质

为了适应不断创新和发展的社区工作要求，自走上工作岗位以来，张永梅爱岗敬业，坚决贯彻执行党的各项路线、方针、政策，始终坚守在社区工作第一线。她认真学习有关法律法规、科学发展观、党的十八大会议精神等知识，学理论、悟精神，活学活用，力求实效，在社区开展了“创先争优”“国学文化五进”“道德大讲堂”等主题实践活动，使个人的理论水平、统筹协调能力都得到提高。为使自己的工作水平不断提升，她还利用业余时间学习社会管理有关知识，参加了全国社会工作师的考试，取得了中级社工师资格证书。努力把自己的学习心得用于团队建设、社区工作中，让个人的成长融入到集体的荣誉和进步中。

二、加强管理，不断提高团队工作能力

“做一名合格的社区主任，带好班子，当好‘领头羊’。打造一支团结奋进、充满活力、热心服务居民的社区工作者队伍。”这是张永梅对自己最基本的工作要求。在工作中她强化管理，制定了较完善的工作制度，实行以制度管人；注重培养年轻同志的政治觉悟，发展党员两名，培养入党积极分子两人，为社区工作的正常开展提供了政治保障。在工作中，她妥善处理和协调各种关系，分工时按照人尽其才的原则，最大限度地发挥每个人的优点和长处，做到分工不分家。充分发挥同志们的主动性和能动性，使社区圆满完成了各项指标任务及迎检、现场会等大型工作，受到社区居民和各级领导的好评。

三、爱岗敬业，无怨无悔努力奉献社区

“干一行爱一行，干就干出个样子来，不管有多大困难都要顶得住。”这是她的心里话，也是她的行为准则。十几年来，张永梅从没有因为家庭单位事多、社区工作难做，而放弃自己的追求。

2009 年深冬，正是万家团圆、喜迎春节的时候，滨海龙都小区旧物业在这个节点撤出了。眼看小区将会出现垃圾无人清运、治安无人维护的混乱局面。她恳请小区内的原保洁、保安及维修人员在新的物业公司到来之前，继续为小区服务，她自己从家中拿出 5000 元钱垫付每天的费用。元旦三天她开着私家车带着业主委员会的三位主任，将塘沽的物业小区转了个遍。经过筛选，终于确定了几个较满意待选的物业公司。在确定最终为小区服务的物业公司的居民代表大会上，有两名居民代表大声煽动：“不选不选，这是政府在向外推，不想管咱。他们想用谁用谁，那不行!”还有更多的污言秽语，不堪入耳。她当时真的感到很委屈，眼泪在眼眶中直打转，看得出她迷茫了，不知是继续坚持，还是应该就此退出。就在这时有很多居民站起来，冲着那两个人讲，你们可别冤枉好人，要不是张姐一直在管，还自己拿出钱来维持小区的正常运转，咱小区早就不知成什么样

了……在大家不约而同的“攻击下”，那两个人表示不知道其中的详情并当众承认错误，请求谅解。最终会议圆满结束，通过投票顺利选出了弘滢物业公司接管滨海龙都小区，社区居民在干净整洁的环境下度过了新年。

四、多方协调，尽心尽力做实事解民忧

对群众反映的热点难点问题，张永梅不回避不推诿，带头协调，充分发挥社区职能作用。

一是依法管理，推进社区民主自治。安定有序的社区环境，是居民群众安居乐业的保障。张永梅通过召开居民代表大会动员社区居民积极行动，在小区内实行群防群治，营造民主自治的良好氛围。她在主持社区工作中，坚持凡事法治为先，遇到矛盾纠纷让法律来说话，公平公正，依法妥善地解决问题。

2014 年 7 月中旬，碧海鸿庭社区有个别居民私自安装了 9 个地锁。张永梅对他们进行多次劝说，但无效。此后，陆续有人效仿安装。看到此情况，她立即组织召开业主委员会、物业公司三方紧急协调会，决定三方联合在各楼门张贴公告，要求安装车位锁的自行拆除，并希望广大业主不要效仿。并将此情况上报到派出所及街道办事处有关科室。但是这些业主非但不拆还鼓动其他业主安装地锁，到 8 月中旬陆续安装地锁 200 余个，严重影响了居民的正常生活。张永梅再次组织三方召开协调会，最终，业委会决定由物业公司强行拆除地锁。

为了拆除工作的顺利进行，张永梅联合业委会组织消防局、综合执法及新村派出所配合物业公司对小区内私自安装的车位锁进行强制拆除。在拆除现场有通情达理的几个居民主动拆除自己安装的车位锁。也有一些为自己私人利益的居民和拆除人员对峙的，甚至有两次恶化到人身攻击的地步，经过张永梅和居民委员会的工作人员细心劝解，最终也同意拆除。扰乱小区秩序的私装地锁事件得到了解决，小区恢复了有序的管理状态。

二是力促和谐，用真心化干戈为玉帛。2013 年 3 月 8 日下午，在碧海鸿庭物业宿舍发生了一保安人员因病死亡事件，其家属与弘滢物业公司就丧葬费用赔付问题，因金额差距较大而发生了矛盾。死者家属 40 余人到物

业闹事。针对此情况，张永梅和新村派出所领导商议，尽量引导家属走法律程序解决问题。于当晚请来了人社局孟局长和张律师，向家属介绍工伤认定的相关规定，一方面引导家属用法律武器维权，另一方面提醒物业公司让他们了解企业该负的责任，侧面促成问题尽早解决。协调会直至次日凌晨1点结束。

在连续5天协商无效的情况下，张永梅正面与其家属进行协商，无论物业出资多少她个人给补齐10万元，是否同意解决？经劝解，家属最终同意了该方案。物业公司也认同了10万元。3月14日，在街道办事处和派出所有关领导的见证下三方签订了协议并安排火化。

物业公司及死者家属对此事件的处理均表示满意。张永梅以大局为重，勇于担当，设身处地地为双方着想，用真心化干戈为玉帛，把矛盾化解在基层，确保了社区的稳定。

五、开拓创新，共筑共建丰富活动载体

为了更好地服务群众，丰富辖区居民的业余文化生活，张永梅挖掘辖区单位资源，组织开展了多项活动。一是开展便民服务和志愿服务。为方便居民反映民情，她制作了便民联系卡，建立了QQ群，公开了居民委员会和其个人的电话号码、邮箱和网址，随时接受居民的反映诉求。针对当前老年人存在的精神赡养问题，组织30余名志愿者与10位空巢老人签订了“众助一”结对帮扶活动，她带头与两位老人签订了结对帮扶协议。并坚持定期关心走访、病中照料、节日共度等上门慰老服务。她注重发挥志愿者的特长，创建了党建示范型、书法绘画型、摄影展示型等特色楼门69个。二是开展丰富多彩的文化活动。她组织社区合唱、京剧、摄影、书法绘画等多支文体队伍开展活动；开办了社区“道德大讲堂”“国学堂”；开展了“国学进万家，邻里筑文明”文艺活动、“读经典、比习德”有奖征文、“十八大学习体会展”、家庭摄影展、“低碳环保”主题班会、文明行为大家拍等活动。她为了充分展示辖区居民的才华和爱好，在重大节日都举办系列活动，如邻居节、重阳节、建军节等。居民积极参与，各自的兴趣、爱好得到充分展示，丰富了居民的人文底蕴。

默然坚守，方显英雄本色；无私奉献，更展党员风采。面对社区取得的一系列骄人荣誉，张永梅并不安于现状，始终保持清醒的头脑，一直在思考、在探索，努力学习政治理论，提高党性修养，不断创新，不断进步。面对任重而道远的社区工作，张永梅始终坚守在社区行业这一平凡而伟大的工作岗位上，坚持全心全意为人民服务的宗旨，勤奋工作，默默付出，以实际行动出色地完成党和政府赋予的神圣使命，为滨海新区的社区事业奉献着自己的青春和热血。

（作者单位：滨海新区塘沽街道碧海龙都社区）

社区里的“小棉袄”

刘丽华

祥和家园社区党总支书记带领社区社会工作者慰问困难老党员时，走到住在富贵嘉园10栋1001室的老党员冯爷爷家门口，听到屋里面传出张奶奶的哭泣声，赶紧上前去敲门。张奶奶打开门，一看是社区工作人员就拉着他们的手说：“你们可来了，快帮帮我吧，我弄不动他啊。”社区工作人员随着冯爷爷发脾气的声音看过去，原来冯爷爷摔倒在卫生间里，侧躺在冰凉的地砖上。他们五个人赶紧抬胳膊的抬胳膊、抬腿的抬腿，护着冯爷爷的头部，好不容易才把冯爷爷挪到了卧室的床上。随后帮着张奶奶接好热水给冯爷爷擦干净身体，劝说着……等着冯爷爷与张奶奶情绪稳定一些后，张奶奶给他们讲了具体情况：最近冯爷爷脾气变得越来越坏，大小便非要去卫生间。张奶奶拗不过他，便给冯爷爷买了一个二手的轮椅推着去卫生间。可是冯爷爷在从床上往轮椅上挪、从轮椅上往坐便器上挪的时候，由于张奶奶年岁大了，再加上身体也不好，没有那么大的力气去扶冯爷爷，冯爷爷就总摔跤，身上都摔青了，张奶奶心疼老伴就不让冯爷爷起床了。冯爷爷就急了，开始故意总往床上尿，还拿着拄拐敲地板。张奶奶怕惊扰了楼下邻居，于是只好妥协，又艰难地拖着冯爷爷往轮椅上挪，这就出现了刚才摔在卫生间的那一幕。社区工作人员得知冯爷爷和张奶奶并无亲生子女，过继了一个侄子当儿子，但他对冯爷爷与张奶奶关爱太少，平时很少过来，每次过来的时候也不帮忙干活儿，待一会儿就走，对老人疏于照顾。工作人员听后安慰了张奶奶，告诉张奶奶有什么需要就给居民委员会打电话，并开导冯爷爷，让他理解现在只有老伴儿照顾他，别把老伴儿累坏了，有什么需要联系社区工作人员，他们一定会尽力帮助解决。

回到居民委员会，社区工作人员立刻开会讨论怎么帮助冯爷爷与张奶奶。经过开会讨论制订了帮扶计划。联系社区医院定期为冯爷爷提供专业按摩，以缓解冯爷爷因为长期卧床造成的肌肉僵硬。张奶奶也在一旁跟着医生学基本的按摩手法，说晚上冯爷爷躺得不舒服睡不着的时候也能给按摩按摩，让他能多睡会儿。工作人员定期去冯爷爷家陪冯爷爷聊聊天，听冯爷爷讲讲过去的往事。每次去的时候，冯爷爷心情都非常好，跟工作人员开心地打招呼。工作人员还联系了冯爷爷的养子，给他讲老人在生病中子女应尽的责任和义务。在我们晓之以理、动之以情的劝说下，养子答应一定多多陪伴老人，回去多做些家务活。工作人员在工作之余都会主动地去帮助张奶奶干些家务活，擦玻璃、桌子、橱柜、扫地、擦地、洗碗……张奶奶每次见到她们都笑称："我们家的'小棉袄'们又来了！"经过大家的共同努力，冯爷爷的脾气不再那么暴躁了，也不再固执己见。工作人员去家里做服务的时候会用轮椅推着冯爷爷在屋里溜达溜达，天气晴朗没有风的时候，征得冯爷爷和张奶奶的同意后还会推着冯爷爷去小区中心花园里晒晒太阳，有说有笑的，幸福得像是一家人。

（作者单位：滨海新区祥和家园社区）

这里荡起的温暖更贴心

滨海新区新河街道震新社区

震新社区的张美娟从事社区工作已经有10个年头了，从2013年4月起她开始负责低保工作。低保工作是化解社会矛盾的稳定工程，是密切党和人民群众血肉联系的德政工程。列夫·托尔斯泰说过：“幸福的家庭都是相似的；不幸的家庭各有各的不幸。”在这三年多的低保工作中，张美娟经历了太多的心酸，看到了太多的悲欢离合。陪着居民一起哭过，也一起笑过，这其中有一件事情对她触动很大，使她久久不能忘怀。

住在辖区幸福楼的郭大娘原本有一个幸福的家庭，虽然郭大娘没有退休金，但是有老伴的退休金，加上儿子每个月孝敬的钱，老两口生活还是不成问题的。每到周末，儿子、儿媳和小孙女也会来到家里看望两位老人，一家人其乐融融。2010年，一场突如其来的变故，打破了这种美好。郭大娘的独生儿子因心脏病突然离世。居民委员会工作人员了解到这一情况后第一时间来到她的家中为老两口办理了失独家庭特别扶助金，每人每月500元。这算是给二位老人一些心灵上的安慰。从此，老两口相依为命。但儿子的突然离世使老两口深受打击，两人沉默寡言，不愿与人交流。尤其是郭大娘有的时候说话更是颠三倒四，让人无法理解。

怎奈屋漏偏逢连夜雨，2013年年底郭大娘老伴儿查出患上了晚期肺癌。高额的医药费无疑使这个原本就生活拮据的家庭雪上加霜。张美娟了解到这一情况后，和同事一起来到了郭大娘家看望老两口，看着躺在床上病重的老人，张美娟的心里有说不出的心疼。看到她们来了，郭大娘流着眼泪对张美娟说：“这病真的是治不起了，这都花了四万多了，可是一点儿都不见好。”张美娟只能安慰她说：“‘病来如山倒，病去如抽丝。’病要慢慢治，会好起来的。”根据郭大爷的实际情况是可以申请临时救助的，可申报需要的相关证件需要提供复印件。郭大娘说："我腿脚不好，再说这些需要复印的东西，我自己也不会弄。自从儿子没了，儿媳和小孙女就再也没来过。我们没人管了。"听到这，张美娟就让郭大娘找出了申请救济需要提供的证件，带着这些证件到居民委员会复印好，帮助把表格填好，又把相关证件送回到郭大娘家。张美娟还把自己的手机号码留给了郭大娘，告诉她有事需要帮忙就打电话。最后，张美娟帮助郭大娘申请到了2000元的救助金。

2014年1月的一天，居民委员会接到了郭大爷的电话，郭大爷用虚弱的声音说："居民委员会的同志，能麻烦你们再来我家一趟吗？我有些事情想委托你们。"放下电话，张美娟和同事再一次来到了郭大娘家。这次，只有郭大爷一人在家，见她们来了郭大爷勉强从床上坐起来，说："我把老伴儿支出去买菜了。有些事情我要麻烦你们居民委员会的同志帮帮我的忙。自从孩子没有了，我这老伴儿就受了刺激，总是糊里糊涂、颠三倒四的。我知道我这身体撑不了多久了，我这一走她一个人可怎么生活？你们可要多多照顾她呀！"说到这儿郭大爷老泪纵横。当时，张美娟心里甭提有多难过了，她含着眼泪说："郭大爷，您的病肯定能治好。郭大娘您就放心，我们肯定会照顾好，无论是在生活上还是在经济上，我们都会尽自己的努力给予最大的帮助。"听到这里，郭大爷欣慰地笑了。几天后，郭大爷走了，听他的家人说，老人走得很安详。

郭大爷走后，郭大娘失去了精神支柱，家里也失去了唯一的经济来源。当张美娟再次来到郭大娘家时，她的心揪到了一起，老人家瘦了一大圈，60出头的年纪，头发全白了，眼窝深深地凹陷了下去，呆呆地坐在椅子上，地上满是杂物。张美娟告诉郭大娘，郭大爷虽然走了，但政府不会不管她，居民委员会可以帮助她申请低保金，至少可以保证她的基本生活。无论张美娟和同事对她说什么，郭大娘只有一句："没人管我了！"张美娟她们只好简单地帮助她收拾一下家里，就离开了。随后，张美娟来到郭大娘的邻居冯阿姨家，请她多多帮忙关注一下郭大娘家的情况，有事情及时给居民委员会打电话。

在这种情况下，当务之急就是帮助郭大娘申请低保，以解决她的实际生活困难。申请低保首先要把郭大爷的户口注销掉。可每当张美娟提到这个话题，老人总是刻意回避，根本不愿意面对郭大爷去世的事实，总是说：“再等等吧！说不定还能治好呢！”对于郭大娘这种状况，居民委员会工作人员既担心又无奈。以后的一段时间里，张美娟经常会给郭大娘打电话或者到她的家里和她聊聊天，了解一些生活上的困难。可是，看着郭大娘孤身一人，每月仅靠500元的特扶金生活，有的时候烧一顿饭要吃好几天。她还患有严重的高血压，犯病的时候经常头晕、头疼，但因为没有医保，生了病她也不敢到医院去看病。张美娟看在眼里，心里真是有说不出的着急。

2015年年初时，经过多方了解，张美娟得到了郭大娘妹妹的电话，当即打电话联系上她。电话中张美娟告诉她郭大娘可以申请最低生活保障，但是申请低保的必要条件就是先把郭大爷户口注销掉。希望她能帮助做通老人的思想工作，申请到了低保金就可以解决郭大娘的实际生活问题。配合郭大娘妹妹的劝说，张美娟和同事又多次上门做工作，言谈话语中循序渐进地让老人接受亲人离世的事实，明白逝者已去，活着的人要更加坚强快乐地生活，才是对离去亲人最好的安慰。当张美娟第四次来到她家的时候，郭大娘终于同意把老伴儿的户口注销掉。这件事情办好后，张美娟以最快的速度帮助郭大娘申请到每月1200多元的低保金，解决了她实际的生活问题。当张美娟把低保证和第一个月的低保家庭实物救助券送到郭大娘手中的时候，老人流下了泪水，口中喃喃道：“老头子、儿子，你们放心吧！政府没把咱忘了，以后吃饭、看病就不用发愁了，我会好好地活着。”看到这一幕，张美娟的眼睛再一次湿润了。

经济问题是解决了，可是郭大娘患有严重的高血压，犯病的时候经常头晕、头疼。由于行动不便很少出门，和邻居的交往也不多。有的时候好多天都见不到她出门的情况，还是让张美娟放心不下。于是，张美娟决定帮助她申请居家养老服务，这样定期会有政府安排家政人员提供上门服务，陪她聊天，做一些简单的家务。当张美娟来到家中征求她意见时，郭大娘却说：“我才66岁，还能自理。你们已经帮我够多的了，真的不想再给政府添麻烦了，还是把政府的照顾留给更需要的人吧！”

虽然郭大娘没有接受政府提供的居家养老服务，但是居民委员会和张美娟没有忘记老人家。“扶贫日”的时候，居民委员会组织辖区部队来到郭大娘家中，帮助她擦玻璃、打扫卫生，拉家常，老人脸上露出了少有的笑容。张美娟自己也经常到郭大娘家里看望，帮助打扫卫生，为她理发，陪她聊天。由于生活有了保障，郭大娘的性格也变得开朗了许多，人也慢慢精神了，身体情况有了明显的好转。有的时候她还会自己来到居民委员会聊聊天。社区卫生大扫除的时候郭大娘又是送水，又是送毛巾，也会拿起扫把和大家一起打扫。闲暇的时候，郭大娘还会到社区的老年活动站和大家一起下棋、打扑克。看着郭大娘从失去亲人的阴影中走了出来。张美娟和同事们真是打心眼儿里高兴。

2016 年春节的时候，郭大娘亲自给居民委员会送来锦旗和表扬信，逢人便说："多亏了共产党和政府雪中送炭，帮我走出生活的困境，摆脱了心灵的阴影。"老人话不多，却深深温暖了张美娟的心。

低保工作看似简单，却是原则性很强的一项工作，既要让有实际困难的居民享受到政府的救助，还要做好不符合要求居民的解释工作，被误解、冷嘲热讽是常有的事情，个中滋味只有亲历者才能感觉。但张美娟觉得只要能切实解决居民的困难，多帮助像郭大娘这样的人，付出再多辛苦都值得。

最宝贵的收获是人心

滨海新区新河街道漓江里社区

2015年夏天，张静所在的漓江里社区开始了对老旧小区的自来水管网改造工程。这项工程是新区政府出台的一项利民政策，原本应该得到居民们的大力支持，但是却遇到了种种困难。而张静作为一名刚刚加入中国共产党的新成员，时刻不忘全心全意为人民服务的宗旨，将之作为所有行动的出发点和归宿，努力攻坚克难，为此项工作的圆满成功作出积极的努力。

漓江里社区5栋1门，起初这个门栋与其他门栋一起开始了自来水管网改造施工的前期调查签字工作，但是随着时间的迁移，漓江里社区的其他楼门逐渐开始了改造工程，并慢慢地有楼栋结束了改造，居民们用上了干净水，但5栋1门的还没有完成签字工作。这个楼门成了漓江里小区自来水管网改造工程的重点工作对象。

随着自来水入户工程的进行，张静加紧了对未签署《户内自来水管道改造工程申请表》居民的联系工作。张静从辅警那里借来了户籍册，对照着查找居民户主的信息，然后通过电话与居民取得联系，一遍一遍地向居民解释自来水改造的相关事宜。然而就在张静努力解决签订申请表问题的同时，不少还未实施改造的居民找到了居民委员会。有很多楼门的情况是已经签订完毕，等待下一步施工，而5栋1门的住户则是还有大半没有签订，眼看着自己的楼门就要被落下，居民们的情绪开始激动起来。“你们为什么不去联系?”“你们为什么没有电话?”“你们为什么没有居民信息?”很多的质疑。张静只能一遍一遍为居民解释。“我们的联系工作正在进行，没有联系到的居民我们也会想办法联系，但是也希望居民们给予配合，如果邻居之间互相看到也请帮忙通知一下。”然而得到的只是居民们愤愤地离去。

之后的日子里，张静联系了供热站，索要居民电话，然而供热站的信息也不完全，不能给予太大的帮助。随后，张静又通过街道领导联系到煤气公司，到煤气公司去获取居民联系方式，然而煤气公司也有部分居民信息缺失，或是更新不及时。眼看着工程已经过半，漓江里 5 栋 1 门还是有 203、302 两户没有签订。就在张静费尽心思联系的同时，5 栋 1 门的居民每天都会到居民委员会来询问，有些甚至言论过激，而她能做的只有承受和解释，并一遍一遍地尝试联系。

张静入户去敲门，在门上贴通知，都没有得到回应。最终张静只能将希望寄托在了小区的片警李佳身上，希望他能够帮助她到房产交易大厅查找线索。就在张静几近绝望的时候，房产交易大厅的信息终于让她有了些许眉目，得到了居民的身份证号码和现在的居住地址，但是仍旧没有电话联系方式。张静只能亲自跑到居民的现住址去联系本人。203 房主的现住地址在胡家园欣美园，302 房主的现住地址在开发区，一东一西，张静穿过了大半个塘沽区。寻人的过程是艰难的，张静中午的时候到了开发区，为了联系到 302 的业主，她先找到了物业，向物业的工作人员说明来意。起初物业人员并不愿意配合她，但最终被她的诚心所感动，终于愿意提供信息。当时已经是吃饭时间，张静只能在物业等着他们的工作人员吃饭回来再帮助查询，而她自己却连饭都没顾上吃一口。好不容易有了 302 房主的联系方式，电话打过去，对方却说根本不知道漓江里还有一套房子。张静也只能拜托业主再帮忙联系一下，但可能性却微乎其微。紧接着张静顶着炎炎烈日，赶到了胡家园欣美园。总算皇天不负有心人，通过她的努力，终于联系上了 203 的房主，并且房主也同意改造。现在就只剩下了 302 一户人家。

等张静第二天回到居民委员会，5 栋 1 门的居民们又来了，而且是刚到上班时间就到了居民委员会。经过昨天一天的奔波，张静已经身心疲惫，面对一大波的居民，她只是默默地坐在那，等着将要到来的那些否定所有努力的话语。然而并没有，取而代之的是一句句的关心。“昨天跑了一天吧，找到了吗？不行的话咱们再一起想办法。”“你这么努力帮我们联系，谢谢你啊！”原来昨天 5 栋 1 门的居民们又到了居民委员会，从同事那里得知张静出门去寻找那两位房主，居民们的心里都很感激。得到了居民们的理解，张静的心里暖暖的，似乎昨天所有的疲惫都一扫而光了。张静赶紧把昨天联系到203室的事和大家分享，但是302室却还是没有信息。突然一位居民站了出来，“我好像知道原来有一个住在302的人在滨海学院工作。”有了这个消息张静又有了希望，抛下了昨天的疲惫，赶紧又踏上了去往滨海学院的道路。

这次不只有张静等工作人员，还有那位提供了信息的居民，居民的支持更为她们注入了动力。在开发区滨海学院她们从楼上找到楼下，几经周折终于找到了曾经在302室承租的居民。这位居民提供给她们的信息却是房主已经触犯了法律进了监狱，线索又断了。张静垂头丧气地回到了居民委员会，5栋1门居民一直等在那里，没有抱怨，没有苛责，一句句“辛苦”、一声声“感谢”使她感到充满了力量。张静在心里暗暗许下誓言，“这个楼门我说什么也要完成改造。”

张静与居民委员会金书记商量希望能够得到街道的帮助，于是张静又找到了新河街道工委刁书记，刁书记听了这个情况立刻进行了多方的协调，联系了属地派出所的民警和自来水公司的领导共同寻求解决方案。最终，张静和居民商定，于2015年12月17日联合派出所民警、自来水工作人员、居民委员会工作人员和5栋1门的居民一同打开漓江里5栋1门302室的大门。

2015年12月17日当天，三方的工作人员一起走进了漓江里5栋1门，迎接他们的是一双双期盼已久的眼神。民警找来的开锁师傅在各方工作人员的见证下，利用专业技术将漓江里5栋1门302室的门打开了。因为房屋许久没人居住，门已经是很老旧的款式了，开锁师傅费了好大的工夫才打开。一位阿姨拉着张静的手说：“多亏了你呀！不然我们上哪去解决这个问题。回头我们给你写表扬信。”张静笑着拒绝了阿姨的好意，因为在她心里居民们的一张张笑脸，是比任何表扬都更珍贵的奖励。

至此漓江里5栋1门的自来水改造工程终于得到了解决，漓江里小区整体82个楼门共1261户居民的自来水改造也得以顺利完成，居民们喝上了干净水。张静也收获了最宝贵的奖励，那就是邻里之间浓浓的情谊和相互理解的真心。

用真情换真心

滨海新区新河街道

到岗的第一天，主任在向孙婉君介绍工作范围时，“社区矫正”这个词一下刺激到了她。带着疑问，孙婉君查询了相关资料，当知道服务的对象是有过犯罪经历的人时，她产生了抵触与害怕心理。不久后，孙婉君就接触到了第一个服务对象——一名曾经的杀人犯。带着些许恐惧，她与他展开了社区矫正工作。

当孙婉君第一次见到他时，这名曾经的犯人的行为改变了她之前的想法。他看起来很拘谨，小心翼翼地，一副生怕做错事的样子，让人看了有些心疼。在签订社区矫正卷时，他那颤抖的双手，让孙婉君对他产生了怜悯之情。那一刻，孙婉君就跟自己说，一定要用真情感动他，和他不仅建立工作关系，还要做朋友。要让他知道，原来，生活是美好的；原来，可以有很多人陪伴他。所以，在跟他说话的时候，孙婉君倍加小心，生怕用了敏感的词语伤到他。

立卷结束了，开始了真正的社区矫正工作。在社区，孙婉君会安排更多的机会，让他参与其中。辖区各类安全讲座，需要他的参加，唤起他对安全的意识，让他懂得应该做个认真处事的人，成为一个能坐得住的人。他在其中，态度特别认真，做好笔记，回去将安全知识传达给身边的人。看到他每次认真的背影，孙婉君欣慰地笑了。治安巡逻中，带着他边巡逻，边告诉他该活动的意义所在：为了排查辖区的安全隐患，为了给居民创造一个祥和、安全的生活环境。让他认识到自己的价值，可以在安全隐患排查中贡献自己的一份微薄之力。开展社区娱乐活动，同样会让他参与其中，让他学会放松身心，让心情随之愉悦起来，让他有更多的机会与外界交流，懂得和别人分享快乐。

利用高科技手段，孙婉君将他加为微信好友，经常和他聊天，倾听他的家常、和女朋友的浪漫、和家人的温馨、和朋友的别扭等，并适时地发表自己的看法，与他展开讨论，进行正确引导。聊天内容中，会闪现许多笑脸、哈哈的字眼。那是发自内心的笑，那是对彼此信任的笑。

慢慢地，他们成了朋友。他甚至会主动问孙婉君："姐，最近很忙吗？怎么不叫我去社区了呢？"听到这话，孙婉君知道这是对她的肯定、是对她工作的肯定。在接下来的"邻居节"活动中，孙婉君邀请他来参加。他很高兴，兴致勃勃地带着比赛用具，提早赶到了比赛场。在比赛中，他特别认真地挥舞着球拍，激烈地对打着，满头大汗。孙婉君把水递到他手上时，他说："姐，好久没运动过了，这感觉真好！"孙婉君给了他一个加油的手势。通过这些机会，他也认识了谈得来的朋友。他在现场还把这位认识的朋友特意介绍给孙婉君，当他说："这是我孙姐，特别好的一位姐姐。"那一瞬间，孙婉君心里乐开了花。她知道自己的努力没有白费，真心有了回报。

在接下来的安全讲座中，孙婉君鼓励他积极和讲师互动，提出问题，让讲师更好地投入到讲座中，使居民能够真切地感受到安全知识的重要性。在一次户外消防演练活动中，他积极响应号召，及早地来到会场，帮孙婉君布置会场、准备用品，忙里忙外。演练中，他认真跟消防官兵学习，模仿着他们的动作，受到了大家的好评。

每次巡逻，孙婉君都会将安全隐患的详细点位告知他，并告知应该做好哪些预防工作。他都特别用心地记着。到后来，他能主动跟她提出隐患所在，并能给出更好的预防方法，甚至自己将隐患排除，得到在场居民的一致好评。

慢慢地，在孙婉君帮助下，他增强了自信心，交到了更多的朋友，愿意把自己的快乐和大家分享，能够把心里的委屈倾诉出来了，能够以自己积极的态度去面对生活了，能够以饱满的情绪去参加活动了。

社区矫正的后期，有一次他找到孙婉君说："我搬家了，但你不要把我推出去！"听了这话，孙婉君特别感动，知道自己的工作得到了服务对象的认可，得到了一个朋友的心，唤起了他对生活的热爱，重拾了他对生活的信心，帮助他以更好的心态再次融入社会了。孙婉君让他放心，会继续和他做朋友。他开心地笑了，“姐，以后有什么事，需要我帮忙的，一定要想到我。你帮助了我，我也要用自己的能力帮助你。”那一刻，孙婉君感到真心的付出换来这句话，值了！

汇聚爱心　绽放梦想

吴剑晖

赵家地社区居民委员会主任兼书记宋国荣从2003年就开始到社区工作，一晃十几年过去了，积累了丰富的社会工作经验。平时和她在一起工作，总有同事问她处理棘手的居民问题有什么好办法，她总是说没有什么固定的办法，最重要的是要有一颗爱心。工作多年来，她觉得社会工作的真谛在于聆听，聆听他们的心声，聆听自己的回应，聆听社会的呼唤！她说，我们周边的每个人都有梦想，而她自己要做的就是坚持她的社工梦。

多年来，她在社区提议建立了“社区爱心基金”和“国学教育书苑”。不仅解决社区居民的燃眉之急，让更多的社区居民了解中华文明和中国传统文化，营造浓厚的文化氛围。

给我印象最深的一件事情是，在一个冬日的早晨，刚上班，走进来一位50多岁的中年妇女，精神状态很不好。进来后，宋主任来到她身边，问道：“您好，来居民委员会有什么事吗?”那位中年妇女顿时哭起来，哽咽得一时说不出话来，哭了好一会儿，才说：“我家住在众兴里小区。丈夫邹某已从中建六局退休，我姓蒋。现在丈夫患肺癌转成骨癌已经是晚期。儿媳正在产褥期，也在公婆家中居住，不仅要照顾病情日益严重的丈夫，还要关照儿媳和孩子，已经心力交瘁。而且自己身体也有病，多年前患有直肠癌……”越说越伤心。宋主任拿来纸巾递给她，尽量劝慰她，不要着急，困难会解决的，谁家都有遇到困难的时候，现在最重要是您自己的身体。您现在就是这个家里的主心骨，如果您倒下了这个家更是陷入了绝境。您要坚强起来，带领全家渡过难关。宋姐和她的谈话中，蒋运金把家中的基本情况叙述了一遍。最后，她想要向居民委员会申请大病补助。通过初步接触，家中的基本情况有了大概的了解。在宋主任经过一番劝慰后，蒋阿姨千恩万谢回去了。蒋阿姨走后，宋主任对蒋阿姨家的情况进行初步梳理，需要按照正常的程序申请补助，正式把这个求助的案子接下来。

宋主任根据蒋阿姨的叙述，对她家目前面临的困难有了大致的了解。按照她所反映的情况，可以享受大病临时救助。他们家的情况：老伴退休多年，退休金不高；蒋阿姨自己没有工作、没退休金，生活都是靠老伴微薄的退休金维持生活。儿子没有稳定的工作，儿媳无工作，又处在产褥期，更是给本就生活面临困难的家庭雪上加霜。接下来，宋主任利用下班后的时间，亲自到蒋阿姨家中进行走访，看到蒋运金的老伴邹叔叔已经卧床不起，不时发出痛苦的呻吟，据说还是服用过止痛药了！病痛折磨得人彻夜难眠。宋主任根据蒋运金家实际情况，为其申请了大病临时救济。但不多的大病救济只是杯水车薪。如何为这个家庭提供更多的帮助，宋主任想到邹叔叔原单位六局是否可以给退休职工提供一些帮助？于是，在寒冷的冬日，宋主任多次到中建六局工程有限公司退管会，把邹叔叔患病和家里目前的情况向负责的同志说明，希望得到单位援助。可是，单位给她的回复是，退休职工都有医疗保险；多年来没有先例，不能给予经济上的帮助。在这种情况下，宋主任并没有放弃，还是想方设法为蒋阿姨一家寻求援助 。

正如宋主任说，当时看到那一家真的困难，几次到他们家都不忍看到当时的惨状。邹叔叔已经被病痛折磨得不成样子，一家老小都是愁容不展，让她不忍看下去，多次落泪。对于从事社会工作多年的宋主任来说，帮助困难的他们已经成为本能。怎么办呢？向退休单位寻求帮助已经不可能，只有从社会寻求帮助。这时，宋主任对蒋阿姨家的遭遇有更深层次的设想，觉得这么困难的家庭不仅要有政府援助，还应从社会方面发动起来，让更多的人树立爱心，帮助身边有困难的人，只有这样，困难群体才有可能获得更多渠道的帮助。她有了一个大胆的设想，在赵家地社区建立“爱心基金”，以蒋阿姨一家的遭遇为例子，成了一个社会组织，让社区扶贫助困工作更深入。经过细致研究，对“爱心基金”组织进一步推敲，向上级请示后决定，开展社区自救模式，在社区范围内进行劝募。此举激起了社区居民及单位积极的响应，他们纷纷捐款捐物。为了放大慈善效应，提升慈善社会形象，依托街道红十字会，建立了“爱心基金”，将大爱延续下去。赵家地“爱心基金”为蒋阿姨一家筹集了6000元捐款。在社区深化精神文明建设，让社区居民明白捐一分善款，送一腔真情，以扶贫济困为荣，以乐善好施为尊，让赵家地社区到处是善的暖流，爱的春风。

宋国荣对社会工作充满热爱，不只局限于单纯的社会服务工作，还开拓创新、不拘泥束缚，充分发挥传统文化工作的社会精神文明传承作用。在经常调解邻里矛盾的同时，她又在社区创建了一个“国学教育传统文化书苑”，以传统美德、传统文化感召育人。传统文化书苑以传播经典文化为己任，教人以修身、齐家、治国、平天下之道，经世安邦之策，充分体现中华文化生生不息、刚毅诚信、博厚悠远、仁爱通和精神。书苑按照博学、审问、慎思、明辨、笃行为学的五个层次开展。以“终生弘扬和传播优秀传统文化”为己任，以“为天地立心，为生民立命，为往圣继绝学，为万世开太平”为使命，先后打造了国学教育文明楼门、评选了国学教育文明家庭，举办了“百善孝为先”“弟子规”“论语”“圣贤教育改变命运”“传素食文化 享盛世祥和”等70余场具有丰富的传统文化内涵的讲座，受益人群达1000人。特别是让社区和儿媳有矛盾的，经常要找居民委员会调解的，邀请他们参加活动，了解中国传统文化，理解这个孝道。

小区中有个叫余建林的居民，多年来和母亲不和，不探望母亲，即使见了面也不说话，母子关系一度非常紧张，母亲哭诉的次数都数不清了。经过宋主任两头苦口婆心劝说，母亲和儿子终于答应参加“百善孝为先”的讲座。一个个令人感动的例子，不知让多少人流泪，采访环节，让人们说出对母亲最想说的话，当主持人采访余建林的时候，他说了一句话“妈妈您辛苦了”。这时他的母亲哽咽得说不出一句话，激动得热泪盈眶。活动后，余建林的母亲对宋主任感激不尽，要不是宋主任，母子俩也许会老死不相往来。

多年来，宋国荣在社区工作积累了丰富经验，还有诸多创新，在社区城市建设中，用墙画打造老旧小区楼门，让随意张贴小广告的人看到漂亮的楼道不忍张贴上去，有效遏制了楼道内“牛皮癣”肆虐的情形；墙画采用的图案，由社区居民自己选择，让大家自己动起手来，美化家园，增强了邻里联谊的机会，提高了社区居民爱护环境的意识。

宋国荣觉得社会工作的真谛在于聆听，聆听居民们的心声，聆听自己的回应，聆听社会的呼唤！她说，我们周边的每个人都有梦想，而自己要做的就是坚持做好社会工作者的梦想。多年来，聆听社会各个层面正能量的声音，她提议建立的“社区爱心基金”和“国学教育书苑”，扶贫助困，让爱延续，解决社区居民的燃眉之急，也让更多的社区居民了解中华文明和中国传统文化，营造浓厚的文化氛围。

（作者单位：滨海新区赵家地社区）

爱心助残　情暖社区

滨海新区茶淀街道宜春里社区

2014 年，通过社区网格化区域调整，马宝明家成了陈淑媛负责的区域网格化中的一员。马宝明是一名因病致残的残疾人，1997 年，意想不到的糖尿病竟然发生在平时身强力壮的马宝明身上。6 年后，急性心梗又突如其来地降临了。由于病情不断加重，2003 年马宝明做了心脏冠状动脉搭桥手术。又因双下肢动脉栓塞、坏死，2004 年马宝明不得不截去了左下肢，为了保留仅剩的右下肢，尽管马宝明不间断地用药、打点滴，但可怕的糖尿病并发症还是接连不断地发生。2010 年马宝明的双眼又患了白内障，并造成右眼失明。2013 年，在病魔无情的折磨之下，马宝明终于忍受不了，仅有的一条右腿的下肢也被截除。他们的女儿由于在外地工作，常年不能回家，马宝明的生活起居、就医取药都是靠妻子董立和照顾。

在一次普通的家访中陈淑媛发现平时爱说爱笑性格开朗的马宝明夫妇精神和心理状态都不太好。平时穿衣干净整洁的董立和变得蓬头垢面，沉默寡言，说话有气无力。马宝明更是变得有些脾气暴躁，说话夹枪带棒，平时经常与老伴发生无端的争吵。作为一名社会工作者，职业的敏感性告诉陈淑媛，这个家庭最近肯定发生了什么。于是，通过与马宝明和董立和谈心、聊天，加之对周围邻居的走访得知，前一段时间由于病情的加重，马宝明又一次住进了医院，董立和不分昼夜地在医院照顾的同时，还要不停地为老伴寻医问药、陪伴治疗。一次在取药的过程中由于精神压力大、分神，下楼的时候不慎将胳膊摔伤。为了不让远在外地的女儿分心，老太太每天吊着胳膊照顾马宝明的起居、治疗。在住院的一个多月里马宝明看到老伴拖着病体还要每天照顾自己，就觉得自己是这个家庭的累赘，开始变得不爱说话、脾气暴躁，有时还因为一些小事与老伴争吵，不配合医生治疗，甚至产生了绝食轻生的念头。董立和告诉陈淑媛，每当老伴这样的时候她的心里都无比难过，自己本来就承受着常人无法承受的压力；女儿又不在身边，没有人倾诉，老伴就是自己的依靠，老伴这样真是让她又恨又怜，不知有多少个日夜董立和独自一人默默流泪。于是老太太开始变得沉默寡言、心情抑郁。

了解了事情的原委之后，陈淑媛开始运用自己的专业知识对马宝明夫妇面临的问题进行需求分析、方案设计及问题介入。陈淑媛认为需要马上解决的是要让马宝明放弃轻生的念头，积极配合治疗。于是她来到医院与马宝明谈心，当问及“您为什么会有这种想法”的时候，马宝明说：“闺女呀，你不知道我心里有多苦。以前没有得病的时候，我身强力壮，家里的重活累活我一个人全包，你董姨根本就不用操心。现在我成了这副模样，不但照顾不了别人，还得用人照顾，又不忍心耽误孩子的工作，让孩子分心。请保姆吧，家里的积蓄因为这几年看病也花得差不多了。我们两个人的工资每月吃饭吃药也剩不下什么了。我就想着，我要是死了你董姨也就解脱了。”听了这番话，陈淑媛心里也酸酸的，她对马宝明说：“马大叔，您先别想那么多。这段时间积极配合医生治疗，等回家了，我来帮助您。”“你？你还没我闺女大呢，平时在家肯定也是娇生惯养，估计连饭都不会做吧?”“大叔，您还别小瞧我，只要您答应好好治病，出了院我保证能给董姨减轻负担，就是我不行，还有社区这个大后方呢！要不咱爷儿俩打个赌?”这番话让病房里的其他人也都笑了。令陈淑媛欣慰的是，在接下来的日子里马宝明产生不再抵触治疗，也按时吃饭了，但是脾气依旧暴躁，心情依旧烦躁。接下来，陈淑媛开始设计解决这个家庭问题的方案，认为对于马宝明夫妇来说，现在面临的最大的压力就是频繁地就医取药与出行不便。如果有一个医疗机构能够定期为马宝明进行上门服务的话就大大减轻了他们的负担。于是陈淑媛和社区主任一起找到了作为社区社会组织联合会中的一员——汉沽医院的相关领导，向他们介绍了马宝明的家庭情况，询问医院能否为其提供免费的上门医疗服务。没想到，汉沽医院的院长当时就答应了，还专门成立了党员志愿服务队。在马宝明出院的第二天就来到家中为他建立了基本医疗档案，定期上门为他进行常规检查，而且这一坚持就是两年，大大减轻了夫妇俩每次奔波医院的压力。平时的走访，陈淑媛发现马宝明所居住的楼里没有无障碍设施，马宝明下楼不便，平时几乎不出门。这在一定程度上造成了马宝明病程长、抵抗力低下。于是社区又与残联协商，在马宝明居住的楼道里安装了无障碍楼梯，并为他申请了电动轮椅。在阳光好的时候夫妻俩就能到公园晒晒太阳，活动活动。生活的压力小了，马宝明夫妇脸上又出现了久违的笑容。在接下来的入户走访中，马宝明每每看见陈淑媛就会满脸笑容地竖起大拇指，“闺女我当时真是小瞧你了，没想到你还真行!”

社会工作理论和实际工作经验告诉陈淑媛，距离结案还很远，因为往往开头越好，反复越快。为了防止出现这种情况，陈淑媛的走访频率由每月一次改成每月两次，甚至每周一次。接触的时间长了，夫妇俩也就把她当成了家里人，有的时候临时有事没有家访，董姨就会打电话给我：“陈儿呀，今天怎么了，怎么没来呀?”就是这么一个简单的电话、简单的问候就会让陈淑媛觉得心里暖暖的，也证明社会工作有了成效，居民的心中接纳了你，认可了你。

两年多的时间里，陈淑媛并没有结束对马宝明家庭的关注，社区经常性地组织辖区志愿者定期去马宝明家中为他们打扫卫生、维修房屋、电器。每逢佳节都会带上慰问品去探望他们，女儿回不来时陈淑媛就陪他们过节，让老两口能够感受到社区大家庭的温暖，感受到自己并不孤单。

如今的夫妻俩又找回原来的幸福，天气晴朗的日子马宝明会和老伴一起去公园晒晒太阳、看看风景。记得在一次春节慰问中，董姨说：“以前就觉得生活没有盼头，这两年有了你们居民委员会的帮助我们又看到了希望，觉得日子还没有过够。我们现在就希望能平平安安地在一起享受人生、享受生活。我们还要一起携手迎接金婚呢!”

这个故事只是每天发生在社区中的小小的一部分。作为一名社区工作者，我们要做的就是用自己的专业知识助残、助困、助人自助；用我们的真情、真心让社区居民生活得更加美好!

温馨相约　共享欢乐

滨海新区和盛苑社区

她，一个平凡、朴实的社区书记，个子不高，却有着时刻为民着想的思想；眼睛不大，却能看到群众内心深处的迫切需求。她就是我今天要讲述的主人公——郭丽芝。2006年参加社区居民委员会工作。她热爱社区工作，忠于职守，热心为群众排忧解困，并帮助一个个失去温暖的家庭重燃生存的希望，受到了居民群众的好评。她从不炫耀多年来辛勤工作的累累硕果。10年的辛勤工作，换来的是居民的好评，换来的是稳定的民生。她一直以来认为能够为别人提供帮助，就是自己最大的收获，这是一种态度，是责任，更是一种奉献。

以热心融化"坚冰"：让他们重新拥抱世界

"与死亡俱来的一切，往往比死亡更骇人：呻吟与痉挛，变色的面目，亲友的哭泣，丧服与葬仪……"世上有一群父母，或许比谁都明白英国哲人培根的话。他们的年龄大都五十开外，20多年来，和自己唯一的子女快乐地生活，正当他们幸福地为孩子购置新房、准备嫁妆的时候，一场意外夺走了孩子年轻的生命。他们由此陷入常人无法想象的痛楚当中：每当全家团聚之际，为避免触景生情，他们只好把悲伤掩藏到心底，但儿女的音容笑貌几乎时时刻刻都历历在目，这让他们眼含泪水，年过半百的他们，余生该如何度过？

特服家庭——一个特殊的群体，逐渐走入了我们的视线中。

幸福的家庭总是充满欢声笑语，不幸的家庭伴随的是悲哀和伤痛。阚阿姨原本有个幸福美满的家庭，老两口与同龄人一样，期待儿子早日成家，享受天伦之乐。然而一场突如其来的意外夺走了丈夫的生命，噩耗传来，儿子难以承受，患上了精神病。从此，她四处奔波求医，还是无法挽回儿子的生命，同年7月，儿子无情地离她而去。双重打击，令她窒息。阚阿姨说：自己活在这个世界上还有什么意义，失去的丈夫、孩子又何曾忘怀？

结合阚阿姨的实际状况，郭丽芝组织社区志愿者与她签订了帮扶协议书，经常陪她聊天解闷；她生活困难，为她申请了城市低保，解除了后顾之忧；她体弱多病，为她求医送药。每逢佳节，郭丽芝把阚阿姨请到自己家中，一起共度节日。为了让阚阿姨开心，郭丽芝将自家中养的金鱼和盆景送给她，让她激动不已。郭丽芝说自己没有什么远大的理想和崇高的抱负，只是希望用亲人般的温暖，慢慢抚平阚阿姨的伤痛，使她重新扬起生活的风帆。

以耐心换信任：每一颗心都渴望温暖

像这样的家庭在社区还有很多，61岁的薛阿姨，已经与丈夫敖过了6年没有孩子的酸痛时光，宝贝的生日、忌日、春节，都是老两口守着可怜的孙女在悲伤与思念中度过。“孩子走了，我们为了晚辈还得痛苦地活着。”每当想起她的话，郭丽芝眼中忍不住泛起一丝泪花。另一位家住和荣苑80高龄的张大爷，一直单身，现已年迈，生活难以自理。郭丽芝得知后，经常看望老人，帮助老人料理家务。每逢佳节带上热乎乎的饺子探望老人，陪老人聊聊天、说说话，用点点滴滴温情与关爱温暖老人心，让老人不再觉得孤独。

如何保护困难群体则体现了一个社会的人文精神与道德水平。老人应该被关怀与照顾，这不仅是政策与道德的范畴，更应该是每一个人、每一名社区工作者的责任。作为一名社区工作者，做些什么来帮助她们呢？这是郭丽芝经常思考的问题。于是，关爱便有了具体的行动。在领导的支持下，结合社区困难家庭的特殊情况，启动了帮扶计划，与他们签订了帮扶协议书，在生活、精神上给予支持与鼓励，为他们读书、读报，与他们促膝谈心；过节时，对他们进行心理疏导、化解心结，帮他们走出困境，让他们感受到精神上、心理上的亲情关怀。通过开展专项活动，对他们实行人性关爱、人文关怀，使这些家庭亲身感受到党和政府的温暖，在精神上获得慰藉，生活上得到扶助。

有人说社区是城市的最基层，社区工作者是居民群众的贴心人，担负着维护社区稳定、服务群众的重任。社区工作很繁重，郭丽芝自从选择了这份工作，就没有后悔过，她把全部的精力和热情都倾注在社区工作中。她曾说，因为是社区为我提供了展示才能的平台；是社区塑造了我；是社区给我提供了为社会多作贡献的机会；是社区让我懂得了人生的价值。

自从走进社区的那天起，郭丽芝就把“讲奉献、负责任”作为了自己的座右铭。从此，割舍了与家人相守相伴的温馨和舒适，不分白天昼夜忘我工作，牺牲休息时间在所不惜。因为在内心深处始终有个信念在支撑着她——那就是选择社区工作并为之付出自己的一切，无怨无悔。

选择了社区工作，就选择了奉献和付出。郭丽芝把汗水洒在走家串户的行程中，把足迹留在了为政府分忧、为居民排忧解难的奔波中，把微笑绽放在领导和人民群众满意赞许的眼神中，而把疲惫和汗水留给了自己。

选择了社区工作，就是选择了拼搏和进取。在新的形势下，社区工作面对新的任务、新的课题，社区工作者永远是求知的学子，用青春书写忠贞，用激情践行“让领导放心，让群众满意”，不畏艰辛，不计名利，为了社区工作的辉煌，永不停息。

选择了社区工作，就选择了一生的知己，无论是坚守这份岗位，还是走出这片天地，都时刻会牵肠挂肚。

在平凡的工作岗位中体会到不平凡的人生意义。不论前方荆棘遍地，还是困难重重，都会勇往直前，永不退缩，直到辉煌的彼岸。

“德之广者，其行必远。”人心是最大的品德，暖心行动在路上，将暖心行动进行到底。暖暖的爱，社区工作者一直在路上为爱护航……

婆婆妈妈心　絮絮叨叨情

滨海新区新北街道融盛社区

张慧是新北街道融盛社区人民调解员、安监员。作为一名基层调解员，工作平淡无趣，没有新意，但它是化解社会矛盾的“第一道防线”。别看那一桩桩微不足道的小事情，调解不及时或处理不当，就有可能激化矛盾，影响社会和谐稳定。社区工作者，是“小巷总理”，工作最普通且繁杂，调解工作更是婆婆妈妈、絮絮叨叨的，但只要认认真真地去做好身边这些小事，婆婆妈妈也是一种幸福。

故事一：漏水事件惹风波

记得那是一天的中午，刚要吃饭，居民委员会的门“咣”的一声被推开，走进一对母子，怒气冲冲地走到张慧面前说：“楼上住户暖气管爆裂漏水把我家屋顶浸泡了。我们刚刚装修好的房子，孩子马上结婚用。你看看这房屋被水浸泡，楼上住户爱答不理的，重新修复的话需要赔偿损失，知道我们有多着急吗？居民委员会管吗？”张慧忙站起来说：“可以可以，阿姨您不要着急。您反映的情况我基本了解了，您现在要有时间的话，我们现在就去您家看看，方便吗？”阿姨说：“没问题，就是楼上他们家没人哪！”“没关系，我们先去您家看看，楼上住户我们会尽快联系的。”就这样，张慧和同事来到居民家查看因为漏水浸泡受损的范围，受损方家的客厅屋顶及小面积墙壁被浸泡有些严重，阳台顶子有些水渍及小裂痕。安抚好居民的情绪回到居民委员会后，张慧及时联系楼上住户，把了解到的情况向住户如实汇报。与双方当事人经过多次的联系、沟通，向他们强调邻里和睦的重要性，并约定时间面对面调解。在调解中，双方情绪激动互不相让，各说各的道理。张慧耐心听取双方意见，适时调解，告诉双方解决问题要心平气和，生气、恼怒解决不了任何问题。调解中，受损方要求损害方给予一定的经济补偿作为受损房屋的修补费用，就此问题双方起了争执。张慧语重心长地说："邻居家房屋被水浸泡造成的经济损失是应该赔偿，但是咱们不能因为钱伤了邻里和睦，以后还要相处。钱没了可以挣回来，要是伤了心就弥补不回来了。远亲不如近邻，咱们以邻里和睦相处为目标吧！阿姨、姐姐都静静心，好好想想，大家各退一步，换位思考一下，心平气和的，没有解决不了的问题。有话咱们好好说，不伤和气，咱们和平解决问题。"这一场矛盾纠纷，经过多次的沟通、做工作，双方你谅我让，最终达成调解协议，由损害方一次性赔偿受损方经济损失。两邻居也因这次风波化干戈为玉帛。李姐出门时说："谢谢你们的帮助，耽误吃午饭了。""没关系，您们能和解，我们很高兴。"看着二位居民走远，张慧真的为能及时有效地化解一场矛盾纠纷而高兴。

故事二：楼顶养鸽子招惹是非

鸽子是和平美好的象征，但是在张慧辖区就有一位居民因为在楼顶养鸽子招惹来邻里的不满。有居民来到居民委员会反映楼顶的鸽子每天放飞，但是羽毛也是满天飞，鸽子粪随处落在住户的玻璃上，楼层高不能经常擦洗干净；落在汽车上的鸽粪影响了车辆的外观，车主也是苦不堪言；住在顶层的居民每天开窗户时，一股难闻的味道飘进屋里，难以呼吸。张慧了解情况后，及时找到养鸽人，向他说明了邻里的各种意见。养鸽人听取了大家的意见后态度诚恳，还向张慧娓娓道来他如何喜欢鸽子，他养的鸽子有信鸽协会发的证书，还有如何养好鸽子等一些有关鸽子的知识。虽然他说的这些张慧不懂也与调解无关，但还是愿意听他絮絮叨叨说完养鸽子的事情。时间在不知不觉中流走，作为社区工作者的张慧，没有一丝的不耐烦。倾听是一种尊重、一种了解，尊重养鸽人的爱好，了解他的兴趣。张慧告诉养鸽人逐渐减少鸽子数量，定期做好卫生，定时放飞鸽子减少扰民，勤与邻居沟通取得谅解，文明饲养。

以上两起邻里矛盾纠纷实例，听起来很啰唆，但是张慧却从这婆婆妈妈、絮絮叨叨中感受到了一种被人信任的感觉。居民信任社区工作者，有麻烦才会来找你，才会跟你倾诉。社区工作者要把居民当成自己的家人，把居民的事当成自己的事去做，放在心上，认认真真去做工作。为了社区安宁，邻里和睦，走千家，进万户，甘当一名暖心的社区工作者，用个人辛苦换得众人甘甜。

用诚挚的心关爱居民

滨海新区贻成尚北社区

雷锋日记里有这样一段话："如果你是一线阳光，是否照亮了一片黑暗；如果你是一颗粮食，你是否哺育了有限的生命；如果你是一颗最小'螺丝钉'，你是否永远坚守在你生活的岗位上。"刘颖作为贻成尚北党支部副书记，时刻把这些话牢记在心里，用自己的实际行动诠释着雷锋精神。

刘颖今年25岁，是贻成尚北社区党支部副书记，2011年4月选入到贻成尚北社区，成为一名"小巷总理"。作为一名社区工作者，作为一名党员，她无时不把群众的冷暖挂在心间，无时不把群众利益落实在行动上。在工作之余她经常带领社区工作人员、党员、志愿者们对辖区内的孤寡老人、残疾儿童、社区老党员进行走访、慰问，尽最大努力对他们进行帮扶和帮助，经常与他们谈心交流、嘘寒问暖，了解他们生活中遇到的困难，和社区志愿者一道尽心尽责照顾他们，以一颗诚实的心、善良的心、友爱的心，把党的优抚、惠民政策落实到户，把大家的友爱送到每个人的心中，最大限度地改善他们的生活质量，让他们真正享受生活、享受快乐。

特别在迎接创建卫生城区的复审工作期间，她多次带领社区工作人员、志愿服务队的同志们除杂草、平土地、捡垃圾、清广告、拆违建，还积极配合有关部门整治辖区环境，工作中不怕苦不怕累，不怕得罪人，不怕困难应难而上，为迎复审工作作出了贡献。

82岁孤寡老人崔玉芬，常年独自一人居住，伴随她度过生活的只有一只可爱的小狗。老人一生命运坎坷，独子早早离世，老伴又撒手人寰，现在仅靠微薄的退休金维持生活。刘颖来到尚北社区得知这个情况后，经常到大娘家慰问，给大娘家打扫卫生，陪老人聊天、拉家常，同时还积极协调邀请卫生院的医护人员到老人家中为老人进行体检。在重阳节来临之际，她还会同辖区的志愿者们一起到崔大娘家，为大娘过生日，志愿者们为大娘带来了精彩的节目表演。通过努力，现在老人精神面貌得到很大的改善，老人的脸上露出了笑容，老人常说，“因为有你在，有你们这些社区志愿者的孩子们在，我才能更勇敢地活下去，才能开开心心地生活下去，是你们给我带来了党和社区的温暖与阳光。有你在，我不寂寞，因为你们就是我的亲人。”

无论是工作中还是生活中，刘颖始终认为，只有把群众当亲人，时刻把群众的冷暖挂在心上，群众才会把你当亲人。记得在“7·26”特大暴雨期间，尚北社区所管辖的利民里小区是受灾情况较为严重的，因小区下水道堵塞，雨水不能正常排泄，整个小区污水横流，大部分辖区居民家中也都已进水。当得知这一情况说明后，她和其他社区工作人员一起到小区查看险情。她蹚着齐膝深的污水一边挨家挨户询问居民受灾情况，安抚居民的情绪，一边告知居民防火防电注意安全。在各级领导的关心下，刘颖协调武警、消防、电力和街道干部经过6个多小时的苦战，积水终于退去，险情终于被排除，小区居民又重新恢复了往日的平静。

社区残疾儿童刘维芳，是一名先天重度脑瘫的患儿，母亲赵立新由于要长期照顾儿子不能工作，家中的主要经济来源只靠父亲一人，家庭生活困难。刘维芳因为身体原因，从小就不敢与陌生人说话，刘颖经常利用业余时间和同事一起到刘维芳家中，和他聊天、说话，陪他一起看书，时间一天天过去，刘维芳也渐渐地不再像以前那样害怕陌生人，也变得越来越开朗、越来越敢说话了，看到儿子的变化、看到儿子的欢笑，刘维芳的妈妈感动地说：“要不是有你们经常来看他、陪他，真不知道以后他会变成什么样子，谢谢你们。”

就是这样一位80后的小主任，就是这样年轻有为的社区工作者，在平凡的岗位上辛勤耕耘、默默奉献，在细微之处向社会、向居民群众、向困难群体诠释着雷锋精神。刘颖没有豪言壮语，没有惊天动地的事迹，但她牢记党的宗旨，用一颗诚挚的心，把党的阳光雨露洒向千家万户，用实际行动把社会的关爱和温暖送到了广大居民群众身边。

不忘初心　为民服务

和平区劝业场街道新津社区

李姝是劝业场街道新津社区的文卫社工。自从事社区工作以来，她始终不忘初心，以为民服务为宗旨，充满爱心地工作着。她秉承坚持为群众办实事，为老百姓解难题的工作作风，受到了社区居民的好评和拥护，并成功当选为“第七届群众满意的好社工”。

她在工作中坚持深入居民，向下服务，积极推动社区建设和谐发展。按照社区提升改造的安排，坚持“服务上水平”的工作思路，以增强社区居民综合素质，提高居民生活质量和社区文明程度为落脚点。她大力推进社区社团建设，努力促进各方面服务上水平。

由于工作的需要，换届选举前，她开始从事物业工作，本着坚持“社区党委领导、居民委员会扶持领导、业委会协调监督、物业公司服务”的四位一体的物业小区管理模式，积极响应“物业管理是基础、四位一体是保障、服务管理是根本、文化品位是关键”的要求。帮助解决津门公寓小区房屋商用这一长期存在的棘手问题，取得了良好成效。为建设美丽社区奠定了基础。

津门公寓作为纯物业高档管理小区，存在着许多的业主与物业公司之间的矛盾。2015 年新津社区照例召开每月一次的物业联席会议，通过联席会议，李殊接到了业主委员会提出的诉求，请居民委员会帮忙协调解决有关小区业主房屋商用的问题。联席会后，李姝做了大量的调查取证工作，同时规划如何帮助业主及物业解决当下的问题。首先，她建议地毯式排查房主，与物业企业共同协商，与业主委员会成员共同走访，一户不落地统计出租房的所有信息。其次，新津居民委员会、和平区津门公寓业主大会、北京金融街第一太平戴维斯物业管理有限公司天津分公司三方联合发布告知函。通知业主不得违反法律、法规以及小区管理规约，业主擅自将住宅房屋改变为经营性使用房。业委会有权依照法律、法规以及管理规约要求行为人停止侵害，消除危险、排除妨碍。期间她多次走访物业、业主委员会，了解需求，标注细节矛盾。同时，居民委员会经多次开会通过向广大业主发布告知函，以挂号信的形式致每位业主一封信（盖有三方印章）并以通知的形式在津门公寓每个楼道公示栏、电梯口、地下车场等显著位置公示。告知函发放后，取得了一定的效果，期间三方多次召开联席会议，就具体问题随时制订处理方案。目前在约定的时间内，原有将住房改为经营性场所的业主有5户退出了房屋商用，与此同时，在社区居民委员会的牵头下，三方共同走访了劝业场工商所。在2015年12月19日向工商部门如实反映了情况，并以书面的形式提供了三方盖章的所有相关资料及证据。

目前三方定期例会，突发事件随即召开临时会议，已成为常态化工作内容。通过民主协商的形式，三方共同携手，社区居民委员会主动介入、真心服务推进小区管理实现新突破。发挥居民委员会的协调指导工作，帮助小区解决困难，从根源上消除不和谐因素。发挥议事协商委员会作用，反映民生，督促物业公司做好服务。并在每月物业联席会议上都会做分析，经常排查物业小区房屋商用情况。

为保证旧楼提升改造工作能够按时高质量地完成，她总是盯在一线，发现问题现场协调，及时解决。在施工过程中，由于居民意见不统一，情绪激动时常与工人发生矛盾。为此她多次入户走访居民，耐心解释，合理安排施工。使改造工程得到了居民群众的理解和支持。例如，哈密道44号小区做下水道改造，居住在此的常住户居民整体年龄偏大，居民凝聚力较高，对工程要求较多细节，这样前期沟通环节尤为重要。小区内有几位很负责任的楼门长，他们群众基础好，能代表居民提出意见和要求，所以她会在开工前和楼门长开会研究工期、走管道路线、施工队何时入户看活儿，居民需要自拆哪些地方，如何恢复，一楼破坏较大如何补偿，补偿多少等这些都是需要沟通的。对于不愿意配合的居民，就多次沟通，给居民讲为了大家牺牲一下自己的利益，这是民心工程，国家为老百姓提升生活环境，只要一家不做，这一片都做不了，到时堵了大家都麻烦。其实一般的情况都是一楼不愿意配合，这就要看居民到底是什么原因不同意做，考虑他们的心理。因为还有可能是因为赔偿不到位不好意思说出口的原因。所以她会一次又一次地入户了解情况，多多倾听，让居民尽量多说，理解真正的原因，把这户的意见再反映给其他户，如果居民改变主意，就重新再通知一遍。所以有时挺简单的事儿，由于居民意见反反复复，她每天楼上楼下十几趟。确定后，终于等到开工，她会亲自到现场，看施工方领导是否布置好，居民家有什么需要帮助的，老年人在家对于噪声能否承受等。现场她会和施工方保持联系。在不违背原则的情况下尽量满足居民要求。结工后，还要入户问问居民使用情况，有无漏水开裂等现象，并留好每片施工队负责人的电话，以便以后出现问题及时联系施工方解决。

为更好地完成好物业工作，李殊每天走进居民小区，排查安全隐患，调解各种纠纷，重大问题召开居民听证会。走千户问百家征求意见，尽力满足各种需求。为小区安装监控和老年座椅，发动居民做好楼门建设。她设计哈密道44号特色楼门并探索准物业小区自治管理途径。工作中她加强与物业企业沟通，推动物业企业发挥作用。津门公寓为纯物业管理高档小区，她紧紧抓住发挥小区业主委员会的作用，积极化解业主与物业公司之间的矛盾，坚持每月召开物业联席会议，目前在小区业主房屋商用管理上不断摸索经验。在工作中她重视重点工作与一般的关系，努力在重点工作中求突破，力争做到抓难点、破重点。

换届选举后，她从事了文体工作，由于角色的转换，在履职过程中，她从思想上重视团队建设、注重社团创新意识、能力和合作精神的培养。为他们寻找更多的展示机会，每次都与队员共同参加演出。社团依托社区这个平台不断地发展，同时也提高了社团的知名度。

社区的紫光舞蹈队代表社区参加区统战部在音乐厅的庆祝新中国成立66周年的文艺演出。此次演出的演员全部为专业演员，只有紫光舞蹈队为社区推荐的业余团队。但他们在演出中卓越的表现得到了观众的认可，长久不息的掌声就是最好的肯定。社团负责人朱仁炯老师表示能与魏文亮、李瑛等专业演员同台演出，离不开社区这个平台的支持。长期的努力培育了良好的社团关系。她的社区活跃着12支队伍，有成型节目31个，今年获得奖项14个，参与大型演出29场。从社团成员中发展志愿者128人。

李殊利用业余时间向老师们学习主持、朗诵、舞台布置等，并学以致用，“与春天同行，创绿色家园”环保知识竞赛是她为社区主持的第一项活动。在同事们的紧密配合下，这次活动圆满成功。居民们会心的笑容也给她们留下了许多宝贵的影像资料。由于细节安排到位，活动环节紧扣，得到了新闻媒体的关注，报纸、网络都进行了报道。

依托团队的良好口碑，她努力完善自身，注重提升舞台气场，平时多看文艺节目，总结经验。慢慢地，她建立了信心并多次为社区主持策划知识竞赛、健康讲座、寒衣节、百家宴等活动。为丰富居民文化生活贡献力量。

未来的工作充满挑战，在以后的工作中，她坚持尊重群众、贴近群众、依靠群众，力求多做打基础。在她眼中，群众的每一件小事都是大事，每一个诉求都应用心解决，社区工作者就该知民爱民。她坚持不忘初心，就是真正把百姓放在心里，居民有困难，她会一定尽最大努力帮助解决。只有主动融入集体，处理好各方面的关系，才能在大环境中保持好的工作状态。只有树立服务意识，加强沟通协调，才能把分内的工作做好。工作中她选择真诚，勇于面对；选择厚道，助人为乐；选择忍让，站在居民的角度考虑问题；选择善良，不忘选择社区工作者的初心。

让赤诚之光洒进百姓心中

和平区劝业场街道

时光荏苒，一眨眼马若群来到社区工作快两年了。当时报考社会工作者时的情景还历历在目，就像昨天发生的一样。作为一名不折不扣的90后，在很多人的眼里对90后的标签大都是独生子女，自私、自立、缺少人情味。记得上班第一天到社区报到时，大家都用质疑的目光看着马若群，无非是怀疑现在的年轻人到底能不能适应社区这样一个每天接待群众来访诉求，事务繁杂、琐碎不堪的工作。说句实在话，马若群心里确实没有底。但是如何体现自身的价值，更好地为百姓服务，用年轻人的热情感召群众，为百姓办好事、办实事是个巨大的挑战。万事开头难，他相信只要付出了，便会得到回报、认可。

记得刚到社区一周，辖区内的哈尔滨道143号便开始了旧楼改造提升工程。作为一名物业专职社工，摆在他面前最大的难题就是尽快熟悉掌握小区内的情况，让居民们尽量认识他。每天上班他都会跟着管片师傅挨家挨户走访，拿着本子将每家的具体情况记录在册，熟记在心。梳理掌握的一些信息，他发现小区内独居老人居多，子女很少在身边陪伴。每逢赶上旧楼改造提升工程，这些老人大多年迈，身体不便，需要面临拆卸瓷砖、壁橱、更换马桶等一系列问题。每次他入户通知改造，他们都有抵触的情绪，不愿配合改造进行。作为一名年轻的社会工作者，他总在思考，除了入户走访通知协调以外，还能做些什么呢？怎样才能在做通思想工作的同时，还能让他们接受认可甚至把他当成他们自己的孙子一样，将心底的事情向他倾诉？

为了能够第一时间解决问题，改造期间马若群一直坚守在施工现场，尤其对独居老人家中的施工情况更加注意。哈尔滨道143号2门702家的范大爷家中因改造下水道将马桶砸开，家中儿女不在身边，自己又是一个人腿脚不便，这可急坏了范大爷，拜托邻居无人理睬。这时他恰好正在楼道内与施工人员沟通，他告诉范大爷不要着急买马桶。买材料的事情全部交给他好了，保证不会耽误今天使用。倔强的范大爷还轻蔑地说，就你一个小孩，还没有我孙子大呢！快打住吧！为了不让范大爷因为此事着急，马若群迅速去买了马桶、回水弯头、玻璃胶，虽然笨手笨脚，但还是有惊无险顺利地将马桶安装完好。看着范大爷惊奇而又充满感动的眼神时，他心里一下就释然了。范大爷对他说的一句话，至今记忆犹新："现在的居民委员会太需要你这样热心、踏实、肯卖力气的小伙子。老百姓不是瞎子，他们知道谁是真正为他们办事。好好干，社区工作前途无量。相信你!"虽然这只是改造中出现的一个简单而又平凡的一个插曲，虽然他也扫过粪便、受过委屈、碰过钉子，但这更让他坚信选择社区工作是最实际、最接地气、离百姓最近、最能体现自己价值的舞台，不仅温暖了百姓，更温暖了自己。

不到两年的时间，马若群的工作岗位也发生了变化，经过社区两委换届选举，从一名物业专职社工当选为社区党务专职副书记。作为一名年轻的共产党员，能够脱颖而出，不仅是靠自身的辛苦付出，更得到了居民群众的认可。从物业工作到党务工作，社区工作的本质都离不开"服务"二字，春天灭蝇灭鼠，夏天百日会战清理卫生，秋天文明祭扫巡查站岗，冬天清扫积雪送寒温暖，社区的每一天都是充实、有意义的。从他走进社区，走近这些人的时候，就告诉自己，立足于社区，服务好百姓，将赤诚的温暖送到每个人、每个家庭，年轻人也好、老人也好、党员也好，哪里有困难，哪里就有帮助和温暖，就像赤诚之光洒进百姓心中一样。这就是他的理想、他的事业。

真诚付出　用爱传递

和平区劝业场街道南京路社区

她叫王婷，是劝业场街道南京路社区一名负责低保工作的社区工作者。工作四年来，在平凡的岗位上尽心尽责地工作着，真情地付出，得到上级领导和居民的普遍认可，连续三年被街道评为“优秀社工”，在刚刚结束的和平区第七届“双十佳”评选中被评为群众满意的好社工。

一、尽职尽责帮扶困难群众

王婷在社区主要负责低保再就业工作。起初，每天看到来访居民络绎不绝，各种诉求和问题杂乱而琐碎，她都不知道从何下手，心里没底，有点发怵，有点打退堂鼓。在各级领导的鼓励和帮助下，她从不了解、不熟悉社区工作，到现在从容完成好本职工作。她深知，救助困难群体更是维护社区稳定的重中之重。在实际的工作中，要想把低保救助工作做到位，让一方困难群体渡过难关，既要从大事着眼，更要从小事着手，尽力做到急事急办、特事特办，从居民切实利益和实际问题入手。面对居民诉求，她不躲不拖，不推不等，而是以人为本，耐心疏导，合理分析，认真梳理，让每一户困难家庭的差异情况都了如指掌，使自己成为困难群体的贴心人。如去年 3 月的一天，社区办事大厅突然来了一身酒气的男子，说自己有病没钱治，要政府负责。虽说她心里有些发颤，但还是平和地接待了他。从他凌乱的叙述中得知，他是社区一个空挂户，他本人曾坐了 11 年牢狱；妻子患有精神病，孩子上初三，家庭生活一直靠卖水果维持生计；由于房子拆迁，只能租房居住。他突然被查出患有肝腹水，一家三口没有任何生活来源，没钱吃饭、没钱看病，想借酒消愁一死了之。面对这样的家庭，单靠给他讲政策是绝对行不通的，单靠他一个人也很难办理相关证明。王婷当即向社区主任大胆提出，走进社区以外的居住地，上门为他服务，帮他办理一切相关手续。王婷从陪同他的妻子到精神病医院看病开始，逐一帮他跑了所有的低保证明，让这一家三口享受政府全额低保救助，缴纳了医疗保险，这样一来，看病、吃饭基本上得到了解决。但是生存环境更是让人心疼，孩子每天伏在用砖头架着的板子上写作业，晚上躺在简易钢丝床上睡觉。王婷看在眼里，更是疼在心上，再一次激发她母性的本能。在社区主任的帮助下向辖区单位求援了一个标准的课桌椅和一张单人床，又挖掘社区资源与社区一名爱心人士结成帮扶对子，每年资助孩子1200元助学金，直至学业完成。就这样一个连环式的救助让这个醉汉、愣汉看到了希望，他激动得潸然泪下，终于从他的嘴里挤出几个字："谢谢你小王，没有你我家就完了。"她就是用这样的一份爱心和诚心把本职工作尽职尽责地做好。

二、用耐心、诚心、热心为民解难题

干好社区工作，就是要服务好群众。从个人的需求到群访的诉求，居民需求是包罗万象的，借助在旧楼改造惠民的大好时机，不仅全面提升小区居民的生活环境，更是给了她一次与居民零距离接触的有利契机，化解施工项目与居民利益引发的矛盾焦点，更是能否落实惠民工程的关键点。要想把各种复杂的矛盾化解在基层，只能是深入到居民中去，了解每一个施工环节和居民家中的情况，才能有的放矢地攻破一个个难题。如保疆里小区6门更换上下水道就遇到了难题。全楼18户居民，有三户受阻，无法施工。其他15户居民可急坏了，到社区反映说：家里每天生活是上水上不去，下水下不来，这日子太别扭了。这次政府给了这么好的机会，不修以后更没有机会改善了。甚至说如果哪家有困难，他们愿意出钱、出力帮忙。面对居民的呼声，王婷与社区主任一同走进三户居民家中疏导。第一户高龄老太太情绪最激烈，一提施工，她就想起刚刚过世的老伴，痛哭流涕。没办法，只能找老太太女儿商议，最终只勉强同意修复自来水管。第二户是单亲母亲，生活比较困难。王婷就找了一家爱心企业，为其无偿修缮施工后的屋顶和墙面，她的后顾之忧解决了，才同意配合。第三户是一位底商用户，远在福建，无法面对面交流，王婷只能通过长途电话一次次沟通。可能是她的坚持和耐心打动了那人，答应尽快飞回天津配合施工。几经周折，终于把居民工作做通了。王婷赶紧协调两家施工单位，合理安排施工时间，第一天修上水管，第二天修其中一片的水管，最大限度地减少给居民带来的困扰。施工那天早上，王婷在赶往小区的路上接到自来水公司负责人的电话，说102室底商不同意破坏地面修自来水管。施工人员怕耽误其他工程，要求撤场。王婷赶到该户询问情况，主事的人却不在家，打电话又不接。王婷急得像热锅上的蚂蚁。楼里站满18户居民，为配合施工每家屋里都是拆得一片狼藉，小区里站着一群施工人员嚷嚷着要走。王婷当时就一个念头，决不能让施工方撤场，一旦走了工期就不知道安排到何时了。情急之下，王婷拿起手机给事主写了一封像检讨书一样的短信发了过去，把所有责任揽到自己身上，希望他能来解决问题。不一会儿，他短信回复说：马上赶过来。一个小时后，事主终于来了，但还是不同意修。他因与个别居民有矛盾，想借这个机会治一治楼上居民。经过半个多小时沟通和调解，终于同意破地面施工。这时已经是中午11点多了，王婷马上给两名施工人员准备了包子当午餐，快吃快干。傍晚，全楼门开始供水，王婷悬着的心终于落下。她踏实了一个晚上。第二天一大早，福建赶来的这户居民如法炮制，又上演了一出阻挠施工的戏码，声称屋内卧室埋下水管道不吉利，拒绝施工。可房屋结构下水管就埋在卧室地面下，这个无厘头的理由没有任何说服力，引起楼上5户居民不满，一同前来质问，如同打群架。楼外施工方见到此种局面，收拾工具走人了。王婷内心虽然焦急但是心平气和地将楼上5户居民劝走，单独和一楼房主沟通，并大胆提议，在不破坏地面的情况下，对地下管进行改造，继续完成1至6楼户内主管更换的方案。在征得上级领导和相关部门的同意下，再次协调已经撤场的施工单位二次进场，完成了下水管网改造。两天施工，两次撤场。一个“韧劲”将两项工程进行到底，一个“坚持”让居民享受改造后的成果。虽然付出了一点辛苦，王婷却赢得了居民的信任。走在小区里居民说的最多的就是，多亏你小王，不然我们楼里的上下水管道改造肯定没戏啦。居民们的赞许让她心里暖暖的，同时也是对她最大的肯定与认可。

三、换位思考，将心比心，矛盾终化解

近年来，政府惠民工程已经覆盖王婷所在社区的6个小区，受益居民近千余户。在此过程中，也少不了协调解决改造中出现的诸多矛盾。换位思考、将心比心是做好工作的保障。记得那是一个周六的中午，王婷休息在家带孩子，接到同事打来的电话说：王婷你管辖的保疆里小区一户居民家中突然漏水了，让你立刻过去。王婷当时一头雾水，家中漏水了怎么会找到社区，找到她这儿呢？干吗不找相关部门修理呢？王婷告诉同事如果再打电话就将她手机号告诉对方，以便直接联系她，省得中间来回传话造成麻烦。接下来，王婷的手机没电了，直到晚上6点事主陈某联系上王婷，他在电话里大喊："王主任，你不是主任嘛！这事就找你了，你少给我推来推去，你们旧楼改造给我家改漏了！现在马上过来。"当时已经是晚上6点钟了，王婷及时与社区主任联系汇报了情况。主任说："今天休息，你在家带孩子，我来处理。"由于各种原因那天实在是没人帮王婷看孩子，所以没能第一时间赶到现场。星期一一大早，社区来了5位中年男子，代表陈某谈此事，一张嘴就要3万元赔偿金，其他免谈。旧楼改造更换下水管道原则是一片居民都同意方可动工，如果有一户不更换，后患很大，极有可能在新老管道相接处漏水；或者叫"不延年"即当时可能没事，要不了多久就会出现漏点，陈某家的情况正是如此。陈某家当时不同意更换下水管，而施工单位在其他居民的强烈要求下，只得做了隔开三楼换管的施工。没想到，在施工中，电锯和风镐的震动，将已经老化的主干管震裂，导致陈某家从管道裂缝中冒水。事情的原委终于弄清楚了，解决起来却很棘手。如果他们不同意换管，只给赔偿金，不能彻底解决漏水问题，楼上的居民还是无法正常用水。第一次商谈无果而终。为了解决矛盾，王婷还是留有余地，让他们回去商议。但是陈某回到家中，看到屋内的一地污水成河，再次被激怒。王婷急忙向陈某解释，应该是楼上不慎用了下水道，不是故意所为。经过走访得知，确实是楼上居民故意所为，想用这种方法惩罚前期不配合更换下水管的陈某，并扬言：今天倒了，明天还继续倒。

如此下去矛盾要激化失控，化解起来更加难上加难。面对这种局面，王婷没有指责任何人，保持中立。她一方面电话通知楼上居民召开楼内居民会议，面对面解决问题，邀请他参加，拿出解决问题的方法。他以各种理由推诿不想参加会议，于是王婷因势利导，经过半个多小时沟通，最终答应不再倒水，一切等待问题解决后再使用下水管道。另一方面，约见陈某继续商议更换下水管道的问题，并表明如果不换管，赔偿金解决不了根本问题，在社区主任以及上级领导的帮助支持下，最终促使陈某答应拆掉自家厨房吊柜和地柜，将厨房和卫生间的下水管一并更换，彻底解决漏水问题。陈某同意了，这不等于可以施工了，二楼和四楼家的管道需要重做才能与三楼的管道衔接上。两次施工，引起两户居民很大不满。王婷一次次入户，其中一户老太太非常固执，怎么说也不同意再次破拆换管了。王婷了解老人的顾虑，老人的子女不在身边，自己行动不便，根本没有精力再折腾了。王婷向老人承诺破拆后的恢复工作以及后期打扫卫生都由我们来帮您。一次一次上门沟通，最后王婷的诚心打动了老人，终于答应了施工。施工当天王婷与主任从早上7点半到晚上8点半，整整一天陪在老人身边，陪着她，给她热饭、端屎端尿这些王婷都做到了。一天的陪伴，王婷所做的一切温暖了老人心，老人脸上露出了笑容，嘴上感谢的话语不断，发自内心地感谢："小王，你可受累了。你比我闺女还好了，我以后有什么事就找你，不和你见外了!"短短的话语感受到了老人心里的无比信任！经过一天的奋战，该楼门管道更换顺利完工。最后，陈某还拿到了施工单位支付一定数额的赔偿金，对王婷的工作表示感谢。一起多头缠绕的矛盾纠纷，在一次次坚持中圆满化解，楼里恢复了往日的平静。陈某的态度从事发情绪激动、恶语相加，到现在已经成为楼门里的志愿者，经常帮助楼里居民，有什么问题都及时反馈给王婷，便于开展工作。

成绩只能代表过去，王婷深信：一分耕耘，一分收获，从点点滴滴的工作中怀着一颗炙热的心，服务群众，为群众办实事，解难题。真正做一个群众的暖心人。社工是助人自助的职业，她坚信在不久的将来，有困难找社工，人人需要社工的意识一定会深入人心，人们的生活也因有了社工而更加美好，社会因有了社工而更加和谐。

追随社区梦　共铸居民情

和平区劝业场街道

2009年尹妍怀揣梦想，成为奋斗在基层一线的普通社区工作者，多年的工作中让她明白了多谋民生之利，多解民生之忧，全心全意为人民服务，尽心竭力为群众排忧解难，这就是做好社区主任不可动摇的“梦想”。尹妍在几年的社区工作生涯中，充分发挥党员干部的先锋模范作用，为社区工作奉献自己的微薄之力。她始终把“全心全意为人民服务、堂堂正正做人、踏踏实实做事”当作自己日常的工作行为准则。

身为一名社区党务工作者，平日里尹妍尽职尽责做好本职工作，建立健全基层党组织，按照党中央“两学一做”教育活动的总体要求，按照上级街道党委的具体部署，她多次组织社区党员干部按照要求接受教育，学习《中国共产党章程》、学习习总书记系列讲话，做一名合格党员，认真组织党员开展学习实践活动。平日里着力提高党员的政治理论素养，利用社区党员远程教育，激励老党员学习社会主义价值观；学习党的十八大精神，紧跟时代步伐，做到了与党同心。在重大节日期间慰问困难党员，对身患不适、突发疾病的老党员干部及时关怀，从而提高党组织的向心力，凝聚党心。加强党风廉政工作，接受群众的监督，与人民群众心贴心。严冬时节，及时清扫积雪，及时保障社区居民的出行安全，对于行动不便的高龄空巢老党员，尹妍带头入户送去新鲜的蔬菜，让老人深感社区党委温暖！社区党委积极倡导敬老爱老公益活动，在春节期间开展爱心饺子宴，邀请社区空巢独居老人到社区一起包饺子过大年，感受人与人之间浓浓的亲情。年终期间绩效考核整档工作针对党委网格化、场所建设规范化、教育培训系统化、组织活动多样化、服务群众精细化和创先争优常态化等相关内容进行归纳总结，此次绩效考核工作得到了街道党委工委领导的充分认可，并被评为了本年度劝业场街道社区优秀班子成员。

为了提升广大居民的生活质量，旧楼改造民心工程在2014年像春雨一样播洒到尹妍管辖的小区，顶楼铺设保温隔漏层、粉刷楼道、更换老旧电路、安装防盗门、更换下水道等多项惠民工程同时开工。尹妍管辖的小区是1996年建成入住的，六个楼门栋都是七层楼，一二层为底商，三层到七层为居民户，在旧楼改造中更换下水管道时出现了阻碍，近20年的铸铁下水管，常年在污水中浸泡腐蚀，各家各户都有不同程度的渗漏，严重的家庭甚至要用自制的水壶接污水。由于每个楼门栋的户型都不一样，每层居住3~5户居民。尹妍和楼门栋的志愿者、楼长分别入户进行政策宣传和疏导工作。居民的工作还比较好做，因为涉及各家各户的切身利益。但是底商户的工作做起来则要困难多了。大多底商都是租户，尹妍首先和房主取得联系，并说明更换下水管道的利害关系，得到房主的大力支持后，随后与租房底商户协调。底商租户更换下水管道要破损地面，工期要比正常居民的施工要长，影响了底商户的正常营业，牵扯了他们的经济利益，要求楼内居民补偿他们的经济损失。尹妍一边与楼里的居民代表和商户协商，一边与房主协调适当减免商户的房租，商谈的过程复杂而多变，最后房主减免了一个月的房费。经过多方的努力，圆满协调了底商户。尹妍做通一家底商就开工一片施工，底商的工期都在两天内完成。看到已经施工的商家，没动的商家也开始动心了。新的问题又出现了，其中一家批发衣服的商户提出必须一天内完工，而且店内人手不够，所有的物品全部回到原位，并且不能有任何灰尘污染影响售卖。这个问题实施真是有难度。尹妍想，发动居民帮助理货不现实，因为居民年龄偏大。她发动社区工作人员也是行不通，思来想去问题的根本还是在商户那里，尹妍意识到一定是某个环节没有达到商家的满意。她再次找到商家，设身处地地站在他们的立场上看问题，终于找到了问题的症结所在：商家不想开地面埋管，希望与施工队商量在换旧管道后不要再刨挖地面，通过墙体把管道回归到总下水井中。她了解到商家的意愿后，积极与施工队长联系协调，多次现场勘测寻找适合的位置，最终施工队勾画出合理的施工图，满足了商户与居民的共同利益。为了不影响居民使用工期定于早上6点30分开始。在11月的早上，天还没有大亮，她便敲醒每户居民的门，安排工人施工。在施工过程中新的问题又出现了，其中一户家中刚刚装修完，而且自己已经更换了下水管，不用统一更换，在集体协商时此户已经同意，但是真正施工中却又出现了问题，整个的工程都卡在这一户了。居民们产生了不满，但此户居民闭门不见任何人。她通过电话与其进行沟通，并安抚其他居民。为了全楼居民的下水管道通畅，她动之以情、晓之以理，和他洽谈，最终做通了此户工作，直到晚上将近9点才使下水管道顺利更换完毕。

2015年入冬时节，推动民心工程，和平区落实煤改燃政策。尹妍负责的辖区万全道属于老旧楼区，由于供热管道线路技术的原因导致个别居民上访。得知情况后尹妍深入居民中间安抚焦急情绪，实地了解每户居民的需求和反映的意见建议。她一方面安抚居民，另一方面积极联系区供热办等相关职能部门，了解事情的原因。家住包头道青见里3号的九旬老人卢维平，由于房产遗留问题始终没有房本，从而不能办理暖气相关安装手续，问题困扰着卢大爷一家人。当尹妍得知此事后，积极联系区供热办协调，想方设法帮助老人解决供热问题。通过协调、咨询供热办，得知只要提供卢维平老人房屋面积的证明，就可以办理相关的暖气安装手续。尹妍亲自到老人家测量房屋面积，当场校对核算面积，并出具了相关证明，使其家人尽快到供热站办理安装手续，随后联系施工安装人员使管网入户，从而彻底解决了卢维平一家的取暖问题。1月15日安装的暖气供热了，卢老爷子的大女儿来到社区握着她的手说："小尹，太感谢你了。这么长时间为我家暖气的事情让你跑前忙后的，谢谢你。老爷子特意让我带来了感谢信和锦旗，略表他老人家的心意。现在供上热了，同时我们一家人的心也热了。"虽然只是简单的话语，却让尹妍感受到了无比的自豪。

在社区工作的这几年，尹妍收获了许多许多，在工作中她学会了理解。有的时候居民找到她很急切，口不择言也是常事，尹妍不但不会去计较他们的言行，反而会同情他们，学会了与形形色色的人打交道。同时尹妍考取了助理社会工作师的资格证书，用更专业的工作方法服务于民。她在社区工作中最大的收获是居民对她的认可，并且可以自豪地站在所管辖的小区中间，指着窗户说出每家每户的情况：什么时间段哪家有人；哪家儿子要结婚、女儿要出嫁；哪家有高考生；哪家有新生儿；重点人群住在几门几楼……尹妍都心中有数。有居民经常到社区找到尹妍和她说说话，把他们的喜悦与她分享，与其同快乐；把他们的忧愁诉说给她听，让她为他们想办法出主意。尹妍为此很高兴。

社区的工作生活，让尹妍积累起来的不单单是工作经验，更重要的是她已深深地爱上了这份工作，爱上了这个社区，更爱上了社区的百姓！最值得荣耀和满足的是在忘我的付出之后，居民所给予尹妍的那种满意的眼神和甜甜的微笑。尹妍会秉承为人民服务的理念，抱着居民之事无小事的信仰，服务好每一位居民。

热忱服务居民　真情奉献社区

郭秀温

热忱服务居民，真情奉献社区。这是和平区小白楼街道树德里社区主任赵金梅一直坚持干好社区工作的动力和源泉。从事社区工作13年来，她一直这样履行着自己的承诺。多年来，她牢记使命和责任，用真诚和爱心无私奉献，身体力行地践行着诺言，成为社区居民的主心骨、贴心人。她说，“居民群众是我的老师，当我心里时刻想着他们、爱着他们，居民群众才会接纳我、承认我、关心我，才会把我当作他们的知心人，自己的工作才能有所作为。”

群众构成社区，社区服务群众。赵金梅坚持惠民服务为根本，在办实事解难题中体现党执政为民的宗旨。树德里社区是个典型的老年群体小区，她成立了“幸福365”为老服务基地，专门为老年人提供低偿或无偿的服务；建立了“日间照料室”，每月8日、15日免费为老年人提供理发、修脚服务；每月20日开展法律咨询，每周四还开展“健康大讲堂”活动。此外，社区还专门印制了“服务卡”，当老年人遇到困难只要拨打服务卡上的电话，不管是社区单位还是居民委员会，保证随叫随到。这项服务为老年人提供了方便和实惠，受到了普遍欢迎。赵金梅说：“对于正常家庭来说，有些事是小事，但对特殊、困难家庭来说，可能就是天大的事。”社区的每一户困难家庭都时刻牵动着她的心。社区低保对象施某，丈夫去世，其女儿18岁，患上了精神病，有一天病情发作，从5楼跳了下来。赵金梅得知后带领社区工作人员赶到医院，帮其办理住院手续，双腿骨折手术需15万元，施某面临精神和经济的压力，近乎崩溃。她一方面开导施某，一方面组织社区党员和社区单位进行捐款，并上报民政局给予应急救助，通过多种渠道的救助，施某母女俩渡过了难关。为了让社区孤老户感到孤老不孤、身边有亲人，每年春节期间，她都带领其他社工把孤老户、残疾人请到社区一起吃饺子过年，并把刚煮好的饺子挨家挨户给行动不便的老年人、残疾人送上门。看到送上门的饺子，有的老人感动得流下了泪水。王培苏大娘说："我要把这个盘子洗得干干净净，永久珍藏好，留个纪念。这虽是一个最普通的一次性塑料盘，但它融入了居民委员会同志们的一片真心和爱心。"

在社区做一名暖心社工，就要坚持在一线服务群众，把党的关怀和温暖传递给每一名群众。岗位就是责任，社区就一个大家庭，作为社区当家人的赵金梅自然要把大家庭方方面面的事情做好、做细。每逢遇到大雨天，她首先想到的是社区有没有积水，居民家里有没有漏雨。为了防火防盗，每年除夕夜，家家团聚吃年夜饭，鞭炮齐鸣贺新春时，她都坚守在社区巡逻。就连平时一听到救火车的警笛响，她都会立刻跑上街看看是否社区有火情。服务群众是她永恒不变的主题，自社区建立"幸福 365 为老服务基地"以来，社区老年人真正得到实惠，表达出他们的心声，"我们生活在这个社区非常幸福，我舍不得离开啊！"

作为居民委员会主任，要有能容人的"大肚"和耐心做工作的"婆婆嘴"。旧楼提升改造工程是一项惠民工程，社区辖区宏达公寓 1 号楼上下水管道的更换难度很大，在楼上的居民六层、七层自来水上不去，二层又经常下水管道跑冒，居民们对更换上下水管道有着迫切要求，可精装修的住户却嫌麻烦不愿意更换。更难办的是一层底商，自己设有上下水管道，居民管道更换底商不仅不能受益，还要破坏室内地面，影响营业收入，所以他们提出了补偿要求。于是，赵金梅带领社区成员苦口婆心地给不同意更换上下水管道的居民都做通了工作。面对底商"狮子大开口"的补偿要求，赵金梅又在底商与居民之间进行多次协商和沟通，终于达成双方都能接受的补偿数额。施工开始后，由于上下水管道施工队各自为政，造成了二次反复破损地面的情况，底商再次提出了二次补偿的要求。有的居民愿意掏钱，而有的居民觉得这钱应该由政府掏，认为"这是居民委员会的任务，找我们开会干吗？我们家地面还破坏了呢，谁给我补偿。都这么晚了，我们还没吃饭呢。"赵金梅听后感到很委屈，眼泪围着眼圈转，她心想，"为了这次施工，我们居民委员会费了不少劲，协调了 40 多个环节才到这种程度，不求你们感谢，反过来还指责我。你没吃饭，我也饿着肚子呢。”在回家的路上，赵金梅仔细一想，还得自己给自己打气，既然自己在这个岗位上，不就是为居民解难题的吗？绝不能因为这点儿事就前功尽弃了，遇到困难就退缩不是真正的共产党员。第二天，赵金梅又找到底商商户，晓之以理、动之以情，最后商户降低了补偿金额，又做工作使居民能够接受，终于能继续施工。就这样，总共历经5个月，上下水管道终于更换完毕，圆满解决了居民吃水难和下水管道堵的问题。

为了更好地发挥社区志愿者的作用，赵金梅提出“一室两网四队”常态学雷锋的工作模式，成立了专业服务队、楼门关照服务队、社区单位共建服务队、社区文化服务小分队。各服务队分别签订了服务承诺书，其中“邻里守望”服务队共签订了30份关照承诺书，12个共建单位承包了18户困难户。学雷锋志愿服务站的建立，激发了广大志愿者的服务热情，涌现出了很多好人好事，得到各级领导和部门的充分肯定。此外，赵金梅创办的以宣传、弘扬社区文明道德风尚为主旨的刊物《树德家园》，至今已坚持出版20期，登载文章400余篇，深受居民们的欢迎。赵金梅说：“社区工作千头万绪，这些年来，因为居民暂时不理解，我也挨过骂，在劝解居民矛盾冲突过程中也挨过打。建设美丽天津、建设美丽和平，要从建设美丽社区开始。继承党的优良传统，紧密联系居民群众，要靠自己的努力工作和无私奉献。我愿意在社区主任这个光荣的岗位上积极进取，扎实工作，为早日实现全面建成小康社会的奋斗目标多出一点力，多发一分光。只要对群众的一片坦诚和真情没有变，心系社区、心系居民的安危冷暖，真心为居民办实事，就会得到居民的认可和称赞。”

衡量社工的标准最根本的一条，就是群众满意。为不断提高社区服务精细化水平，建立覆盖社区全员、服务载体多元、服务功能完善、服务质量和管理水平较高的社区服务体系，赵金梅以社区社会组织为纽带，以群众的兴趣爱好为聚集点，开展了一系列健康有益、丰富多彩的文化活动。她牵头成立了沙画社、折纸班、英语班、合唱团、评剧团等28个社区社会组织。沙画社用沙子、蛋皮等环保材料制作成逼真的图画，为全市多家主流媒体报道；童心合唱团紧跟形势，自编的《廉洁之歌》《树德赞歌》等歌曲，在社区内广为传唱；社区雏鹰驿站开展的“快乐迎圣诞”、花样跳绳、经典诵读、绿色网上畅游等活动同样收到良好效果。经深入调研社区实际和了解群众需求后，赵金梅提出了三年的系统创建工程，确定了创建和谐社区—和睦邻里—和美家庭的工作思路。她提出“打造十要树德工程，构筑五爱幸福家园”的创新项目，制定树德里社区“十要”道德行为规范，创建以德命名的崇德苑、贤德苑、善德轩、祥德轩等特色楼门，开展社区模范之星评选表彰活动，树立创先争优典型，形成人人参与创建，人人树立文明道德风尚的良好氛围。她提出了“建立睦邻连心站，深化尊知树德定位”项目，组织居民志愿者参观学访西双塘，在现场睦邻连心站正式揭牌，志愿者们踊跃报名，并认领了楼门内的帮扶对象。组织开展了“红色旋律 飘扬树德”红歌咏唱会，以楼院为单位组成方队进行比赛。通过系列活动的开展，和睦的邻里关系更加融洽，志愿服务得到了充分延伸。她还提出了“创建幸福家庭，倡导尊知树德”项目，经居民推荐，评选小组评选，评选出从不同侧面体现家庭幸福的26个幸福家庭，将先进事迹做成视频短片向居民们展示、宣传。她又提出了成立“党员贴心服务团”，服务团成员们为残疾人教授编织知识，传授编织技能，现在社区欣愿残疾人编织小组已经承接了很多单位的编织任务。邻居和家属纷纷说：“过去残疾人在家常拌嘴，老生气，自打参加编织小组好像变了一个人。我们由衷感谢社区、感谢党，不仅让我们满意，更给我们带来了惊喜。”

要想多为辖区内的居民谋福利，只靠社区的力量是不够的，必须善于挖掘社区内的一切资源来为居民服务，解决居民的问题，这就需要心里装着百姓，把居民的事记在心里。她在市政协联系社区服务群众活动中，充分利用市政协各支部与社区18户困难家庭认亲活动的平台，更多地为居民解决实际问题。为了丰富居民的文化生活，和天津评剧白派剧团、市民盟文艺界演员多次联合举办“手拉手，共建社区文化家园”活动，使居民不出社区就观看国家一级演员的演出。邀请书法家韩必省和书法班学员们开展笔会活动，联系上海热电公司为社区困难户赠送100台电暖气。她联系区政协法律方面和医疗界的专家，走进社区为居民提供法律咨询和义诊活动。通过这些实实在在的服务，最终受益的是社区居民，因此赵金梅成了居民心中名副其实的暖心社工。

（作者单位：和平区小白楼街道）

暖心服务　追求无悔

赵晓静

王志贤是和平区小白楼街道崇仁里社区主任，作为千万名普通社区工作者中的一员，凭借着对社区工作的热爱与执着，凭借着领导和居民的信任与支持，凭借着工作的扎实与勤奋，她取得了助理社会工作师资格证。在多年的社区工作中，不仅有社区事务上的实践体会，也体会到专业社会工作的重要性。一路走来，有艰辛、有委屈、有欢乐、有收获，有一份感动在心中，有一份责任在心中，有一份使命在心中，许多发生在身边的小事成了她生活的一部分，成为不断前行的动力与支撑。下面就讲述一件身边的真实故事。

那是冬季中寒冷的一天，办公室里来了一位满脸愁容的中年妇女。经过询问，得知该服务对象姓沈，户籍在本社区，属于人户分离情况，户籍与弟弟一家在一起，户口簿平时由弟弟家保管。她女儿户籍也在这里，最近女儿准备登记结婚，需要使用户口簿。但与弟媳李某多年因家庭矛盾，关系紧张，互不来往。沈女士跟弟弟关系较好，但是弟弟与弟媳关系不好，也做不了弟媳的主。现在女儿出国旅行结婚的日期已经预定好，如果不能如期登记，不仅会造成经济损失，同时也会影响与男方的关系，一家人愁眉不展。还一再强调，如果李某坚持不提供户口簿，就要利用法律手段争取权益，情绪特别激动，可是又想不出其他的办法。沈女士前来寻求社会工作者的帮助。

在沈女士叙述事件的过程中，王志贤认真倾听，并以接纳的态度了解了事情的大致经过，对沈女士与弟媳矛盾有了一定的了解。她们双方的积怨已久，而且不仅是两个人的问题，而且两个家庭存在着沟通不畅的问题。沈女士与弟媳的关系，既有十几年来因照料老人产生的矛盾，也有因老人过世后房产问题产生的隔阂，而且她弟弟一家也存在着夫妻关系不良的问题。在这么多年的生活中，弟媳比较强势，弟弟夹在中间两头为难，只好借酒消愁，并且因为戒酒问题，夫妻间也产生了疙瘩。在工作初期，王志贤通过不断对焦核心问题，把提供户口簿作为当务之急。同时也把她弟弟当作了潜在的服务对象。在收集资料的过程中，得知沈女士患有乳腺癌，但是大部分亲属都不知道此事，她也不愿意让别人知道。如果真的要进行法律诉讼，也担心身体吃不消。她主动与弟媳联系过，但是弟媳不接听她电话。

考虑到沈女士的实际情况，王志贤与她共同商量，制订工作计划。首先，王志贤先与弟媳李某取得联系，了解她的真实想法。其次，沈女士也动员姐妹等其他家属的关系，就使用户口簿一事做弟媳的思想工作。最后，社工再与片警取得联系，关注此事。初步建立了专业的工作关系，与沈女士达成了信任合作的第一步。

王志贤第一时间与沈女士的弟媳李某进行了电话联系，对方一听此事后，情绪特别激动，根本不听任何理由一口回绝了。鉴于此种情况，王志贤与沈女士的弟弟见面了解情况，得知她们两人一直水火不相容，都想争上风，而且各说各的理，他夹在当中左右为难。于情，一边是一奶同胞的姐姐，一边是多年的夫妻；于理，孩子登记结婚是好事，理应把户口簿提供使用，但是双方都不让他管，所以他也不知该如何是好。王志贤又与沈女士进行了会谈，希望了解她们结怨的原因，到底是什么原因才弄成现在这一僵局。沈女士一直强调，自己对弟弟一家多好，说弟媳的很多不是。并且在得知弟媳的第一反应后，情绪顿时失控。王志贤先安抚沈女士的情绪，利用同理心，与她进一步沟通，因为有亲情在，如果真的诉诸法律，弟弟的处境是最为难的，也势必会影响她与弟弟的感情。况且自己的身体不好，过于生气对身体也不好，而且孩子的婚期已经订好了，没有那么长的时间耽误。还是继续与李某协商，怎么才能合理解决问题，并且不至于伤害彼此的感情。并听听姐妹亲属们的反馈结果是怎样的。

第二天，王志贤采取了间接影响的方法，走访了与她们关系比较好的老邻居赵阿姨，客观全面地了解她们之间的矛盾所在。赵阿姨既是与她们过世的老人是非常要好的邻居，又与李某是一个单位的同事，对他们妹弟都特别了解，也特别熟悉，以前也曾多次调解他们的家庭矛盾。如果需要帮助，也希望他们减少摩擦。通过第三方的描述，得知她们的矛盾由来已久，虽然沈女士只是强调她对弟弟一家的好，但对弟弟一家的付出只字不提。她某些做法还是有不尽如人意的地方。

王志贤第二次与李某联系，约定方便的时间进行入户走访。这一次她的态度明显缓和了很多，表示因平日需要到郊区照料老父亲，回来的时间比较晚，有什么事就在电话中说吧。王志贤就把沈女士女儿要结婚登记，需使用户口簿一事向其说明，希望她能配合。她这次没有挂断电话，而是诉说了自己的委屈和不满意的地方。沈女士对自己的侄女有过过激的行为，并影响了孩子的正常工作，才导致两个家庭的矛盾升级。李某认为，她当初不顾后果对我孩子这样，我现在也可以对她孩子这样做，也要让她为难。王志贤劝她别生气，再好好考虑一下，结婚毕竟是孩子人生的大事，等过几天再联系。

再见到沈女士时，王志贤客观、委婉地说了此事，并用优势视角理论，谈了每个人都有长处，都有优点，不能光看到对方的缺点和不足，也要看到对方的长处。并列举了当初双方感情好的例子，当初老人在世的时候，沈女士白天来的时候比较多，但是老人多年来跟弟媳一家住，弟弟一家照顾得很及时。而且在沈女士下岗期间，弟弟一直进行经济资助，这里面同样有弟媳的功劳，这说明双方的感情基础还是比较深厚的。现在也不存在照顾老人和分配财产的矛盾了，反思以前的行为，不适当的做法最好有所改变。沈女士心情平复了很多，也比较平和，承认与弟媳存在沟通不良的事实，并且也愿意进行改变，愿意就自己以前的不当行为给予纠错的机会。在此基础上，王志贤又与其弟沟通，他也表示，在家里尽量做李某的工作，争取缓和关系。

解铃还须系铃人，通过这件事王志贤找到了他们的心结，发现这才是真正的症结所在，也需要根据情况随时调整工作计划，重新确认工作方法，开展有效服务。王志贤向沈女士一家建议，由他们亲自上门沟通比较好，既能从态度上体现诚恳，又能从行动上体现真正想解决问题的心意，同时能细致地了解弟媳的真实想法，更重要的是可以修复多年来的不良关系。王志贤劝导说，话是靠心说出来的，抱着解决问题的态度，放平心态，说话有理，那么话语肯定是柔和的。如果是吵架去的，那么说出来的话肯定不顺耳，谁都不愿意听不顺耳的话。隔了两天，沈女士非常高兴地打来了电话，说家里人商量后，已经由她爱人带着女儿去看了弟媳，双方态度都很平和，也没有发生冲突，并进行了有效的沟通。弟媳已同意提供户口簿，但是要求他们把户口迁到现居住地。与此同时，王志贤又与区户政中心取得了联系，询问了户口管理相关事宜，并且积极联系了片警，对他家的情况进行了说明，在片警的支持下，出具了户籍情况的证明。使其女儿如期顺利办理了结婚登记和户籍迁移手续，全家人都特别高兴。

王志贤也在与沈女士弟弟的沟通过程中，鼓励其积极参加社区的文化活动，讲解酗酒对身体的危害和对家庭的影响，并且叮嘱他减少喝酒的次数和数量。同时在邻居赵阿姨和沈女士的姐妹亲属的帮助下，他与爱人的关系也得到了明显的改善。为此他还专程到社区居民委员会表示感谢，两个家庭也化解了多年来的矛盾，纷纷为孩子祝福。

通过一件普通的小事，帮助了一个大家庭，温暖了他们的心。这是王志贤平凡工作中的一个缩影。她把对居民始终如一的爱奉献在社区，青春无悔，追求无悔，奉献无悔。

（作者单位：和平区小白楼街道）

社区的好社工　居民的贴心人

孙晓芳

徐祥，自小他就养成了乐于助人、诚信友爱的优良品质，且有较强的集体荣誉感。于2013年6月进入达文里社区工作，担任环境卫生社工。

2013年6月，刚刚参加工作的徐祥正赶上达文里社区大沽路片区旧楼改造工程的开始。由于施工方面与街道城管科、保洁队、自来水公司、房管站等部门的联系比较紧密，社区便决定徐祥加入旧楼改造协调小组，成为大沽路片旧楼改造社区协调小组中的一员，负责在居民与施工方中间进行联系和沟通，处理施工前的居民意见的征集，施工方式、管线排列的协商；施工过程中产生的工程质量、工程进度、施工废弃料处理等一系列问题。在工作过程中，他适应能力强，适应工作的速度很快，责任感强，工作认真负责，能吃苦耐劳。在工作中不断提高工作业务水平，妥善处理旧楼改造过程中遇到的新情况、新问题。

2013年10月，旧楼改造工程进行过程中，由于旧楼改造施工方为了彻底解决夜间楼道内照明问题，清除了楼内各家私自安装的门灯，并统一安装了楼道灯，但是新安装楼道灯需要连接楼内专用电表，专用电表安装条件为楼内居民需全部安装“一户一表”，并拆除楼内电表总表。由于大沽路沿线某些房屋属于企业产权，其中合伙住户较多，造成了某些房屋长期无人居住，所以某些住户的电表依旧是老式电表，与楼道内电力总表相连。这就造成了楼道灯虽然安装了，但是无法通电，夜间照明重新成了一个问题。

徐祥了解楼道灯不亮的原因后立即召开了大沽路片区居民楼院长会，探讨解决方案。对于楼内电表全部更换的楼门由旧楼改造施工方联系电力部门进行电表更换并连接线路，使楼内灯立即启用；对于楼内还有连接楼内总表的楼门，若是使用总表用户仍然在此居住，由社区和楼内居民共同与该住户联系，引导其安装一户一表，之后更换楼道内电力总表；对于长期无人居住并占用楼内总表的居民，由社区出面协商使楼道灯线路先行连接到居民电表上，并协调电费由全楼居民均摊，先解决夜间楼内照明问题，保障居民夜间出行的安全。

在会议之后，徐祥积极联系协调电力部门与旧楼改造施工方，多次入户走访，了解未更换电表居民的问题和实际困难。他了解到大部分未更换电表的家庭是因为不长期在此居住，更换电表并没有什么意义，况且更换电表费时费力，还要去电力部门申请，比较麻烦，大部分居民由于工作和家庭等原因没有精力进行电表更换。了解到情况后，积极与电力部门沟通，了解安装电表所需的条件：安装一户一表需要居民携带房主本人身份证、房本，前去城南供电公司填写《电表安装申请表》，同时安装楼道内电力总表需要楼内居民全体同意，并填写《居民全体同意安装更换楼内电表申请书》，明确楼道内电表表号，同时需要一人身份证作为申请电表人证件，缴纳150元作为电表内初始电费。

了解到这些情况后，徐祥积极主动联系未安装电表居民，从省时、节电等方面劝导居民更换电表，并向居民解释安装电表并不产生额外的费用，缴纳的金额会充值到新电表中；同时为方便那些无法出门进行申请的居民，徐祥积极与电力部门和旧楼改造指挥部沟通，申请在社区内填写电表更换协议，交纳身份证复印件和房本复印件，统一集中办理，省去了居民自己前去办理的麻烦，使大部分未安装电表的居民安装上新电表。在这之后，徐祥积极走访已全部更换电表的楼门，家家入户，填写《居民全体同意安装更换楼内电表申请书》，并统一收集后，与电力系统联系进行楼道内电表更换。

对于那些使用楼道内电表总表，但是长期无人居住且无法联系上住户的楼门，徐祥与社区工作人员一起入户对楼院内现居的全体居民进行协商、调解，向居民承诺由施工方工作人员先把楼道灯的线路暂时先连接到楼内楼院长、社区骨干家的电表上，首先保障楼道内夜间出行的方便，在联系到无人居住的住户并协调其安装一户一表，申请楼道内电表总表更换后，再让旧楼改造施工方将电路系统进行重新连接。在此期间对占用电表使用楼道灯所产生的费用，由全楼居民平均分担。这种做法既保障了居民夜间出行的安全，同时也保障了旧楼改造工程的顺利完成，并顺利通过了旧楼改造工程完成后的验收。

在旧楼改造工作顺利完成后，徐祥并未忘记对居民的承诺，开始通过各种方式寻找那些未完成电表更换的楼内居民。他首先通过社区内户籍信息查找这几家住户，但是发现他们大部分很久以前就联系不上了，所留的电话也已经无法接通；他只联系上了其中的几家，但是这几家也有房屋出售或转手多次等情况。他又想到那些楼房属于企业产权，如果这几户居民还未购买房屋产权的话，收房费的工作人员是否知晓这几家住户的信息。他开始向其他还未购买产权的住户询问房屋管理人员的电话，并与房屋管理员联系，询问这几家住户的信息和联系方式，了解到了其中大部分住房已经购买了产权，房屋管理员也并不了解现在房主的信息，他只找到了其中的一两家。他最后通过之前了解到的这些信息向房管部门沟通，了解到房屋现在房主的名字，在派出所查询他们的户籍信息，通过他们自己或亲人在户籍中心所留的联系方式，终于全部联系上了所有还未更换电表的住户，并与他们协商、沟通，帮助他们办理电表更换手续；和电力部门协调在确定的时间对电表进行更换；与房主协商，保障家中留人完成电表的更换工作。

在全部更换了一户一表后，徐祥又一家一家入户和居民联系，签订居民全体同意安装更换楼内电表申请书，并与楼内楼院长、社区骨干成员一起进行电表150元电费收缴工作，并由他自己亲自代理其他已申请的楼门前去电力部门申请电表的安装工作。对于没有楼院长的楼门，徐祥和社区其他工作人员一起对楼内现居居民收缴费用，并使用自己的身份证作为电表申请使用的身份证明，以此来进行电表的申请和安装。

他总是完成了一个楼门的统计申请，就去一次供电公司。为了了解申请楼道内电表的流程，楼道电表的表号，办理楼内居民一户一表，办理楼道内电表总表的更换，他前前后后到电力部门20余次。在这一过程中，他认识了他这一片的电表抄表员，电表申请窗口工作人员，最后连电力公司门口的保安都认识他了。终于在2013年年底完成了楼道内电表总表的全部更换，并使楼道灯电线串联工作完成。“你真是个好人！”这是电表申请窗口的工作人员见他多次前来申请电表时与他聊天了解这一情况后对他的评价。“想要当好人，就得多费腿。”这是徐祥的回答。

徐祥同志热心于社区工作，并能够一直严格要求自己，努力学习，提高自己的综合素质，以便能够更好地服务于他人，服务于社会，富有敬业精神和奉献意识。无论从事哪项工作都能以极大的工作热情和积极向上的工作态度投入到工作中去，在工作中勤恳认真，努力负责，爱岗敬业，取得了显著的成绩。在平常的工作学习中，他也严格要求自己，学习认真，待人真诚。自从进入到社区工作以来，他一直坚持“居民利益无小事”的社区工作精神开展工作，对待居民群众善良热情，是居民群众信任的好朋友，对社区工作兢兢业业，从不计较个人得失。在平凡的岗位上恪尽职守，真诚为居民大事小事操劳，心贴心为居民提供优质服务，做到为群众办实事、解难题、做好事，通过真诚服务使社区大家庭充满亲情，成为群众的贴心人。

（作者单位：和平区小白楼街道）

育龄妇女的贴心人

刘大伟

石瑀是小白楼街道大同道社区负责计划生育的社工。2007 年参加社区工作，在 7 年的社区工作中，她深刻体会到计划生育社工这个岗位的特殊性，从中尝到了辛酸，品味了快乐，学会了知足。作为一个 40 多岁的中年妇女，她凭借着自己的优势，7 年来帮助社区内的妇女解决很多的实际困难，成为社区妇女的知心大姐。社区里的姐妹们包括她们的丈夫有事愿意去找她，不管是自己的、孩子的和老人的事情，有的甚至找工作也找到她。她总是不厌其烦地帮助她们，自己解决不了的，也要联系其他的方面解决。其中给人印象深刻的是一对残疾人夫妇——李大哥和牛大姐，夫妻二人和他们的女儿都是残疾人，是计划生育特别扶助对象，一家人靠李大哥打工收入和低保金维持生活，日子过得非常拮据。2008 年政府开始为失独和残疾独生子女家庭发放“计划生育特别扶助金”的时候，她主动找到了李大哥，把他们约到居民委员会详细讲解了国家的这个惠民政策以及能给他们这种家庭带来的好处和实惠。由于文化水平不高，填表时有些吃力，石瑀就帮助他们填写所需要的表格，并将办理所需要的各种材料进行复印和整理，使他们的家庭及时领取到了计划生育特别扶助金。这笔钱虽然不能让他们的家庭脱离贫困，但是也能为他们本就拮据生活缓解了一点点的经济压力。他们全家非常感激和感动，感激党和国家对于他们这样的家庭的关怀和照顾，也非常感谢我们的社区工作者对工作认真负责的工作态度和对居民的一份爱心。

李大哥是一位肢体残疾人，牛大姐是个智力残疾人，夫妇俩感情并不好，再加上平时生活中沟通起来有一定的困难，2011 年时还是走到协议离婚这一步。离婚后牛大姐搬回了南开区的娘家居住，与居民委员会失去了联系，得知此事后，石瑀主动联系李大哥，了解到牛大姐娘家的详细地址后又亲自上门走访。见到了牛大姐询问了解了她的生活近况，嘱咐她要按时吃药注意自己身体，又向她家人详细说明了每年领取计划生育特别扶助金的相关事宜，并将当年的计划生育特别扶助金带给了她。牛大姐的娘家姐姐感动得拉着她的手赞叹她是居民的贴心人！李大哥离婚两年后又再婚了，娶了一个外地的农村妇女。这个农村妇女自己从未生育过子女，非常想有一个自己的孩子。李大哥不知道怎样办，就到居民委员会找到了石瑀。根据相关政策规定，他们如果再生育的子女就属于他们家庭里的第二个孩子，需要到女方的户口所在地办理第二胎的相关手续。石瑀就耐心细致地给李大哥进行了讲解，并把办理所需要的材料和流程详细讲解后，怕他忘记，又逐项地给他写在了纸上。考虑到农村与城市的不同，在办理程序和所需材料上也许和城市有差异，为了使李大哥不因材料准备不充分而空跑，就主动通过电话与自己农村老家的计划生育部门联系，了解了当地办理的实际需要，帮李大哥把相关材料和一些证明材料整理好再去农村办理。李大哥从农村办理完二胎指标回来后，第一时间到居民委员会来感谢她，说多亏了她的帮助，办理得非常顺利，一次就解决了问题。在李大哥的小儿子出生后两口子带着喜糖来到居民委员会向石瑀道谢。

“幸福的家庭都是一样的，不幸的家庭各有各的不幸。”失独家庭孙大姐夫妇，30 岁的儿子因车祸突然离开人世，这使孙大姐无法接受，整天沉浸在失去儿子的痛苦中不能自拔，一度精神恍惚不愿见人，而且人也变得暴躁易怒。一个偶然的机会，石瑀知道了这件事，于是她就通过各种渠道找到了孙大姐的姐姐，向她介绍了失独家庭的计划生育特别扶助政策。在孙大姐姐姐的帮助下，她们就开始商量怎样帮孙大姐办理手续。她们找来了孙大姐的丈夫一起商议、帮助她填表和所需上交的材料，使孙大姐夫妇享受到这种特别的关怀。一年后听说孙大姐也慢慢地接受了事实，渐渐地走出了丧子之痛的阴影，于是她主动联系了孙大姐，约好到她家去看望她和孙大姐说说贴心的话，又给带去了天津市及和平区为失独家庭的父母上的住院和意外保险。孙大姐眼含热泪说：“我都不知道怎样感谢你。如果不是你这样积极主动为我办理这个手续，我至今也不能享受到这份关爱和保障，真的非常感谢。”

石瑀在做好社区居民计划生育工作的同时，对辖区单位的计划生育工作也十分重视。以前辖区内有些单位对女职工的妇科体检并不重视，认为这些体检既耽误工作时间，又影响工作效率，因此能免则免。当她了解了这些情况后，主动找到这些单位的负责人，跟他们说明计划生育工作的方针政策和妇女体检的重要性，并要求这些单位签订《小白楼街属地化单位计划生育管理双向服务协议书》。一开始有些单位并不认同，工作也不予配合，压力很大，但她不放弃、不退缩，坚持不懈地逐个单位走访、说服、劝导。最终，她用实际行动感动了单位负责人，他们开始主动与居民委员会联系，约定体检的时间和地点，让单位女员工享受到这种福利并保障了她们的合理权益。

原天津市人才服务中心坐落在大同道社区台儿庄路上，外地应届毕业生毕业后往往将自己的户口落到这里，但是大部分人却不在天津工作，目前这个人才市场已拥有育龄妇女达千人，是工作中的一个重点和难点，工作量之大往往是其他社区的好几倍。如果他们要办理初婚生育的相关手续，很多人需要从外地专程赶过来，有的还要到周六、周日才能过来办理。石瑀体谅到他们的难处，就克服自身困难，和那些需要办理手续的人预约时间，遇上周末的时候她就一个人来到居民委员会等他们来办事。同时努力提高自己工作的准确性和及时性，使他们可以既不耽误工作，又不出现反复办理的情况。让他们高兴而来，满意而归。每个来居民委员会办事的居民都夸赞她工作认真、负责，把居民的事情当作自己事情。她还是社区的兼职统计员，带领着居民委员会的其他同志参与了两次经济普查一次人口普查和一次1%的人口抽样调查 。在经济普查中，辖区内的写字楼多，里面的单位多，她就自己先把这些地段的详细情况摸清，把这些地段分好片，再把居民委员会人员分成组把具体责任落实到人，确定好进行培训。普查员在她的指导和带动下，顺利完成了清查工作，并为以后的填报登记工作打好扎实的基础。在随后的普查登记阶段，面对繁重的普查任务，凭着她认真负责的工作态度和严谨细致的工作作风，克服困难，上门登记，对不配合的单位做工作，一次不行就第二次，甚至多次上门，用自己的行动感化普查对象，使他们配合做好工作，保证了普查数据的质量，圆满完成了经济普查工作。全国第六次人口普查中，她不仅要给每位普查员指导工作，其本人也单独承担了一个普查小区的普查任务。在每天完成调度任务后，便进入各家各户开展人口普查工作。她在开展工作的过程中，不仅任劳任怨，更是讲求工作方法。面对有些不配合的外来人口，她总是用微笑去感化他们，耐心细致地宣传讲解人口普查工作的目的及重要意义，并承诺对其信息进行保密，最终取得他们的理解、配合。考虑到多数居民都是双职工，白天家里经常没有人，她就牺牲休息时间，利用一日三餐或者晚上八九点钟，进行上门登记调查。她在完成白天的普查任务后，晚上还要加班加点查校当天的普查数据，及时纠正错漏。同时，发现普查数据出现了问题，便迅速召集部分普查员和她一起加班加点进行整改。她很多时候都坚持“白加黑、五加二”的工作模式，放弃节假日休息时间，放弃与家人团聚的机会，也放弃了与朋友的聚会，全身心地扑在工作上。

在这些肯定的背后，是她用工作业务的熟练以及对工作认真负责的态度换来的。其实，在她的家中有 80 多岁的老公公和 70 多岁的母亲需要照顾，也有让她放心不下远在消防部队当兵的儿子。北京遭遇了特大洪水，儿子要冲上前线去抗洪抢险，作为母亲的她心里的那份惦念和担心是可想而知的。可此时，正是和平区创建文明城区的关键时刻，她告诫自己工作的利益高于一切，应当抛下家庭的顾虑，全身心投入到工作当中。经过大家的齐心努力，创建文明社区工作终于圆满结束，儿子也从部队传来了顺利完成抢险工作的喜讯。2013 年，街道号召社区志愿者参加捐献造血干细胞活动，她又主动报了名，并光荣地成为一名造血干细胞的志愿者。作为一名志愿者，她深知自己的力量是微小的，但是希望能够通过这种行动带动社区更多的爱心人士加入到造血干细胞捐献志愿者队伍中，帮助更多的病人重获新生。

（作者单位：和平区小白楼街道）

立足岗位作贡献　创先争优促发展

芦　悦

解放路社区与海河为邻，位于和平区小白楼街道办事处辖区内，东至张自忠路，南至营口道，西至吉林路，北至张自忠路，面积0. 29平方千米。居民委员会辖区有楼房28栋，49个单元，有居民1080户，2436人，其中外来暂住人口150户，450人，空巢独居老年人350人、残疾人186人，共有居民楼院171个，社区单位将近140个。

居民住房多数属于七八十年房龄的老楼旧屋，甚至有上百年的老式建筑，辖区道路狭窄，供电、供气等设施陈旧。解放路社区只有两个小型的成片小区，其他楼门都是老旧的散片居民楼。老旧小区的问题总会令居民委员会头疼不已，但面对一道道现实难关，社区工作人员王建强的诀窍就是“多听基层意见”，以民主的方式一一解决。不仅是有政策听意见，还和大家一起努力，靠居民自治的方式做到及时沟通。

一、听民声解民忧，解决居民生活难题

赤峰道22号、23号楼下水管道老化，多次造成管道堵塞，居民群众意见很大。为了彻底解决该问题，王建强反复做不同意更换管道的居民工作，直至做通，借助旧楼改造回头看工程，多次联系施工单位，最终更换了下水管道，彻底解决了管道堵塞问题，使100多户居民从中受益，切实为民办实事，解民忧，得到了居民群众的一致好评。承德道5～13号老旧楼房外墙时有脱落现象，居民从楼下过的时候总是担心被砸，存在一定的安全隐患。王建强经过与房管部门协调沟通，及时维修了墙体，还居民一个安全的生活环境。

2016年新年上班的第一天，王建强接到了解放北路18号3楼朱女士的求助，解放北路18号4楼因水管冻裂而“水漫金山”，并渗透到朱女士家。4楼房屋因长年无人居住，联系不上房主，事情迫在眉睫，希望居民委员会能给予帮助。王建强详细了解情况后，找来管片网格员调出解放北路18号4楼房主信息，但因登记时间久远，又一直联系不上房主，登记地址也不详细，事情一下陷入了死胡同。而4楼的水管一直在渗水，且有越来越大的趋势。3楼的朱女士情绪也一度变得焦躁起来，在安抚朱女士情绪的同时，王建强与管片主任协商后拨打报警电话，并找来小白楼房管站的工作人员，管片民警与房管站工作人员也第一时间到达了事发现场。民警通过公安系统调来4楼房主的信息，但是也因时间太长，联系不上。考虑到破裂水管对朱女士家造成的损失，维修水管刻不容缓。经同管片民警、小白楼房管站工作人员、3楼朱女士一致协商后，民警找来开锁师傅，打开4楼门锁，并全程进行录像留证。打开门锁后，房管站工作人员马上对冻裂水管进行了维修，维修好后，又在民警和房管站工作人员的监督下对房门进行了上锁，确保房屋安全。通过多方的协调配合，顺利地解决了“水漫金山”的情况。朱女士表示非常感谢社区工作人员和民警、房管站工作人员及时地解决了问题，避免了因水管破裂给自己带来的损失。虽然在调解的过程中有困难、有难处，但是听到居民感谢的话语时，王建强感觉付出一切都是值得的。

二、提升社区配套环境，丰富群众体育活动

解放里社区总面积0.29平方千米，入住居民达到1080户。社区乒乓球队10余人，原有乒乓球台一张，球台不够用，无法开展日常的社团活动。随着社区内公共设施发挥着越来越重要的作用，它们的安装、建设已经成为居民的需求和社区工作的一项重要内容。社区附件环境建设和更新是落实社区服务中心服务居民职能建设的具体工作举措。

在王建强的牵头下，区体育局、区园林、街道、社区与居民代表齐聚一堂，针对乒乓球场地建设安装、维护进行民主协商会议。通过多方讨论和协商决定，在承德道绿地开辟出活动场地，铺设塑胶地面并安装3张乒

乓球台，由区体育局对场地与设施进行安装，经过紧张的施工、安装，乒乓球台及周围健身设备等重新投入使用，升级改造后的小区文化配套环境以焕然一新的面貌出现在居民的眼前。乒乓球场地改造后，在居民的建议下，成立了解放路社区绿园乒乓球队。自乒乓球队开展活动以来，参加乒乓球活动的居民不断增加，目前长期参加锻炼的居民达到了70余人，并在每年“白楼杯”乒乓球邀请赛中都取得了优异的成绩。

三、打造社区亮点，彰显“活力解放”特色品牌

王建强以社区组织为抓手，以体育健身活动为载体，努力打造“活力解放”的特色品牌。解放路社区与海河为邻，充分发挥自身环境优势，借助得天独厚的社区资源，将社区市民广场和津湾广场作为居民健身的活动基地，极大地丰富了居民的业余生活。社区在“绿园乒乓球队”“木兰腰鼓队”“老妈妈服务队”和“巾帼晨练队”的支撑下，实现了社区社会组织全覆盖。2015年社区共开展大小文体活动20余次，参加群众达600余人次。每年组织举办的“白楼杯”乒乓球友谊赛吸引了全区乒乓球爱好者，成为和平区全民健身活动工作的特色品牌。为广大体育爱好者提供了平台，传达着人人参与、人人受益、天天健身、天天快乐的健身理念。

四、对下岗失业和困难家庭妇女给予支持和救助

为了帮助社区下岗失业妇女实现再就业，社区积极鼓励其参加招聘会，并参加月嫂、育婴师等职业技能培训，学习新知识，培养自信。并对社区困难家庭和空巢老人给予经济救助和精神慰藉。在社区志愿者标兵耿树荣“情牵学子、爱心救困”和区档案局“爱心资助、服务群众”主题活动中，对社区困难家庭子女提供助学款，鼓励她们努力学习，克服困难，争取早日回报社会。王建强利用七一、重阳节、春节等节日对残疾人、困难老人给予困难帮扶，使他们感受到社会各界的关爱。还邀请社区空巢老人参加重阳节诗歌朗诵会、“中秋话团圆、浓情满社区”等活动，使老人感受到社区半边天家园的温暖。

在社区这个平凡而不普通的岗位上，王建强已度过了6个春秋。一路走来，虽然会遭遇委屈，碰到困难，但是凭借着对工作的认真与扎实，凭借着领导和居民的信任与支持，凭借着对社区工作的热爱与执着，他坚忍不拔，让小事成就大事，让普通成就非凡。

（作者单位：和平区小白楼街道）

情暖社区谱新篇

闫春红

2009年年初，孙长亭来到开封道社区担任党委书记、居民委员会主任。开封道社区是和平区较大的社区之一，特点是辖区面积大，居民人口多，驻社区单位较为集中。按照街工委、办事处的安排部署，结合开封道社区的实际，他同班子成员一起，确定了以党建创新为龙头、以服务群众为重点、以文化活动为平台、以平安稳定为保障，打造“人文开封”社区特色的工作思路，社区党建和社区建设有了新发展。

一、社区党建焕发新活力

按照街工委关于社区党建创新发展的要求，作为社区党建的责任人，孙长亭同党委成员一起，紧紧围绕“人文开封”社区特色，推进一居一特一品牌创建活动，增强社区党建的生机和活力，着力抓好三个方面的工作。

（一）深化党员的思想教育

根据社区党员的特点，孙长亭组织党员采取时事报告、知识讲座、参观学访、电化教育等多种形式，进行思想教育。使党员喜欢听、乐意看，有吸引力，达到受教育的目的。社区深入开展党的群众路线教育实践活动和“三严三实”专题教育，查摆问题，制定措施，立足整改，激发了社区党员发挥先锋模范作用、楼门党支部发挥战斗堡垒作用。社区党委对于年老多病参加组织生活有困难的老同志，一是保持热线联系，把党的声音及时传达到他们中间；二是关心他们的生活困难，生病住院都及时看望慰问，2015 年入户慰问生病困难党员 19 名。

（二）发挥党员先锋模范作用

在孙长亭的精心组织下，党员亮身份、认岗位，开展“一助一”志愿服务活动，全社区有 110 名党员认领了服务岗位，与 30 户困难群众结成帮扶对子。社区党员发扬“从小事做起、从身边做起、从社区做起”的精神，开展邻里互助，义务奉献。社区文化团队的教员和负责人大多由社区党员担任，社区有 3 支党员为主体的治安巡逻队，坚持每天两次在社区巡逻。在清除小广告、捡脏护绿、清整社区环境卫生和文明祭扫活动中，社区党员冲在前、干在先。在社区营造了人人动手参与、共建美好家园的浓郁氛围。

（三）携手社区单位共驻共建

孙长亭同班子成员分析研究，整合社区资源，建立了社区“大党委”，发挥“五级四网”作用，开展共建活动。海司航保部和武警总队通信站针对社区困难家庭，坚持长期帮扶。海司航保部每年捐出 2400 元，资助两户残疾家庭；武警总队通信站话务班女兵与单亲低保女孩申鑫结成帮扶对子。同时，部队官兵积极参加社区文化活动和环境卫生清整劳动。社区发挥硬件条件较好优势，文化娱乐和便民服务设施向部队官兵开放，丰富他们的文化生活，提供服务便利。

二、服务群众暖人心

服务群众、造福群众，为群众办实事、解难题是社区工作的永恒主题。孙长亭努力从三个方面入手，搞好服务。

（一）着力帮扶困难群体

孙长亭心系社区生活困难居民，他要求班子成员悉心工作，把党和政府的温暖传递给群众。2015 年为社区特困、重残、大病和单亲困难家庭 9 户申办了低保手续，为 67 户上调了低保金标准；为 8 户办理了减免供热费，为16户办理了核减公房租金，为9名低保残疾人办理了生活救助金，为16名低保家庭的在学子女发放助学金6800元。为14户困难家庭办理了大病救助，发放救助款28900元。

（二）热心做好为老服务

在孙长亭的安排下，社区为55名老年人办理了由政府埋单的家政服务，为8名老人安装了应急救助呼叫器。社区的维修服务小分队随叫随到，老年人家中小修零活不收费，大活儿只收材料费，受到老年人的欢迎。社区的老年餐桌为空巢、独居老年人提供可口的饭菜，并送餐上门。为老理发服务好、收费低，为病残老年人入户理发。还建立了为老洗衣房和金融便利店，方便了老年人的生活。

（三）为群众办实事解难题

开封里小区有6栋高层住宅楼，常住居民484户，房屋建成于20世纪80年代，自来水、燃气和下水管道老化，居民生活受到极大困扰。在区、街道领导的关心帮助下，纳入了旧楼区居住功能综合提升改造范围。为高层住宅楼更换管道可不是件容易的事，要从上到下每片一户不差地实施。然而，有的居民进行了室内装修，拆除恢复怕麻烦，不愿改；有的居民子女不在身边，搬动物品不方便，不想改；有的房屋闲置，找不到房主，无法改；还有的签字同意了，干的时候又提出新要求，不让改，施工只能干干停停。孙长亭同班子成员一起在每个楼门栋建立了以党员、志愿者为骨干的服务小分队，一方面入户到居民家中做耐心细致的思想工作，另一方面找到施工方协商最佳改造方案。首先，在楼里做出样板工程，让居民参观，发挥示范作用。同时，居民小拆小改、搬搬动动，党员志愿者一起帮忙干；大拆大改协助联系装修队上门服务；青年人上班请不了假的留下钥匙安排专人负责照看；老年人停水做不了饭，志愿者送去热乎乎的饭菜；对于闲置多年无人居住的空房，多方联系帮助查找房主。就这样，社区党员、志愿者编织起服务群众的网格，楼门里的居民就是这个小分队的责任片区，居民有困难、有问题不出楼门，党员、志愿者就能做到下情上达，小分队就能上门服务，使问题得到及时解决。可以说是磨破了嘴，跑断了腿，片片都有小故事。经过大家的共同努力，开封里小区更换“三大管”，实现了484户一户不落进行更换，使百姓得到了实惠。

三、文化活动展风采

在社区工作中，孙长亭始终把文化活动作为推进和谐社区建设的有力抓手，搭建平台，给力发展。社区有合唱团、舞蹈队、书画社、英语班、电脑班、泥塑班、手工艺制作中心、葫芦丝乐队和太极拳队等社区团队组织，本着平日练好基本功，学期要出新成果的要求，做到天天有活动、节日有展示、年度有评比。社区的文化团队都是由居民中的巧手能人执教，居民群众在自娱自乐、寓教于乐中陶冶情操，提高品位，增进友谊，促进和谐。特别是夕阳红合唱团，扩展到近80人，可以演唱三个声部；英语班可以演唱英文歌曲，表演英语对话情景剧；葫芦丝乐队从成立之初七八个人，增加到50多人，可以独奏、合奏多支少数民族经典乐曲；太极拳队从无到有，每日清晨60多名社区老年人在海河之畔练拳健身，成为一道亮丽的风景线。

在春节、五一、七一、国庆节和九九重阳节举办多场节日文艺会演，进行书法绘画手工艺作品展。同时，他带领居民群众举办社区文化节，各个团队纷纷登台献艺，一展英姿。社区文化活动的开展，拉近了居民邻里关系，搭建起社区与群众联系的桥梁纽带，人们之间熟悉了，有话好说，有事好办，社区气氛更加融洽和谐了。

四、维安护稳促和谐

开封道社区是一个重点社区，孙长亭始终把维安护稳作为社区工作的重中之重，狠抓落实。

辖区内开封里、明源里进行供热“一户一环”改造。由于前期施工单位工作不到位，居民上访、堵路，施工队不得不中途退场，成为“半拉子工程”。此事如处理不当，势必造成影响720多户居民供热的群体事件。孙长亭带领班子成员帮助热电公司完善了施工必备文件材料进行公示，召开党员会、楼长会、居民恳谈对话会，入户走访，耐心细致地做好群众思想工作，研究制定了“先楼道、后室内，一户一案、稳步推进”的工作方针，在20多天里他和班子成员坚守在社区施工一线，取得了群众的理解和支持，使改造工程顺利实施，保证了居民温暖过冬。开封道社区被评为市级平安社区、文明社区。

几年来，在全体同志的共同努力下，开封道社区获得全国和谐社区建设示范社区、市级先进社区党组织、全市首批“美丽社区”建设示范社区等多项荣誉称号。2011年，时任中共中央政治局委员、天津市委书记张高丽曾两次来开封道社区考察指导工作。如今，孙长亭正以百倍的信心和更加扎实的努力，同社区党员和居民群众一起向社区党建和社区建设的高标准迈进，践行对党、对人民的承诺，书写一名共产党员的光荣篇章。

（作者单位：和平区小白楼街道）

风中立着一杆旗

梁　旭

她没有惊天动地的事迹，她没有显赫的地位，但却是一位称职的公仆。她，一个通俗而闪光、亲切又悦耳的名字深为人们所熟悉：孤寡老人称她为好女儿，辖区群众亲热地喊她潘主任，下岗工人赞她是群众的好干部。她就是国际公寓社区党委书记、主任潘淑颖，一位在普通岗位上书写着不凡业绩的人。多年来，她用对群众的一片赤诚，无悔“小巷总理”的称谓，成为百姓心中的一面旗帜，把爱写在奉献里。

她性格豪爽，生性好动，天生一副热心肠，做事粗中有细。虽为女性却有着男人的刚强，认准的事，“十头牛也拉不回”。国际公寓社区居民委员会筹建时，她主动请缨，许多人对此并不理解，有的说她是吃饱撑的，也有的说她是好出风头。国际公寓社区既有住高楼小区创业的人员，又有外住他区的贫困居民，人员成分复杂，楼群设施不配套，群众怨声载道。“困难面前低头就不是我潘淑颖”，她在全街道干部面前立下了军令状。社区刚组建时一贫如洗，为了方便楼内居民办事方便，她苦口婆心地说动物业公司，暂借物业设备层一间空房，作为筹建办公室，面对没有空调，甚至连自来水和厕所都没有的极差办公环境，她带领筹备组克服重重困难，从抓好社区公共环境卫生入手，全面展开工作，建立了各类居民档案，为政府相关决策、快速推进招商引资、化解矛盾提供了坚强的依据。

国际公寓社区管辖内的诚基中心容积率高，几千户居民来自全国各地，流动人口多，每个楼层的房型结构不同，居住结构非常复杂，加之许多设施不健全及损坏，给群众生活带来不便。经常有人质问，“你们是干什么吃的？能干个啥？”她不厌其烦地耐心解释，悉心工作。为加强管理，逐楼逐层熟悉环境，她带领社区工作人员采取以房管人、以房定人的办法，绘制出辖区所有房屋、企业和商业网点分布图，将人员居住、居民职业等内容一一标注，对诚基中心所有消防器材进行详细统计，并督促物业部门做好安全测试。为了及时掌握社区动态，她每天都在社区大楼里“串街走巷”，凭着一双铁脚板将辖区每天都能量上好几遍，全面掌握居民需求，真正做到了底数清，情况明。社区内有几栋楼，几号楼几单元几室，家里有几口人，都是干什么的，她都清楚；孤寡老人有什么需求，残疾人到哪家医院看病，她都记住；谁家有个大事小情，大到邻里纠纷、求学就业，小到父子矛盾、夫妻拌嘴，她都管，而且管出了口碑，用诚心敲开百姓的家门，赢得了百姓的信任。就凭着这些“金钢钻”，她硬是以坚忍的精神揽下了令许多人感到头疼的国际公寓社区居民委员会主任这个“瓷器活”。社区成立以来，她坚持实施“爱心工程”，从解决群众心痛、心寒、心酸、心怨之事入手，让群众的心暖了起来，上任多年来，她跑坏了十多双鞋，敲开了5000多户家门，化解各类矛盾1000多起，多方协调为群众办实事、好事上百件。

社区主任心系百姓，关心百姓，服务百姓。多年来，在潘淑颖的带领下，社区为空巢老人安装居家养老紧急服务呼叫系统，使不便的老人在遇到困难时有保障。遇上下雨下雪等恶劣天气，潘淑颖第一时间想到的就是辖区内那些行动不便的独居、空巢、孤寡老人，并多年坚持主动上门为老人们送菜、送药、理发。每年的端午节来临前夕，潘淑颖都会买来江米、粽叶、红枣、豆馅等物，亲自带领工作人员和社区党员为辖区内的老人和低保对象包粽子；春节来临的时候，她都会把包好的饺子逐一送到老人的手里，把温暖送到他们家中。每当此时，老人们都会激动得热泪盈眶，说道：居民委员会就是我们的家，潘主任就是我们的亲人啊！为人民服务，是共产党员的宗旨，居民委员会主任岗位虽小，却是广大居民群众与政府沟通的基层纽带。潘淑颖多年来把为群众办好事、办实事作为自己工作的目标，从内心热爱着这份工作，热爱着她辖区的每一位居民。

社区是社会的细胞，居民委员会是给老百姓办事的，必须面对面、心贴心、实打实，坚决不玩虚的。潘淑颖始终坚持以心换心，把群众的事当作自己的事。为了准确掌握社情民意，她建立了民情日志和“一清两巡”制度，把社区的问题进行分类登记、分析处理，在第一时间上报主管部门协调解决。多年来，她先后解决了诚基中心电梯维修问题，新建存车处解决了居民存车难的问题，为居民新建了垃圾场，解决了诚基中心环境卫生的问题，为部分居民群众试开通了煤气，成立了诚基中心治安管理办公室。日租、隔断、群居“三大房”得到了抑制，共排除各类安全隐患208处，辖区治安案件减少了30%，并联合16个相关部门对诚基中心不间断地进行超常规的综合治理清整。改善了诚基中心的环境，稳定了辖区的秩序，得到了群众的称赞。一面面锦旗送到了社区，一声声问候温暖着每一名社区工作人员的心，潘淑颖感到了自豪和骄傲。

多年来，潘淑颖先后荣获天津市和平区治保工作、爱国卫生先进个人、优秀平安天津志愿者、“身边好人365”荣誉称号；群众最信得过的社区主任；和平区五一劳动奖章获得者、区先进工会工作者，2014年度三八红旗手，2012年双十佳群众信得过的好主任、街十佳公仆及和平区第26届十佳公仆等荣誉。这就是潘淑颖，一颗赤心，一片深情，将社区这个小小平台，变成一个共产党员的人生大舞台，用对广大人民群众的拳拳热爱，诠释着“小巷总理”的光荣称号。

（作者单位：和平区五大道街道）

让金子般的阳光
洒进你我的心

周 莹

李金阳，五大道街道湖南路社区的民政主任。参加社区工作7年，曾先后3次获得爱国卫生先进个人、1次五大道街道评选的先进社工、和平区十佳社工。他负责的民政老龄工作也多次获得先进称号。他经常挂在口头的一句话就是：“我希望我的工作能像金色的阳光一样，照亮每一个居民的心里。”

一年前，他走进重庆道60号的居民楼，这里的居民正在为屋子漏水而一筹莫展。楼里10多户人家的屋子都在从里向外的不同程度的渗水。据说这个问题是由楼上一户居民装修造成的，可是因为一些陈年旧事楼上楼下的不融洽的邻里关系，也“冻”住了沟通的大门，问题迟迟得不到解决。李金阳立刻召集全楼的居民还约来了产权部门和楼上装修施工的人员在现场探讨施工方案，当天就敲定了施工方案，第二天就解决了漏水问题。冻住邻里感情多年的寒冰，在金色的阳光的照耀下融化了。

三年前，李金阳认识了一位老人，就住在重庆道的老房子里，因为家里条件困难，冬天用炉子取暖。于是，她在房顶的露台上搭建了一个小棚子，里面堆满了劈好的木柴和捡来的瓶瓶罐罐。这是违章建筑，直到楼里已经通了暖气她还沿袭着这个习惯。社区旧楼改造，社区多次入户要求拆改，均被老人一口拒绝。其实，每次入户，看到一个古稀之年的母亲无奈的眼神，金阳都忍不住留下来，和她多聊几句。慢慢地，他们成了朋友。后来，从聊天中得知，老人的小儿子是个下岗工人，没有工作，这个小棚子是奶奶平时捡来的劈柴，还有一些拾来的废品，卖钱后贴补儿子家用的。“一个头发花白、满脸皱纹的母亲还在为儿子操劳，作为朋友我又能做点什么呢?”金阳这样想着。回到社区，他通过劳服与同事一起给老人的儿子挑选了一些适合的工作，提前与用人单位联系确认并带着老人的儿子去面试，最终老人的儿子找到了一份帮厨的工作，解决了老人的一块心病。老人姓赵，仅仅是他多年来在民园体育场、在先农大院、在辖区所有改造小区的无数次入户协调、不计其数参与配合社区改造中遇到的普通一个小例子。

5 年前，李金阳注意到一些老人，他们就住在湖南路辖区，这些人，有的子女在外地，有的子女忙于工作，家里只留下一个人，或者还有一个卧病在床的老伴，每次走访入户，看到他们寂寞、孤独的身影，金阳经常会忍不住留下来聊上几句。但是，湖南路辖区最大的特点就是老人多，这些人并不是少数，而是一个群体。作为一个社区工作人员，他总在思考“除了走访入户，我还能做点什么?如何才能在满足他们物质需求的同时，丰富他们的精神生活?”得知辖区的劲松护养院在为老服务方面有先进的服务经验，于是他跟辖区单位劲松护养院的戴开保主任取得联系，在戴主任的帮助下，建立了社区虚拟养老院，在医疗保健、生活护理、心理关爱等方面提供系统并有专业保障的老人关爱服务。几年下来，已经常态化入户服务人数达到57 人。每次看到老人们发自内心的高兴，就像金子般的阳光洒在心里一样。

7 年里，他都在关注这些人，他们都住在五大道的社区，他们中有的是老人，总打电话来询问电脑维修、灯泡安装等各种问题。金阳知道，对年轻人来说，都是些小问题，但是对于老人来说，却是难上加难。每次接到求助电话，他都会第一时间上门，直到帮他们弄到足够好。他们有的不是老人，也会打电话来，张家的下水管道跑冒，李家的屋顶漏水。每次接到电话，我也会第一时间上门，现场“验活儿”，明确产权责任，联系维修。因为他知道，对于一家人的生活来说，就是大事。如今，李金阳的脑子里已经装满了排水二站、房管站等所有维修师傅的电话。每次看到问题解决后居民们满意的笑脸，就像金色的阳光洒进心里一样。

记得在一次党员学习交流会上，李金阳说过一句话：“一个社区是由一个个具体的人构成的，它是否和谐、美丽，是由这些人创造并且决定的。”7 年前，他开始走进了这个社区，走近了这些人。那时候，他身边曾有人否定社区工作者，否定这样一份工作。但是，从那天起，他就告诉自己，“我的一生可以不谈理想，可以不谈事业，我就是一个普通的社区工作者。但是，我有我的理想，我有我的事业。那就是我要把我社区里的一个个具体的人服务好，这种好要渗透到每个家庭。每个人，老人也好，孩子也罢，哪里有困难，哪里就有帮助和温暖。”他就是李金阳，一个要用自己的青春和热血散发出光芒，让金子般的阳光洒进你我心中的平凡社区工作者。

（作者单位：和平区五大道街道）

热心服务群众　实现自我价值

董　娟

初到社区的社区工作者王蓉蓉，在了解过程中发现辖区内有一个师范幼儿园。于是，她利用自身优势，很快和老师、孩子们打成一片，并开展了普法安全教育活动。这些活动的反响热烈，政法报报社记者也对此进行了报道。迈出第一步后，王蓉蓉对今后的工作充满了信心，在努力学习理论知识和业务知识的同时，积极靠拢党组织，向党组织递交入党申请书。两年来在领导和同志们的关心下，她对社区从陌生到熟悉，从感性到理性，从参与到投入，每步走来收获颇多。

做一名合格的社区综治主任，社区综治工作关系着小区居民群众的安全，安全出问题那就是大问题。年初在社区巡逻的时候发现社区内存在盲流问题，王蓉蓉及时与街道办事处各部门沟通，最终将辖区内聚集的盲流遣散、拆除了他们搭建的违章小屋，解除了火灾隐患，保障了流浪人员的人身安全及社区稳定。

辖区内菜市场是华荫南里社区的重点防火单位，王蓉蓉经常查看现场，与各个商户签订防火协议，以保障大家的生命财产安全。

结合社区实际，组织居民在全社区开展反邪教警示教育活动，使广大居民认清邪教本质，倡导科学健康的生活方式，增强识别邪教、抵制邪教的能力，真正营造“人人反邪”的良好氛围。

做一名勤勤恳恳、甘于奉献的人。华荫南里社区在2013年4月开始进行旧楼改造工作和创卫工作。在清整过程中，王蓉蓉不慎砸伤脚面，由于忘我地工作，去医院对伤口进行简单的处理后，又马上回到了清整现场。那段时间因为工作额度高、压力大的原因，她自己感觉不太舒服，到医院就诊后才知道自己生病了，医生说：“多亏来得及时，但需要马上进行微创手术。”她说：“大家都在一线忙碌我这一手术就要休息，这样不太好呀。”在一旁的丈夫看出了她的心思，严肃地告诉她：“身体是革命的本钱，有了好身体才能为居民更好地服务。”听了医生和丈夫话，王蓉蓉动了手术，并被告知需要静养1个月。当她拖着疲惫的身体回家躺在床上时，三岁的女儿跑到身边问：“妈妈您哪里不舒服？我给你揉揉。”听着女儿稚嫩的声音，她的眼眶一下子就湿润了，参加社区工作后和女儿独处的时间都少了，感觉女儿似乎一下子就长大了。在术后第5天王蓉蓉就偷偷地回到了工作岗位，开始忘我地投入到工作中去。

做一名为他人服务、收获快乐的人。前不久，辖区内75岁的独居老人张秀云脸色苍白地来到社区求助说：“这可怎么办，我在家吃药时，不小心把已佩戴多年的假牙吞到了肚子里，你们快给我想想办法呀！”看着老人急切的目光和苍白的脸色时，王蓉蓉立刻向社区主任主动请缨，和社区另一名工作人员一起带老人到总医院就诊。急诊大夫说一般的假牙都带有金属钩，容易划伤消化道、肠胃等体内器官，需要马上照X光片，但两个小时后才能出结果。为了让张奶奶更快地看病，王蓉蓉急中生智，找到大夫说明老人的情况，希望能给予照顾，大夫听后表示理解及同情。半小时后X光照片就出来了，庆幸的是大夫发现假牙并没有在气管中，可能已进入胃中，只需回家休息观察，这时她才松了一口气，想起刚才爸爸打来电话催她回去，“全家都等着你给爷爷过生日呢”。随即看了一眼表，都快7点了。但她们还是坚持把老人送到家，安顿好，才向爷爷的生日宴奔去。

两年来，王蓉蓉始终把“勤做事，信为人”作为自己的座右铭，牢记全心全意为人民服务宗旨，为群众排忧解难，得到了上级领导的肯定和赞许，得到了居民的好评和爱戴。今后她会继续做一名为百姓幸福奉献青春的好社工，向群众交上一份更加满意的答卷。

（作者单位：和平区五大道街道）

小社区　有真情

李学超

2009 年刘芳作为大学生走上社区岗位，在社区已有 7 年时光。在这 7 年中走过两个团队，目前三盛里社区居民委员会是她在社区工作的第二个“家”，连任两届党委副书记，负责党务工作。几年来，她在街道党工委、办事处的领导下，坚持以党的群众路线实践为指导，在社区主任的具体指导下，把社区当作建功立业的舞台，实现人生价值的沃土，边学习边工作，边思考边提高，虚心向老党员学习、向老社工请教，尽心尽力尽责，努力把书本上的知识转化成社会实践的本领。7 年火热的社区生活，让刘芳有三点体会：一是社区工作岗位重要，社区是社会的“细胞”，社区党建是党的建设的基础和关健，社区建设水平，关系到社会的和谐稳定、人民的幸福安康，关系到党在群众中的威信和执政能力，社区岗位虽小但责任重大、使命光荣；二是在社区工作要有高素质，作为刚出校门的大学生、年轻的党员，投身社区实践，不懂不会的东西太多，必须要勇于学习，大胆实践，又担任这么重的职务，没有过硬的本领很难完成社区繁重的工作的；三是在社区工作要敢于创新，随着形势的发展，人民群众对物质文化生活的需求越来越多样化、个性化、时尚化，而目前的工作水平和服务理念，已不能适应迅速发展的社区实践，要求社区工作人员必须有一股闯劲，大胆探索，不断增强社区建设的动力和活力，让党的旗帜在社区高高飘扬。

2013 年初春，刘芳在一次入户走访的过程中，了解到家住马场道 56 号的居民刘婷的情况很揪心。刘婷，原来是名舞蹈演员，以前的生活令人羡慕。但是天有不测风云，本来幸福美满的家庭因种种原因而破裂，2011 年离婚后独自抚养女儿，自身左大腿患肌纤维母细胞瘤产生病变，右小腿、右臂部及双肺多发结节，自2005年到2009年已做过三次手术。术后病情好转，但2012年经医院检查，发现病情复发，病多发于全身，转移至肺部，已无法手术，于是采取放疗、化疗、生物治疗等多种方法尝试；接受这样或那样的治疗，医药费也由起初的几万元变成大数目，已经花光家里的所有积蓄。刘婷也因身体多病已经无法正常工作，单位每月发放400元的生活补助是她唯一经济来源，后续看病的医药花费不是靠亲戚援助就是向朋友借。她的女儿在2010年查出患甲亢，需要长期吃药治疗。母女俩药费是最大的困难，导致因病致贫，生活非常困难。但刘婷爱面子，不与社区沟通，整日为来日的医药费烦恼着，也养成了她孤僻冷漠的性格。她不愿与人交往，不愿提及过往。刘芳自那次入户了解她的情况后，对刘婷的生活格外关注，隔三岔五就去刘婷家里坐一坐、聊一聊，陪她一起去医院检查身体，耐心做心理思想疏导工作，鼓励她要勇敢面对病魔，调整好心态，树立战胜病魔的信心。接触多次下来，刘芳与她成了知心朋友，也成为好姐妹，还时常为她的女儿买些学习用品和衣服。在刘芳力所能及帮助的范围内，积极协调相关部门，多次奔走于医院为刘婷办理医药费减免，走访卫计委将其纳入单亲母亲库，帮刘婷准备民政救助办理低保证明，通过多个渠道对其进行救助慰问，为她雪中送炭。经济上的帮助、精神上的鼓舞，让刘婷树立了重新生活的信心，增强了与病魔做斗争的勇气，在很大程度上缓解了她治疗和复查的经济压力，使她真正感受到了党和政府的关心和温暖。刘芳热情的帮助，也感化了她，让她重拾信心，笑对病魔。

在社区工作中刘芳始终把居民当作自己的亲人，居民的事就是她自己的事。既然选择社区岗位，就要奉献在社区，用她的智慧和汗水书写人生最美的答卷，用她的真情温暖一个又一个寂寞的心灵，温暖一个又一个寒冷的冬天，让社区人们共享爱的阳光。

（作者单位：和平区五大道街道）

热心为民　服务社区

王秀荣

李齐是五大道街道尚友里社区工作人员。自从事社区工作以来，他以服务社区居民、把居民的冷暖放在心上作为工作职责，以进百家门、知百家情、解百家难的工作原则，为自己定了“严以律己、谦虚谨慎、服务聚人、真情感人”的16字原则，对自己严格要求，对居民热情相待、事事尊重，以热情的服务和真情来凝聚居民，把每一位居民都当成是自己的亲人。他经常走访入户，对管片内的居民基本情况都一清二楚，时刻牢记“社区为民，服务百姓，上为政府分忧，下为百姓解困”的宗旨。一次他管辖片的居民家中的雨箅子坏了，家中一老一小无人修理，他看到后就自己花钱买来材料，动手帮助居民将雨箅子修好了，居民万分感谢。社区居民患精神病和半身不遂的残疾人王俊元摔倒在家中，他得知后及时赶到帮助将他抱起。社区居民王长友患半身不遂，在大便时不慎摔倒，他立即前去帮助将老人扶起，不怕脏和累。社区巡逻队长李大爷患癌症，经住院化疗，回来后上不了楼，找到居民委员会寻求帮助，他与社区其他同志一同前去帮助，但因楼道狭窄抬不上去，这时他毅然决定自己将老人背上了五楼，居民感动得热泪盈眶。

他热爱和珍惜这个岗位，满腔热情地投入工作。春节前，在网格巡视时经过西安道95号院，该院前段时间在巡视中曾发现燃气管道泄漏，通知燃气部门进行了维修。这次他想进去看看目前使用情况，进去后感觉仍然有煤气味，立刻拨打了抢修电话。在等待抢修过程中，因担心燃气泄漏遇明火会引发爆炸，危及居民人身财产安全，他心里想：尚友里2400名居民的安危远比我一个人的生命重要百倍，一旦发生爆炸后果将不堪设想。所以他一直坚守在现场维持秩序，等待抢修人员的到来。燃气抢修人员到来及时排除安全隐患，避免了危险情况发生。回到社区后，在向社区主任汇报事情经过时，突然间昏倒在地，社区主任立即拨打120急救电话将他送往总医院进行救治，后又被转往武警总医院，经检查，被确诊为一氧化碳中毒。经过一天一夜的治疗，身体逐步恢复了健康。

在“抗战胜利70周年纪念日”期间，为确保社会治安稳定，街道综治办领导传达布置任务，从9月2日至4日，在社区辖片交通要道沿线巡逻执勤。当时的天气很恶劣，刮着大风，下着大雨，他心里在想“促一方和谐，保一方平安”，越是这个重要的时刻，越是不能出差错。他顶着大风冒着大雨在沿线的主要干道上站岗执勤，牺牲自己的时间，贡献自己的力量，确保工作的顺利完成。

为了在“美丽社区”创建工作中能给居民创造出洁净舒适的生活环境，社区组织了楼门卫生清整工作。在清理忠厚里5门的过程中，发现一楼楼道内堆放着装修用的施工材料（袋装的沙子，大概五六袋），经查询得知，是5楼一户居民的，说是近期要装修房子用的。考虑到眼下的情况，既没有搬运工，该住户又是独居老人，所以他就主动提出为居民把沙子和水泥搬运到楼上。在搬运过程中，由于体力不支，不慎将腰扭伤，即使这样，也是忍着疼痛搬运完所有的沙袋。社区主任得知情况后，立即安排两位同事把他送到常氏骨科医院就诊。经医生诊断，虽然椎骨没有大碍，但是，腰椎偏离了原来的位置，一动就疼。他说：看着老人脸上的笑容，连声致谢，也就不觉得辛苦了。

对待工作李齐认真负责一丝不苟。综治系统信息平台建于2014年6月，这是一项崭新的工作，它包含了社区日常所有的工作以及综治各项网格管理工作，就要把日常的工作内容、进度和事件处理情况完整地录入进去，还要做到及时更新，及时更换，工作量很大，工作时间做不完的，下班后他就带回家继续做，做到深夜或是做到整夜，是常有的事。他表示：身为社区工作者，没有高度的责任感、扎实的业务水平和无私的奉献精神是干不好工作的。为了使自己的思想和业务政策水平更好地适应形势发展的需要，他下决心为自己“充电”，开始如饥似渴地学习政治理论业务知识，孜孜不倦地追求。

李齐同志爱岗敬业、倾情奉献的精神和认真履职、一丝不苟的工作态度值得每一位社区工作者学习。

（作者单位：和平区五大道街道）

在历练中成长

和平区五大道街道

2009年3月，商斌被分配到五大道街文化里社区工作。在这将近7年的时间里，她从一个初出茅庐的小丫头到为人妻、为人母。也是机缘巧合，她有幸接手了本社区“母亲沙龙”这一特色工作。“母亲沙龙”活动搭建了一个互助共建的平台，重点放在促进亲子交流以及困难救助方面。她为使社区“母亲沙龙”的覆盖面更为广泛，带领社区昆明路小学、逸阳梅江湾国际学校、岳阳道小学的师生到社区参加各种志愿者活动、科普活动和学雷锋活动。在一次走访中得知住在本社区重庆道的刘德胜老人是一位抗战英雄，她突发奇想，也许这是一个让社区的孩子们接受爱国主义教育的好机会。后来通过沟通，老人的家里成了她创办的未成年人教育基地。两节期间，作为社区“一助一爱心助空巢”志愿团队的一员，她和同事们把爱心洒向每一个需要帮助的困难家庭中。其中社区流动人口朱梦伟、朱怀伟姐妹就是在社区工作人员的共同帮助下，生活得到了基本保障，学习环境得到了改善，她想这也是“母亲沙龙”开展的真实意义所在。“母亲沙龙”活动要想得到长期发展，还需要扬长避短，将其精髓传递下去。在此基础上加强创新，她想到利用当下热门的微信、微博等电子公众平台进行宣传，扩大这一活动的影响力，让更多人了解并参与其中，从而帮助更多的困难孩子。

作为一名社区工作人员，商斌也是一个孩子的母亲，面对有人在居民楼内私自存放鞭炮这一情况，她不顾行为人杨某对自己的威胁，配合街道和派出所将其绳之以法，消除了楼内居民的恐慌。面对社区大量档案材料急需整理，她选择舍弃还没断奶的孩子加班到半夜。面对休息时间临时加班到现场协调更换上下水管道，手机里传来儿子在高烧情况下的呼唤：

“妈妈，妈妈，我要妈妈!”但是她一直坚持到加完班才赶到医院。随后，在给自己的心理疏导中，她才明白：从选择社区工作的那一天开始，一切都变得心甘情愿，舍弃小家，为的是能够帮助到更多的家庭。

在工作中商斌发挥自己的特长，多次参加区、街组织的大型展演活动并得到领导的好评。曾经荣获和平区“科普”个人项目三等奖、和平区“我们的价值观”演讲比赛优秀奖、和平区“健康教育结核病防治之星”等光荣称号。面对工作中遇到的困难，她也意识到自己需要改进的方面：首先，要端正态度，真正做到服务群众有热心、有耐心；其次，要不断进行理论知识学习，用理论指导实践，并在工作实践当中积累更多经验，深入剖析，进行理论创新，从而适应社区的发展。

7 年的工作锻炼了商斌的工作能力，同时也让她适应了社区工作环境，她深深地爱着社区这片沃土。虽然在工作中遇到一些困难，但她相信这对于自己以后的工作是一种历练、是一种考验。她将在今后的工作中，不断寻找差距，向前辈们学习，及时听取居民群众的心声，通过不断地积累，提高自己的业务水平和素质，协助践行美丽社区建设六化标准。

新的一年到来了，她相信在街道、社区以及广大居民的共同努力下，将会营造出一个美丽和谐宜居的新和平!

立足岗位作奉献　一片暖心为百姓

杨　容

杨丽华现任和平区新兴街朝阳里社区党委书记、居民委员会主任。自2003年4月担任社区党委书记、居民委员会主任以来，她视工作为生命，视群众为亲人，满怀激情，亲力亲为，用实际行动默默地践行了“为人民服务”的誓言。她要求自己，感染他人，展现了一位新时期共产党人的政治本色、一位人民公仆的情怀和一位社区工作者的时代风范。在她的带领下，社区先后获得“全国最美志愿服务社区”“市级防范工作示范社区”“市级家庭档案示范社区”“市级优秀半边天家园”“区级先进集体”等荣誉称号。她个人也先后荣获市级经济普查先进个人、区级优秀共产党员、区级“三八”红旗手、区级五一劳动奖章、区级群众信任的好主任、第二届“全国模范小巷总理”等荣誉称号。

2009年社区换届，她从设计里社区调到新兴南里，街道领导与她谈话时说：新兴南里是一个卫生环境差、人文环境差、硬件条件差的社区，希望你发扬敢抓敢管、勇于拼搏、善打硬仗的长处，把新兴南里建设好。她带着领导的信任、带着多年社区工作经验，满怀信心地来到新兴南里社区。哪知上任第二天，她满满的信心就变为了担心。原来只是听说的新兴南里的难题被一一见证了。社区里刑释人员多、缠访闹事人员多、下岗失业人员多、精神病人多、低保户边缘户多，这些还仅仅是从报表上看到的数字，而收捡废品的多、成片堆物多、违章建筑多、小商小贩多却是亲眼见证的事实。长期存在的早点一条街，更加剧了社区卫生环境的“脏乱差”。但是担心归担心，她认为越是担心越要大胆地干，越是担心越要迎难而上。

一、求真务实，做社区群众的贴心人

近几年来，随着政府工作重心的下移，社区工作日新月异，任务繁重，可谓是事事关乎国计民生，件件涉及居民群众。杨丽华坚信共产党员的理想信念，她深知自己肩上的重担与责任。她没有豪言壮语，而是坚守人民公仆的爱民之心；她没有惊天动地的事迹，而是见行于日常，见行于小事，在小事中显真情，在小事中得形象，在小事中获信任。她把群众的呼声当成工作的冲锋号。规划里小区建成于20世纪50年代，因没有实行集中供热，楼内居民以老年人居多，漫长的冬季靠烧煤炉取暖，狭窄的楼道内堆满了煤和劈柴，严重影响居民出行和生活安全，也是社区安全防范工作的重中之重。多年来，居民们非常渴望能实行集中供热，但始终未能如愿。为了解决这一难题，她多次与供热部门联系、协调。最终供热部门被她执着的精神所感动，克服远离热源、居住户较少、施工成本高等困难，彻底解决了小区集中供热问题。

人们常常把社区一把手比作“小巷总理”。的确，社区每天都接触许多的老百姓，处理各种各样的事情，大到党的方针政策的贯彻执行，社区的未来发展与建设，小到邻里矛盾，上下水管道跑冒等，可以说涵盖了老百姓衣食住行的方方面面，工作时间远远也超出8小时。这就要求社区工作者必须具有敬业奉献的精神和为民服务的一片真情。

新兴南里社区是老旧居民区，群众的生活条件比较艰苦，吃水难、行路难、设施差等问题长期困扰群众。群众期盼的目光、焦急的心情和无奈的叹息，促使她下定决心无论困难有多大，一定一个一个啃掉这些“硬骨头”。她带领班子成员一户一户走访群众，了解情况；一次一次跑有关部门，反映问题，寻求帮助；她每天夜不能寐，食不知味。而此时她的身体也出现了状况，做了一次长达三个多小时的手术。社区一件件难事、急事、大事让她躺不住了，手术后三天她就重返工作岗位，不久就拖着术后病弱的身体，顶着冬日的寒风，奔波于各相关部门之间。一份付出，就会有一份收获；一片真情，就会打动一个群体。她的付出终于换来了相关部门的理解支持，她的真情感动了社区居民，先后协调解决了同发里2号楼3门顶层居民长达6年之久的吃水难问题；规划里、宜昌道、迎春里等小区地面坑洼不平出行难问题；修缮了天海里小区长约200米的破损滴水檐及小区入口处倾斜危险的墙体，保证了居民出入安全；重新整修迎春里6~12号楼门前自行车棚，有效制止了居民自行车丢失严重的问题；解决了同发里供热站与盛世嘉和物业及业主的矛盾。

二、无私奉献，一片暖心为百姓

朝阳里社区被民政部确定为“全国社区服务志愿者组织发祥地”，2014年12月因工作需要，杨丽华从新兴南里社区调到朝阳里社区，勇敢地扛起了“朝阳里社区志愿服务”这面大旗。

她带领社区全体成员秉承“志愿服务”这一理念，将志愿服务工作作为社区特色工作，把爱心奉献作为服务之魂，把真诚相助作为服务之本。虚心向老主任请教，向老志愿者学习，快速提高自己适应新环境，进入新角色。为了在全体社区成员中发扬志愿服务精神，她继承往届老主任的“双重身份”，既是社区工作者，又做社区志愿者。坚持为老一辈奉献者送爱心和温暖，做到平日走访，及时服务，重大节日慰问，使他们感觉到奉献者高尚、奉献者光荣、奉献者大有可为，以此激发社区青年志愿者为社区、为居民服务的热情。

她以新河里“精品小区打造”工程为契机，坚持“要把好事办好”的原则，将顺应民意作为工程的重中之重，将施工过程作为联系居民、服务居民的过程。为把此次工程打造为居民满意的民心工程，先后进行了三次入户调查问卷；聘请6名居民代表作为社区居民监督员，参与工程的监督；召开了居民座谈会11次；解答和解决居民提出的问题1750余个。社区居民积极参与、献计献策、全程监督，既确保了工程质量及工程进度，又得到了社区居民的理解和支持，提高了居民的参与度和满意度。通过两个多月的“五加二、白加黑”的辛勤努力，全面提升了新河里小区环境的功能性和参与性，突出了社区志愿者组织的发祥地、绿化丰富的休闲空间、完善配套的基础设施三大亮点，提升整体效果、提升生活品位，打造成了居民满意度、舒适度较高的综合型精品小区。

三、以身作则，率先垂范

打铁还需自身硬。杨丽华深知平时工作起来，分工协作、密切配合的团队精神尤为重要；干事创业，人员素质、队伍建设是第一要务。为此，她始终保持良好的精神状态，在实践中身体力行，脏活累活冲在前、干在前；急难险重不推不拖、敢于碰硬，她用自己的行动影响和感召着身边的同志，与大家同乐更和大家共苦。在纷繁中勤勉求精，待人处世崇尚大道至简，在沟通中增进理解，在工作中获得支持，既给人以榜样，又让人发挥特长。她在团队协作中集思广益，在团队配合中扬长避短，形成了团队的凝聚力和战斗力。

四、迎难而上，做创新实践的带头人

为了加强和创新社区管理，促进社区和谐稳定，她积极推行网格化管理工作，一度大家对创新社区管理感到遥不可及，不知如何下手。为了打消大家的畏难情绪，她组织大家开展创新工作大讨论，先统一思想，形成共识；再寻找切入点，搞调研、摸情况，集中进行梳理汇总，发现工作中了解群众诉求不够及时，需要拓宽渠道，搭建一个帮助居民及时反映问题的平台；最后确定在每个楼门内设置一个“民生回音壁”。居民随时可将自己的想法放到“民生回音壁”中，社区工作人员在入户巡访的同时，就可将“回音壁”上的问题带回，并及时做好收集、整理、受理各个环节，畅通居民反映诉求的渠道，使居民的每一项合理诉求都得到及时反馈，使广知民意更快捷，深解民忧更贴心，真正实现社区服务的全覆盖、全天候和零距离。

杨丽华就是这样，她用奉献支撑追求，用信念铸就忠诚，用生命点燃辉煌，她把自己“全心全意为人民服务”的誓言，用无声的、一步一个脚印的扎实工作来实现，成为居民群众的暖心人，赢得了各级领导和群众的信任与掌声。

（作者单位：和平区新兴街道朝阳里社区）

凝心聚力抓班子　倾心倾力为人民

平雅励

张宏从2002年从事社区居民委员会工作，十几年来，作为社区的党政一把手，她始终保持着坚强的党性，求实创新，拼搏进取，用实际行动践行党的宗旨。在社区平凡的岗位上，恪尽职守，积极工作，展现着她的理想，实现着她的人生价值。她先后荣获“三八红旗手”“五一”劳动奖章”、优秀共产党员，并多次被评为优秀党务工作者。

一、知民爱民，倾情为民

怀着为政府分忧、为社会解难、为居民服务的情感，张宏始终不渝地坚持“以人为本”的思想，把为居民服务、帮助困难群众作为社区工作的奋斗目标，把坚持党的宗旨落实到实际行动上。在社区服务上，坚持以人为本，贴近群众的原则，把全心全意为人民服务的宗旨落到实处，组织做好对社区困难群体的扶贫救助工作，通过送温暖活动，把党和政府的关怀送到群众的手中。特别是在深入开展争先创优活动中，张宏带领社区干部走进社区，贴近百姓，了解社情民意，提高服务水平。通过“一走进”“二了解”“三提高”的工作方法，真正做到知民情、解民意、帮民困，扎扎实实地为百姓做好事、办实事。她多次协调区房管局以人大代表提案的方式解决了四达里小区居民多年期盼解决房屋产权归属问题。在她的带领与协调下，成功解决了四达里、新宜里小区常年污水外溢问题；解决了多处路灯不亮问题；修补了多个小区破损路面；整修了三个小区自行车车棚。她以工作实际行动服务为居民群众，以工作实际效果让居民群众成为社区建设最大受益者，深得百姓认可、拥护和爱戴。

情系群体，将关爱落到实处。家住沙市道65号的居民陈民是精神一级残疾，丧失劳动能力，且思想偏激，有暴力倾向；爱人是农村人，做保姆收入微薄，还整天吵着要离婚；孩子刚上初一。对于这样生活极其困难且面临解体的家庭，张宏一面督促负责低保的工作人员马上上报材料，为陈民一家调高低保标准；一面组织社区“党员爱心基金会”向他们一家伸出援手，并多次分别找陈民及其爱人谈心，晓之以理、动之以情，从精神上、物质上帮助他们。她的情真意切，使陈民一家深受感动。如今，陈民不仅是社区治安巡逻队的成员，还是他们楼门的楼长和志愿者。

心系党员群众，提升社区幸福指数。社区老党员徐吉庆因病去世后，老伴朱成香没有工作，生活失去了依靠，他女儿下岗无生活来源。张宏得知情况后，及时买来米、面、油送到朱姨手中，随后又为她申请办理了低保，并联系民政科把她列入由政府埋单为老服务对象，朱姨生活有了保障。工作之余，她经常找朱姨聊天，排解她的孤独，鼓励她鼓起生活的勇气，勇敢地战胜困难。朱姨深受感动，连声称赞共产党好，逢人便夸社区干部胜似亲人。在新兴街开展的“亲民近民知民助民”活动中，她与社区一道走近居民，了解社情民意，真正做到知民情、解民意、帮民困。在走访中得知，家住新宜里2门102室杨树琴25岁儿子不幸得了白血病，仅半年时间花费了近6万元医疗费，生活变得极其困难。杨姐刚刚退休，退休金也不高，25岁儿子刚刚有了一份稳定工作，却患白血病不到半年就离开了单位，这对杨淑琴夫妇打击很大。张宏同志立刻向社区党员们发出倡议为这个崩溃家庭捐款，并亲自举办以“汇集爱的力量，让年轻生命延续”为主题的捐款活动。活动中发动党员当场捐款4570元，广大党员不仅为这个家庭伸出援助之手，还把这种爱汇集成一股爱的力量。这股力量就是拯救这个家庭的精神力量，帮助这个家庭增强战胜灾难的勇气和力量。

维护社区稳定，邻里和谐。辅恩里10门24户居民的自来水内管网已年久失修，急需更换，却因一楼一位无工作老人的阻挠，几年来一直没有更换，造成三楼以上住户用水困难。张宏得知以后多次找到这位老人，晓之以理、动之以情，并帮她分析利害关系，告知她不能因为个人小利影响全楼的大局，有什么困难摆出来，大家一起解决。当得知老人想要一些补偿，并要求为她恢复地面时，当即召开全楼居民会议，圆满地理顺了大家的情绪，并发动楼内党员、志愿者站出来服务，使全楼的自来水管网顺利更换。后来这位老人不无惭愧地说：要是没有张书记的协调，我们楼里的人都对我有意见。

二、调整班子，率先垂范

由于区域调整，原土山花园社区与设计里社区合并为土山花园社区，社区居民总户数由原来的1603户增加到2950余户。区域扩大了、人员调整了，工作量加大了。作为社区“两委”一把手，张宏以人性化管理理念为切入点，适时调整社区“两委”班子成员的工作与分工，把每位同志的长处发挥到极致。她常说的一句话就是：每个人都有优点，要互相学习；每个人都有缺点，要相互包容。对工作积极的同志，她会及时鼓励并提出更高要求；对工作相对拖沓的同志，她也会正面提出不足，以情动人、润物无声。她既坚持原则又讲究方法和策略，耐心细致地说服引导和鼓励同志们努力工作。在她的带领下，班子成员精诚团结协作，整体优势得到最好发挥，社区的工作蒸蒸日上。在她的带领下，班子先后荣获区级先锋党组织、市级少数民族先进集体、市级文明单位等多项荣誉称号。社区建设、社区党建等各项工作不仅得到上级领导的肯定，更得到社区广大居民群众的认可和赞誉。

由于长期的基层工作，使张宏拥有了大量对待基层问题的工作经验。在无数的艰苦磨炼中，她始终不忘以一名共产党员的责任感和无私奉献的精神要求自己，以人格魅力来凝心聚力，构筑起密切党群关系的平台，赢得了居民的支持与拥护，在平凡的工作岗位上数十年如一日地树立着社区工作者的良好形象。

（作者单位：和平区新兴街道土山花园社区）

无私奉献为社区　一片爱心为居民

孙　艳

安智香曾任和平区新兴街道朝阳里社区党委书记、居民委员会主任，现任和平区新兴街道卫津路社区党委书记、居民委员会主任。几年来，她带领社区全体成员始终秉承“志愿服务”“协商民主”“共驻共建”的理念，无私奉献，服务居民。

一、传承志愿精神，服务困难群体

“若要品牌立得住，传承创新要抓住。”朝阳里社区是全国社区服务志愿者组织的发祥地，是老牌儿先进社区。2012年，作为这个社区的新一届主任，安智香首先了解志愿服务的背景，继而学习了13位志愿服务发起人的事迹，并以老志愿者为榜样，带领社区成员传承和发扬志愿服务精神，努力营造服务群众的氛围，得到社区居民的赞誉。

社区工作事无巨细。从上任的那天起，她就牢记无论大事小事，百姓的事都是大事。

关爱独居空巢老人，尽自己应尽的职责。一次，她到社区居民家中走访，得知社区有位84岁的孤老，早年毕业于黄埔军校，妻儿早在“文革”期间就离开了他，现在一个人生活，她就经常去看望老人。有一天，老人突发心脏病住进医院，她马上联系到黄埔同学会的负责人多次到医院看望，并为老人垫付医药费，给老人找24小时的护工，半个多月后老人出院了。想到老人出院后，仍旧没人照顾，安智香就到老人家中说服他去养老院养老。经多次与老人沟通，终于做通老人的思想工作，将他送到了养老院安享晚年。

社区有位陈姨是独居老人，患有半身不遂、糖尿病等重症，生活处于半失能状态。虽有一个女儿，但女儿因犯法被关进了监狱，无法照顾母亲，所以，陈姨就成为她重点关心照顾的对象。她经常到陈姨家嘘寒问暖，为她代买生活必需品，逢年过节都去她家慰问。当得知陈姨由于退休金较低，除去看病、吃药、吃饭外所剩无几，为此，便积极与供热部门领导联系，为陈姨办理缓交供热费手续，每年都等陈姨的采暖补贴下发后再交供热费。陈姨非常感动。

二、协商民主，借势而为，解决居民热盼处理的棘手问题

社区工作看起来都是些琐碎的小事，但对居民来说也许就是迫切要处理的、棘手的难事。“多送别人一分温暖，回报自己一份快乐。”每当安智香处理好每一件琐碎的小事、急事、难事时，她都会为自己所从事的工作而感到骄傲和自豪。

社区的工作，没有惊天动地的壮举，难有感人至深的事迹，但安智香深知社区的工作件件涉及民生，事事惠及百姓，都与百姓的日常生活息息相关。

从事社区工作十几年，她常常听同事们说这样一句话：“社区一没权、二没钱，要解决百姓难题，难、难、难。”而在她看来，要解决好百姓的问题，就要通过“借时借事借力”的工作方法，积极解决百姓最关注、呼声最高的难题。

社区居民委员会门前的通道地面坑洼不平，下雨时总是有大量积水，2014 年，在开展党的群众路线教育实践活动中，她借区委领导来社区调研的机会，主动把这个问题反映给领导，得到领导的重视，当即就与区市容园林委联系，现场协商，600 多平方米坑洼不平的甬路很快铺平了。

群众反映的问题解决了，群众满意了，她也被区委领导雷厉风行的好作风感动了，更激励和鞭策着她更好地为群众服务。

社区管辖的新河里是一个闹中取静的小区，绿地、花园，环境舒适整洁；但停车位较少，有的居民就把汽车停放在花园里，致使小区的老人、孩子及晨练队不能在花园里正常休息、玩耍和锻炼，花园的台阶也被经常

开上开下的汽车碾压、损坏，群众迫切希望社区居民委员会能解决这个问题。开始，她采取在汽车上贴提示的办法，虽然有一定成效，但无奈小区内车多车位少，没能彻底解决问题。为此，她就借助政协在社区召开“政协委员‘两进两知’社情民意座谈会”的机会，向政协主席提出了这一难题，政协主席及时与区市容园林委联系。经区市容园林委领导多次到现场实地考察后，在花园入口处安装了隔离墩，彻底解决了花园内乱停车的问题。从此，群众能够正常的在花园里休息、锻炼了。群众都称赞她是心系群众、服务群众的“小巷总理”。而她觉得乱停放车辆的问题并没有完全解决，私自安装地锁，汽车停放无序始终是这个小区的一大难题，也是她的一块心病。

凡事预则立。天津市启动的“绿荫停车”工程给安智香带来了工作动力，停车难的问题可以解决啦。

近年来，政府对新河里小区投入了大量的资金进行改造，小区环境大大提升，但随着生活水平的不断提高，有车族越来越多。尤其是外来车辆的涌入，造成主要安全通道堵塞，阻碍居民出行，加之因私安地锁造成老人摔伤或因车位大打出手等事件时有发生，造成小区不安全和邻里不和睦，小区环境也受到了一定程度的影响。居民对此意见很大，纷纷找她投诉或提建议。当时，作为小区居民的父母官，她的压力很大，就这么一亩三分地，该如何解决呢?

就在她一筹莫展的时候，听到了同属新兴街道所辖的小区乐昌里小区启动了“绿荫停车”工程，她心动了，组织小区的骨干到乐昌里小区进行参观，学习取经，回来后立即召开楼长会、党员会、居民听证会等征求意见，得到了居民的支持，心里有了谱。这时，她又听到了一个令人振奋的消息——新兴街道领导经与区领导、民政局、区市容园林委沟通，确定在新河里小区也启动“绿荫停车”工程。想群众之所想，急群众之所急。既然定下来了，说干就干。她一方面积极与区市容园林委沟通改造效果图的有关事宜，另一方面通过“致新河里小区全体居民的一封信”和“关于规范新河里小区停车秩序问题”进行了入户走访和户卷调查，经调查得到90%以上居民的同意，并提出合理化意见和建议。“绿荫停车的施工方案”制订后，安智香又及时召开各类会议，针对区市容园林委制作的效果图广泛征求居民意见，最终确定了施工方案。可以正式施工了，然而，有些居民还是不能理解，有的居民认为居民委员会自作主张毁坏绿地；有的居民认为这项工程只照顾了有车人的利益。因此，贴出的施工通知一次一次被撕掉了。有的居民找到街道、找到区市容园林委，有的居民给市里、区里打电话……

说得天好地好，不如把老百姓的事办好。她一方面针对居民的不同意见和反映按照市文件精神做耐心细致的思想工作，另一方面结合居民提出的实际困难，与区市容园林委协商，适当调整施工方案。为了减少施工给居民带来的不便，她与区市容园林委协商分片施工，当第一片施工完成初显效果时，曾经对此有意见的居民也表示了支持，并提出了非常好的建议。

从施工那天起，她每天早来晚走，没有周六、周日，全天都在施工现场，随时解决居民提出的疑问。刚开始施工时，由于长时间处于解释和劝说状态，有时一天喝不上一口水，嘴唇干裂了，嗓子嘶哑了，更要命的是由于长时间的站立，腰间盘突出的老毛病又犯了。一天下来，她连回家上楼梯都困难，做饭更成了问题。但为了居民的利益，她咬牙坚持着。人心都是肉长的，一些居民看在眼里，疼在心里，居民间主动互相做起了工作。有些反对的居民也对她说："安书记，就冲你这样辛苦地为我们服务，我克服困难，支持你了。"施工队的负责人也表示说："安书记，你真是个实在人，小区居民有你这样的领头人真是福气。"真心换真情，由于广大居民的大力支持和与区市容园林委的配合默契，工程进行得非常顺利。

这次改造的目的是既要增加车位，又要环境舒适，还要清理防火通道，消除安全隐患，这就意味着要加强管理。因此，她始终坚持施工和管理同步进行，她带领社区全体成员一起着手各种管理的准备工作，一是起草了《新河里小区机动车管理规定》；二是制作了三种不同颜色的车证，包括停放证、临时停放证、临时出入证，编制了门禁磁卡，使证卡合一，有利于对车辆识别和管理；三是对小区内的汽车分类进行了登记，为后期管理打下了基础。

功夫不负有心人。新河里小区通过三个多月的"折腾"，终于达到了"绿荫停车"，有街道、社区、物业"捆绑式"管理的效果。

三、搭建平台，共驻共建，创新和谐社区建设

2015 年因工作需要，安智香被调到了新兴街道卫津路社区担任社区党委书记、居民委员会主任。

卫津路社区因社区单位较多，故以“共驻共建”作为特色品牌。她着眼这一特色，坚持协商民主，通过召开议事协商会、社区志愿者协会、社区社团会等收集居民群众的需求，定期召开社区单位联谊会，挖掘和调动社区单位资源，进一步深化志愿服务活动，为社区居民服务。

搭建健康平台。她借助医科大学、代谢病科、口腔医院等单位的医疗资源，发挥名医优势，定期举办专题健康知识讲座和大型义诊活动，为居民健康服务；搭建环保平台。她借助和平区环保局、医科大学基础医学院及和平艺术中学等单位的宣传资源，讲解新《中华人民共和国环保法》和《天津市大气污染防治条例》等知识；宣传和开展文明祭扫活动，提高居民保护环境、珍爱生命的理念；开展“社区是我家，维护靠大家”活动，美化环境，创建美丽社区。

搭建文化平台。她借助社区社会组织的力量，丰富社区活动的形式和内涵，提升了居民的道德文化素养。她坚持协商民主，共驻共建，不仅调动了社区单位参与社区和谐社区建设的积极性，也推动了区域化建设工作。

付出总有回报。几年来，她带领的社区先后获得“全国科普示范社区”、市级“社区党建示范点”、市级“美丽社区”、市级“未成年人示范快乐营地”、市级“优秀半边天家园”等荣誉称号，她个人获得市级“最美社工”和区级“群众信任的好主任”等荣誉称号。她说这些荣誉的取得离不开组织的培养，离不开领导的信任，离不开班子的协作，更离不开群众的支持。这些荣誉的取得更加坚定了她创新社区社会治理，服务群众的信念，更加坚定了她创新社区党建工作模式、促进和谐社区建设的决心。

（作者单位：和平区新兴街道卫津路社区）

无私奉献暖民心　真情服务促和谐

张　娟

辛凤英现任和平区新兴街新兴南里社区党委书记、社区居民委员会主任。在社区这个工作岗位上，她一干就是13年，对社区和居民有着不可割舍的情感。2003年，她应聘到新兴街道永丰里社区，先后担任过社区妇联主任、社区党委副书记等职务。多年来，她始终把“把工作当成事业干，把社区当成家来建，把居民当成亲人看”作为自己的座右铭，以服务群众为己任，任劳任怨，为社区居民解决难题，化解矛盾，得到了区、街道领导和社区居民的一致好评。

在多年的历练中，她积累了丰富的社区工作经验。2014年12月，她因工作需要从永丰里社区调到新兴南里社区，担任社区党委书记、社区居民委员会主任。自到任以来，她坚持以真情凝聚人心，用大爱拉近距离，把社区居民的冷暖疾苦看在眼里、装在心中、抓在手上，积极化解群众燃眉之事，破解群众挠头事，解决群众烦心事，带领社区一班人迎难而上，真抓实干，以优异的成绩完成了社区的各项工作任务。社区也因此先后获得了国务院颁发的“全国无邪教创建示范社区”“市级无邪教创建工作样板社区”“市级优秀半边天家园”“市级民族团结进步创建活动示范单位”“区级六化达标社区党组织”“区级科普示范社区”等荣誉称号。她本人也先后获得“区级三八红旗手”“区级第七届十佳好主任”等荣誉称号。

一、心怀责任　勇于担当

古人云，“大事难事看担当，顺境逆境看襟怀。”辛凤英初到新兴南里社区，不论是居民还是社区工作人员都很陌生，以前只是耳闻的社区卫生环境差、低保边缘家庭多、残疾人员多、缠访闹事人员多等也都一一变成亲眼所见，面对重重困难并没有让她退却，她把领导的重托、百姓的期望转变成工作的动力。

她深知社区党组织书记是整个社区的“班长”，处于核心位置，起着关键作用，负有全面责任。所以，她发挥表率作用，加强自身建设，当好带头人，脏活累活率先垂范、急难险重一马当先，与大家同乐更与大家共苦，用自身的工作热情来调动大家工作的积极性。在她的带领下，社区各项工作平稳发展，团队凝聚力、服务意识和为民办事效率都得到了显著提高。

二、急群众之所急　用心服务居民

新兴南里社区是个拥有近2700户居民的大社区，作为社区一把手，辛凤英时刻把涉及群众切身利益和安危冷暖的一件件“小事”当作大事来抓，真情面对群众生活中点点滴滴的琐事难题，把服务融于群众生活的细节中。她相信，只要你心中装着居民，那大家也会心里想着你。

2015年下水管道改造回头看工程中，樱红楼3门102室的居民反映，下水管因年久锈蚀已有沙眼，希望能更换下水管道。辛主任立即与网格负责人、楼长一起实地查看，通过征求意见，说明利害关系后，大家都同意了。随后辛主任又忙活着联系施工队，定好了5月23日的工期。刚一块石头落地，不想就在施工的当天却出了问题。一楼大爷家的厕所厨房已经刨开沟，屋内的下水管已经换完，换到楼外与外井连接的部分时，3门的外井盖被103住户的三轮车压着，103住户不同意挪车，原因是井盖在他家的窗户底下，正值夏季，如果在他家窗户底下刨沟，臭味进屋，他家的残疾人受不了。于是102室和103室两家发生了争执，还拨打了110报警电话，102室住户怕耽误时间，影响晚上居民的用水，赶紧给辛主任打了电话。当时正是中午，辛主任正在家给女儿做饭，她赶忙赶到现场，双方还是互不相让，民警也在调解，但根本不起作用。当时辛主任向施工队了解工程情况，施工队说如果103住户不同意刨沟，那外面这一节管子就换不了，还用老的，可能就起不了作用，消除不了堵漏的隐患，那这个改造工程就算白干了。辛主任听到这，心里就急了，马上与103住户解释更换下水管的意义，并说明家里的残疾人有什么困难尽管跟社区说，社区会尽力帮助。尽管如此，他家还是不同意，坚持自己的意见。情急之下，辛主任突然想到2门的外井离3门很近，能不能将管道迁入2门的外井里，效果不是一样吗？于是她转身又和施工队商议，起先施工队不同意，说根据管子的直径，2门外井里已经装不进去了，没办法干。这又让辛主任的心凉了半截儿。眼下只有这一个办法，辛主任拿起了铁钩，钩开了井盖，仔细地研究。这时楼里的居民也帮忙查看，干练的辛主任似乎看出了什么，赶紧给在旁边小区施工的队长打电话，说2门的井里完全能够再下一根管。队长也赶紧赶到现场，是辛主任的执着和为民服务的恒心打动了施工人员，队长带领着工人们又仔细地测量了一次，“可以干，没问题!”听到队长这么说，辛主任一颗悬着的心终于落地了，居民们也激动地纷纷表示感谢。这样一来，保证了施工进度，保证了晚上居民能正常用水。

这样的例子举不胜举。辛凤英的工作原则就是居民的呼声，居民的来访、来电就是命令，她会第一时间出现在问题现场。她经常说：“急群众之所急，设身处地为居民群众解决他们生活中的难题，是我最开心的时候。”一年来，她带领社区工作人员协调解决了迎春里3门下水管道更换难题，清理了同发里3号楼对面花园杂物堆积，为居民安装了休闲椅，解决了何兴里8门自来水管更换难题，同发里4号楼因安装路灯花池地砖被掀起未修复问题，宜昌南里1号楼7门2楼自来水管爆裂抢修问题，新中东里7门更换上、下水管问题，新风楼2门4楼阳台外的景观灯掉落修复外延问题，同发里3号楼外井跑冒，新中东里通道地砖洼陷等居民反映的难点问题280余件，获得了居民的一致认可和好评。

三、将心比心解矛盾　春风化雨润人心

辛凤英常说：“‘小巷总理’要做服务者，不是管理者。邻里之间一旦发生矛盾，互不相让，咱们这些‘总理’们，就得学会当‘出气筒’。只有懂得调解的艺术，才可以成功调解矛盾，使得大家和谐相处。”她把服务群众，化解社区矛盾，积极帮助群众解决实际困难作为社区工作的头等

大事来抓，每每她都会用她的信心、耐心和爱心化解矛盾。

迎春里21门一楼105住户下水管老化已漏水，在楼上居民不知情的情况下，约请施工队完成施工后，想让楼上5户居民为其恢复地面给予补偿。楼上居民因为前期未认可补偿金额，都不同意给钱。一楼居民和楼长分别找到居民委员会，各说各理。楼长气得说不干了，管不了了。辛主任耐心地安抚楼长，让她不要着急，“楼长您先不干了，这件事情由居民委员会解决，解决完了您继续帮我们干。”楼长笑了：“辛主任，那就拜托您了，帮我解决一下吧。本应是楼里自己的事情，麻烦您了！”

辛主任利用周六日多次给各户做工作，分析更换下水管道的好处，和一楼因为情况紧急未能及时通知到各户，并召开了协调会，一起协商补偿的问题。最后，楼上居民与一楼住户都在会上说明了自己的立场，表明了自己的态度。远亲不如近邻，最后握手言欢，每户给一楼300元的补偿，一楼也承担了一部分费用。

去年8月宜昌南里3号楼2门的居民尹奶奶哭着来到居民委员会反映楼上居民家中厕所漏水。因为自己总上去找，产生了矛盾，奶奶又嫌楼上家的孩子吵得她心脏受不了。辛主任耐心地把尹奶奶劝回家，随后便与网格负责人去尹奶奶楼上查看情况，原来厕所的下水管渗水，原因是还没有更换过下水管。经过辛主任和网格员的共同努力，楼里居民的大力配合，为2门更换了下水管道。尹奶奶的问题解决了，高兴地为辛主任送来“心系百姓 为民排忧”的锦旗表示感谢。

四、关爱困难群体　构建温暖家园

社区的低保对象、残疾人、大重病等困难人员较多，辛主任积极地联系共建单位整合社区资源，为他们解决生活困难，让他们感到党和政府乃至街道社区对他们的关爱，营造温馨的家园。

家住宜昌道宜昌南里的低保残疾人吴智红为离异单亲家庭，并患有精神病、肾炎、心脏病、甲亢等多种疾病，需长期吃药治疗。辛主任争取到天津市规划局对他们母子进行了资助，还经常派人做一些孩子爱吃的饭菜给孩子补养身体。吴智红非常感谢社区，他的儿子去年也以优异的成绩考入了理想的大学。不仅如此，社区的困难残疾人、孤老户辛凤英都记在心里，无论平时工作多忙，都要抽时间去看望他们，每逢节假日都给他们送去慰问品和节日的问候。

辛凤英从事社区工作 13 年，13 年的风风雨雨，13 年的坎坎坷坷，在艰苦的磨炼中，她以一位社区工作者的满腔热情，帮助过生活困难的困难群体；以一名共产党员的人格魅力凝心聚力，践行着全心全意为人民服务的宗旨；搭建起密切党群关系的平台，在平凡的工作岗位上树立起社区工作者良好的形象。

（作者单位：和平区新兴街新道兴南里社区）

为民服务做表率
勇于担当甘奉献

郝　娜

他是一个踏实勤奋、忘我为民的人，是一个坚忍顽强、甘于奉献的人，他是一个把全部精力都倾注于社区工作的人，他就是新兴街永丰里社区党委书记、主任甘久虹。永丰里社区是个拥有2438户居民的大社区，他作为社区一把手，坚持以人为本的工作理念，重在解决问题、取得实效上下功夫，得到辖区居民的交口称赞。

一、亲民爱民　将百姓事儿放心头

作为社区带头人，甘久虹常说的一句话就是："我们天天接触的就是居民，听到的都是群众呼声，因此，用心用情做好群众工作是我们义不容辞的责任。"特别是在开展党的群众路线教育实践活动中，通过入户走访、召开座谈会、发放"便民服务卡"等形式，进群众门、听群众音、解群众愁，尽己所能地为群众做好事、办实事。针对居民反映的问题做到件件有回音，事事有结果。

2015年4月启动的旧楼改造回头看的惠民工程，包括为三友里小区楼门换下水管道内外管网，但是必须1～6楼这一片的居民都同意才能更换。尤其牵扯到一楼必须破地面换管道，换完后工程队最后恢复地面，这一工程说说容易，做起来可不简单。从4月开始，甘久虹放弃了清明、五一、端午假期和所有公休日，每天与施工方、居民、底商之间沟通协调。他对有更换意向的楼门，包括20多个一楼底商，亲自查看管路走向，与商铺、银行负责人说明更换下水管道的利害关系，挨个楼门跑上跑下，协调沟通各家更换情况，顾不上喝一口水。当他接过19门楼长赵姨递过来的一大碗白开水一饮而尽后，才想起已经半天没喝水啦！他后来回忆这碗水比琼浆玉液还甘甜，赵姨心疼地说：甘啊，你也一把年纪啦，别这么拼命行吗？但为了居民都能尽快享受这一惠民政策，他还是停不下来，每天下来累得他精疲力竭。在他的努力下，工程队为三友里小区32个楼门的大部分居民更换了厨房和厕所的下水管道，使楼门摆脱了多年来因管子老化、油污积存造成的堵漏冒现象，使居民受益。在施工过程中，也出现很多疑难问题，甘主任都迎难而上，积极为居民排忧解难。更换19门管道过程中，由于工人不了解小区管路走向，将邻近18门的厕所下水管堵上，导致18门下水管道厕所冒泡，污物都从二楼一户人家的坐便器周围冒出，污染了地板，急坏了这户居民。甘主任知道后立即联系工程队和房管站，经过多次的沟通协调，既解决了问题，又确保了三方满意。

社区岗位有岗无权，社区角色有职无衔，但甘主任始终坚持“居民之需就是工作指南”的原则，使社区工作的一个个“小角色”拥有了“大舞台”，每一名社区工作人员都成为不可或缺的小区“名角儿”。

2014年底，原有物业退出正和公寓，小区当时电梯4部，有2部都是坏的。为了确保居民安全，甘主任带领工作人员经过多次入户与居民沟通做工作，成立了业主委员会并积极撮合业委会与物业签订合同的相关事宜，多次开会磋商，甘主任希望新物业入驻后能使以下问题得到改善：小区外围酒店及日本料理下水管道经常外冒，造成小区内部臭气熏天，地面都是污水无法正常出入；停车难问题，小区本身面积不大，加上几乎每户都有车，尤其过年过节，停车问题难以解决；报箱陈旧损坏，订的报纸经常丢失；希望安装摄像头。

新物业入驻后，甘主任又马不停蹄地在2015年年初邀请了多个职能部门相关领导参加的相关会议5次，一起商量小区的进一步提升方案，还小区一个干净清洁宜居的面貌。如今小区改造已完成，大门重新设计，垒砖墙，安装电子抬杆；门卫室翻盖；恢复消防设施；楼道安全门重新安装，调试电子设配，安装新报箱；为三家底商餐饮配备隔油池，彻底解决了困扰小区多年的油污外溢问题；地面重新铺设；绿化美化了两片花坛；在中央花园建了开放式存车棚；并安装了摄像头。业主们感到非常满意，都说自己的房子升值了，自己的家也愿意向亲戚炫耀了；以后也会配合居民委员会及物业公司的工作，一起维护小区的和谐、美丽。

在工作中，甘久虹坚持为居民解决最难办的事和最期盼的事，从服务上下功夫，在满意上做文章。惠嘉公寓B座顶层居住的张女士，因自家屋顶被邻居安装了三个卫星接收器，导致屋顶漏水，三年来没有得到妥善解决，2016年她找到了居民委员会寻求帮助。甘主任马上找到了安装卫星接收器的房主和相关部门，经过多次协商，反复做居民工作，最终将三个卫星接收器全部拆除，将屋顶和墙体上的窟窿堵严，彻底解决了漏水渗水问题。张女士为此送来了“为民分忧，心系百姓”锦旗。他就是这样将百姓事儿放心头，不推不等不靠，尽最大努力帮助居民解决问题，彰显了为民服务的风采。

二、想民为民　倾心解决百姓难题

什么是不简单，能够把简单的事情一件件做好，才是不简单；什么叫不容易，能够把容易的事情一桩桩做实，才叫不容易。甘久虹一直把“勤做事，信为人”作为自己的座右铭。他始终坚持一条：把每一件简单事、容易事尽职尽责地完成，变为一个个强有力的支点，撬动着小小社区居民委员会，发挥了促进社会和谐的大作用。

他成功协调解决了三乐里小区居民供热管网改造问题。三乐里小区由于供热暖气管道老化，多年供热情况不佳。为彻底改善三乐里居民冬季取暖问题，天津热电公司对小区内供热网进行了统一改造，在施工过程中和居民发生了矛盾。由于要对楼道和居民家中的供热设施进行统一改造盘管施工，因暖气管管径问题，居民与施工方产生了矛盾，使工程停工。为此甘久虹放弃多个休息日，先后组织召开了八次有关天津热力公司代表等参加的协调会，以一心为民的真情和在工作实践中的经验说服打动双方，经多次协调最终就改造事宜达成互相谅解，在供热之前完成施工，确保小区428户居民供热。热电公司水网处还赠送了“社区支持保供热　和谐社区展新貌”的锦旗。

三、求实担当　忘我敬业公仆情怀

凡是和甘久虹接触过的人都说：甘主任心眼好，是个实在人。他与多个困难老人结亲帮扶。社区孤老户徐珊大爷家的洗衣机坏了，一个电话他马上就到。徐大爷出门买东西在回家时防盗门不知什么原因打不开了，他马上找来梯子，不顾个人安危从窗户进屋把门打开了，同时还拿来了工具检查门锁打不开的原因，问题找到后把门修好。三乐里的空巢老人高天美家被自来水浸泡，他查看漏水源头，带人清扫协助维修。他定期带领工作人员清理各小区的楼道堆物，排除安全隐患。住在三友里15门四楼的伤残军人林学召大爷的老伴瘫痪在床多年，每个月都要去医院看病，家中人手不够，他找人帮忙抬下来。住在荣安楼的范大爷每天捡拾垃圾，堆了整整一院子。是他多次找范大爷促膝谈心，晚上9点了，社区办公室的灯还亮着，通过晓之以理、动之以情，耐心做细致的思想工作，最后使这一多年未解决的卫生死角彻底清除，共清理出10汽车垃圾，确保社区环境整洁。协调解决了勤健里居民与格普兰轩物业汽车车位矛盾，解决了汉阳道工地噪声扰民及惠东北里电缆施工与居民的矛盾纠纷等问题。他上为政府分忧，下为百姓解难，在平凡的岗位上默默地工作着、耕耘着。

四、惠民便民　资源整合贴心服务

甘久虹常说：个人的力量是渺小的，但凝聚在一起就是和谐社区的不竭动力。他非常注重辖区资源的整合利用。社区的人大代表、驻辖区单位都被他的工作作风感动，纷纷与社区签订共建协议书，与社区困难群体结成帮扶对子。

浦发银行、卫协医院、市义工联、和平区培育学校等单位，以及医大师生志愿者，每到重大节日，都纷纷前去慰问帮扶对象，让困难群体感受社区大家庭的温暖；社区学校组织青少年利用节假日为社区行动不便的老人打扫卫生、陪伴读报，陪伴聊天，为社区困难群体们送去了欢乐；社区单位纺织品集团公司为社区困难老人和残疾人捐赠羽绒防寒服，在严寒的冬日为困难群体送上温暖。

“多一份捐赠、多一份爱心、多一份温暖、多一份奉献”。在他奔走倡议下，辖区单位天津仁爱社会爱心帮扶服务中心与社区共同启动了爱心超市项目，为社会各界捐赠者与社区受助者搭建了一个直通的平台，让有困难、需要帮助的群众能够有尊严地到爱心超市来选择、领取自己生活需要的物品，促进扶贫帮困工作的日常化、常态化，在一定程度上帮助社区部分特困家庭解决一些实际困难，让困难居民充分感受到大家庭的温暖。

通过与共建单位开展形式多样的惠民便民的贴心服务，这些不是亲人胜似亲人的情感，深深感动着社区困难群众。

“桃李不言，下自成蹊。”甘久虹在“小巷总理”这一岗位上以身示范，耐心细致的工作作风，持之以恒的奉献精神，倾入工作的满腔热情，深深感染着社区每一位党员和居民。正是源于他的奉献与担当，社区的各项工作蓬勃开展，社区居民享有幸福安康、和谐美好的生活环境。

（作者单位：和平区新兴街道永丰里社区）

小手牵大手　共筑夕阳红

和平区南营门街道昆明路社区

高峰是一个80后，曾经是书生意气、挥斥方遒的追梦少年；现在的他，是一名拥有梦想的年轻社工。他的服务对象大多喜欢称呼自己60后、70后，还有更多的80后、90后。其实，这些称谓代表的并不是出生年代，而是他们的年龄，是老年朋友一颗年轻的心。在社区的大家庭里，高峰紧握着老年朋友的双手，给予他们温暖与力量。共同构筑美好的夕阳红，这也是作为社工最大的梦想！

5年前，高峰来到和平区南营门街昆明路社区，担任为老服务社工。昆明路社区地处城市中心，老年人口比重大，高龄、空巢老年人多，作为一名年轻的社工，初到社区从事老年服务工作，遇到困难和挫折是难免的。“这么一个年轻人，血气方刚，做老年工作，能行吗？”有的社区居民发出这样的质疑。这让高峰想起了孟子的一句名言“老吾老以及人之老”。他把这句话作为干好老年社会工作的一条信仰和原则，并在社区工作中时刻以这句话的标准来要求自己。在与社区老年人的每一次接触中，高峰和他们手牵手、心连心，以爱心、耐心、诚心、细心、恒心、热心对待每一位老年人，对待每一位服务对象，温暖他们的内心，获得大家的认可。

那是高峰刚来到社区工作不久，一位老大爷步履蹒跚、拄着拐杖走进社区，只见他脸色灰白、双眉紧锁、头发蓬乱，走到他们面前，身体还有些抖动，站不太稳，显得情绪十分激动。高峰给大爷搬来椅子，让他坐下，并给大爷倒了一杯水，询问他有什么事情。老大爷喘着粗气，半天没有说出话来，他的手指在不停颤抖，一颗颗亮闪闪的泪珠顺着他的眼角和脸颊滚落下来。“您有什么困难，可以跟我说说。”高峰半蹲下身子，对大爷慢慢地说。老人一边跺着手杖，一边说：“我苦，我真苦啊！没有人管我了，我要去养老院。”讲话时他的嘴唇还在微微颤抖。社区的老主任告诉高峰，他就是张大爷，是孤老户，没有结过婚，也没有子女，现在和侄女生活在一起。侄女一家白天外出上班上学，就剩大爷自己在家，只要他心情不好，就要来到社区倾诉。经过高峰的耐心劝导，同时告诉张大爷要保重身体，老人的情绪逐渐平复，精神也放松了许多。高峰紧握张大爷的手，搀扶着他，把他送回了家。大爷拉着他的手说：“孩子，你是个有爱心的人。”

几天后，高峰再次来到张大爷家中看望，他和大爷聊天，拉家常，倾听老人讲述过去的人生和故事，同时高峰也向他讲述社区的最新发展和变化。一天下午，他们聊得特别开心，加深了彼此的了解，张大爷年轻时拼搏进取的精神也深深感染了高峰，成为高峰虚心学习的长辈。离开前，张大爷握着高峰的手说：“小高，你真好！现在已经很少人和我这么耐心地聊天了，你让我感到了温暖。”

经过这次与张大爷长时间的交流，高峰了解到老人内心的苦是源于内心的寂寞孤独，并且由于白天侄女一家人都不在家，对张大爷在一定程度上疏于照顾。为此，高峰针对像张大爷这样的社区孤老户和高龄独居老年人制定了具体的帮扶措施。首先，他经常走进张大爷等孤老、独居老年人的家中，走访看望他们，倾听他们的心声，了解他们的诉求。每次，高峰还为张大爷送去近期的各类杂志、报纸、书籍等，让老人的精神生活更加充实和快乐，缓解白天的寂寞，提升对生活的信心。随后，高峰又为张大爷这样的老年人联系了社区志愿者，通过志愿者的奉献与帮扶，给予社区老年人更多的温暖。高峰为张大爷牵线搭桥，让社区志愿者和老人手牵手，心连心，结对帮扶。高峰和社区志愿者一起，不论逢年过节、寒来暑往，经常来到大爷家，或是送来慰问品看望他，或是与老人聊天谈心，或是向他讲解时事政策、养生保健知识，或是为张大爷测量血压、关心他的饮食起居。一次夏天，暑天炎热，高峰和志愿者一起走进张大爷家，送去西瓜，专业志愿者在家中为大爷测量血压。他们发现老人的血压有些偏高，就嘱咐老人注意日常饮食起居。专业志愿者还为老人讲解了一些医疗保健常识，让老人更加健康地生活。张大爷激动地说：“你们就是我的亲人，我现在真是太幸福了！”他们以真诚的心打动了老人，给老人带去了阵阵暖意。

2013年6月，高峰与街道老年协会联系，帮助张大爷在家中安装了无线老年呼叫电话。高峰带着街道老协的工作人员来到张大爷家，为老人装好电话，并现场进行了调试，工作人员向张大爷及其家人详细地讲解了这部呼叫电话的功能用途和使用方法。有了这部电话，使老人能够随时对外联系，方便大爷申请入户理发、修脚、清理卫生等居家养老服务，遇到紧急情况时，还能紧急呼叫专业部门。大爷的家人抑制不住激动的心情，握住高峰的手说："太感谢你们了！有了这部电话简直太方便了，太好了！"高峰也嘱咐老人的家人，以后要好好照顾老人。老人的侄女退休了，表示也会更加关心照顾大爷的饮食起居和日常生活。大爷拉着高峰的手说："你们对我的关心和照顾太细致周到了，谢谢你们！"说时他的眼睛闪动着晶莹的泪花。高峰的细心周到让张大爷一家的内心涌上了一股股暖流。

冬去春来，年复一年，高峰时时刻刻关注着社区30多位像张大爷这样的孤老户和高龄独居老年人。2015年年初，张大爷的身体状况开始明显下降，并且因中风两次住院。出院后，老人基本上瘫痪在床，高峰几次来到家里看望老人，给老人带来社区的关怀、社会的温暖，并且嘱咐侄女要照顾好大爷。张大爷很是感动，虽然已经言语不清，但是每次老人都要握一握高峰的手，说几句："谢谢！谢谢！"这一年的7月，张大爷安详地走了。老人走得并不孤独，虽然老人没有老伴儿和子女，只有侄女在身边，但是，老人是带着社区社工的临终关怀走的，是带着社会的温暖走的，是带着人间大爱走的！近四年的时间里，高峰用恒心和热心帮助张大爷赶走了内心的冰封与严寒，让灿烂温暖的阳光永驻老人的心中，让老人拥有一个美好的夕阳红，也实现了高峰的一个美好的梦想。

一年又一年，高峰不知帮扶了多少像张大爷这样的孤老户和高龄空巢独居老人，走访慰问，志愿服务，给他们带去信心和力量，帮助他们实现居家养老和社区养老的愿望。高峰也数不清为多少老年人办理过老年证卡，给他们的生活出行带去便利；更记不清为哪家行动不便的老人送去过轮椅、为哪家老人解决过使用上下水的问题、为哪家老人解决过邻里问题。但是，高峰会永远记得自己是一名社区社会工作者，记得自己的职责所在，记得“老吾老以及人之老”的人生信仰。

高峰是一名年轻社工，他会永远坚持自己的信仰，坚守自己的内心，坚定自己的职责，为老年朋友和服务对象做好关怀和服务。老人们内心的温暖，脸上的笑容，生活的幸福，便是社工最大的成就和梦想。

怀感恩之心　系百姓温暖

和平区南营门街道竞业里社区

刚到社区工作的时候，李珊既满怀憧憬，又心怀不安，“社区工作是什么样子的呢？我到社区能做些什么呢？怎样才能干好社区工作？”很快，社区老同志们的言传身教，无私奉献的精神和耐心细致的工作态度、工作作风深深地鼓舞了李珊，打消了她的疑惑。当李珊翻看在社区工作这4年多的工作日志，一幕幕的事情就仿佛发生在昨天。在社区工作的李珊一次次把慰问金送到失独家庭的手里，把爱心助学金交给单亲妈妈，把节日的问候和慰问品送到外来务工人员的家中，多少次积极配合居民联系相关部门为大家解决旧楼区改造的遗留问题、居民更换上下水管道难题等。看到自己的努力可以给社区居民带去方便和快乐，李珊的心里充满了感动！

现在李珊负责社区的文卫计生工作，要做好计生工作，使社区育龄群众感到满意，就必须摸清底数，了解育龄妇女的基本情况。在日常工作中，接待来办生育登记的夫妻，李珊都耐心地与他们交流，认真解答他们提出的问题，给他们讲明生育一孩、二孩的国家政策和所需要的材料。由于有政策或是手续不全，不能当时办理的，有些居民表现得很不高兴，说话很难听，李珊都耐心细致做好解释工作，将心比心、以情感人，让他们了解政策和理解自己的工作。对于社区的独生子女特别扶助家庭，因为他们的特殊性，子女或有残疾，或是已经去世了。李珊想方设法帮他们解决家庭中的困难或是情感上的困惑，把党和政府的温暖送到他们家中。李珊真心希望自己在这个平凡岗位上积极奉献、服务，尽心尽力为广大妇女多办好事、办实事，为大家做好服务。

记得社区里的一位阿姨神情低落地来到社区申请办特别扶助。李珊了解到她的女儿因患淋巴癌刚刚去世，爱人也与她办理了离婚手续，在双重打击下，阿姨自己的身体也出现了问题，心脏病、糖尿病接踵而来。按政策她本人符合办理失独家庭特扶的条件。在安慰阿姨、了解清楚情况后，李珊让阿姨回去准备相关的材料，开具相关的证明。谁知第二天阿姨哭着来找李珊说："姑娘，谢谢你了。我身体不好，跑不了这么多的地方开具证明，特扶我不办了。反正我有这些病，也活不了多长时间，我也不给你添麻烦了。"说完扭头就走。李珊急忙跑过去问清事情的缘由后，对阿姨说："阿姨您放心，我尽我最大的努力帮您去协调这件事情。您如果相信我，就请把您的有效证件交给我，我去帮您跑跑证明的事情。"阿姨激动地握着李珊的手，眼里含着眼泪，对她说："姑娘，这事情太难了，你真的还帮我还管我啊？"李珊微笑着点了点头。送走阿姨，李珊静下心来想着阿姨刚和她说的原因。女儿的户口在爸爸的户口簿上，由于女儿过世的时候，他们还没有离婚，是共同办理的后事。户口簿有没有销户不知道，孩子的死亡证、火化证全都在孩子爸爸手里，可是孩子爸爸拒绝提供这一切材料。李珊打电话试图与孩子的爸爸沟通这件事情，果然碰了一鼻子灰："你是哪里冒出来的？想管我们家的事情！你毛还没长全呢吧？自己该干嘛干嘛去！再敢给我打电话你试试！"以后就再也打不通了。其实李珊不怪他，能体会他的心情、理解他的情绪。在失去孩子、失去家庭的悲痛中很难从短时间内走出来，也许陌生人的电话刺痛了他的伤处，才激怒了他。要办的事情还没有办成，这样不行，该怎么办呢？李珊试图找医院帮阿姨补办或是开具一下孩子的死亡证明，但是又被告知这死亡证明不能补办。当时，李珊心里也"咯噔"一下，自己是不是也要让阿姨失望了？不行。自己的工作是不是还有没想周全的地方？一定还有办法。突然，李珊想到寻求孩子爸爸那边的居民委员会帮忙试一试，也是她最后的希望了。李珊联系了孩子爸爸当地居民委员会的工作人员，试着问问是否可以帮助她去做做叔叔的工作，请叔叔理解她的意图，了解她的用心。在听完李珊说明情况之后，对方马上同意帮助李珊协调，去试着入户做工作。为了避免叔叔情绪再次激动，李珊没有一同去，但是她也马不停蹄地帮阿姨咨询街道的领导，看有没有变通的方法，做好两手准备。果然如李珊所料，第一次入户并不很顺利，虽没有过于激动的情绪，但是一提到可以为其办理失独家庭特别扶助金的时候，男方马上下了逐客令。经过一周左右的时间，对方居民委员会工作人员终于给李珊带来了好消息：通过他们的努力男方最后终于同意办理失独家庭特别扶助金，愿意拿出所需的相关证明材料，让李珊也帮助阿姨办理好，并委托居民委员会向李珊表达了歉意和感谢。通过李珊和社区工作人员的共同努力，阿姨的特扶终于申请成功了。阿姨拿到特扶证时感动地说：“闺女，请允许阿姨这样叫你。”并多次给李珊送吃的表示感谢，都被她谢绝了。李珊告诉阿姨：“这是一名计生社工应该做的。”这件事情，让居民更加感受到了社区的温暖。

2015 年换届，李珊来到了新的环境，接管了新的工作，这一切都显得那么陌生，她心里有不安、害怕，犹如初到社区工作时的心情。刚接手的新工作任务就是“庆十一”的一场大型文艺演出，现在回想起来，当时绝对是硬着头皮上的。还好，在科长的指导下，在社区一把手的信任和帮助下，在社区伙伴的配合下，从准备到彩排都进行得很顺利。但是没想到的事情却在演出当天发生了。社区的一名骨干煽动了几个居民一起在演出现场罢唱了，造成当天活动的现场局面一度失控，李珊也慌了。但她迅速回过神来，稳定了居民的情绪，马上协调了后面的节目，让演出继续。最后，演出在混乱中结束了，李珊伤心地哭起来，觉得自己不能胜任这个工作岗位。领导的安慰、同事的开导，使李珊的情绪渐渐恢复过来。她暗下决心，一定把文体工作干好！

回到社区后，李珊主动到闹情绪的居民家中了解情况，得知是因为换届把社区多才多艺的文体主任调走了，所以产生不满情绪。和阿姨聊了整整一个下午，阿姨是社区的文化骨干，带领社区的文化团队出了不少好的成绩。借此机会，李珊了解了阿姨的需求，也说了自己对这个工作的想法和目标，话了话家常才离开。在以后社区团队活动的时候，李珊抽时间和她们一起学习，利用工作之余自己练习。虽然这样，但对于李珊这个初学者来说还是有一定难度的。可能是李珊的努力感动了阿姨，她对李珊说，“你是个好孩子，你那么尊重我们，真心想了解我们的想法和感受。以后你的工作，我一定全力支持！”后来社区的文娱活动越来越丰富多彩，在开展的各项活动或是比赛中，大家都很支持李珊，并默默地为她加油。李珊感受到了温情，人与人之间的情感真的是互相的。

在社区这个大家庭当中，李珊学到了太多太多，收获了知识、朋友、亲人，锻炼了自己的适应能力，提高了工作技巧。李珊要让每一位来社区找自己办事的居民感受到“称心、舒心、暖心、安心、开心、贴心”的服务。每当李珊看着居民们对社区、对政府心存感激，看着失独家庭的生活和精神状态得到了逐渐恢复；看着一个个小生命即将来到世界上；看到社区的文化团队那么团结，在很多比赛中都取得了大奖，文化骨干们总是推陈出新，为社区创作新的小节目；看着自己为他们服务换来的一张张笑脸，感受到他们对自己工作的理解与支持。就这样，李珊心里就有一种满足感、一种幸福感、一种自豪感，在精神上也有了一个新的升华。

社区就是一所学校，在这所学校里，李珊像海绵一样在不断地汲取营养，不断地成长。李珊爱自己的工作，心甘情愿地为它付出。社区工作是平凡而又崇高的，平凡的工作需要付出，崇高的事业需要奉献。

大爱精神助万家

和平区南营门街道天兴里社区

提起社区居民委员会主任，大家第一印象多是《闲人马大姐》中那个热心肠的社区主任。在天兴里社区也活跃着这样一位爱岗敬业的社区主任梁金凤。

天兴里社区是震后重建的老旧楼区，社区里的老年人口占总人口的1/3，残疾人也较多，可以说是一个老龄化相对严重的社区。在这个严峻的情况下，为老为残工作对社区工作人员们来说就显得极为重要。社区主任梁金凤根据这样的现状并结合了社区人员年轻化的特点，规定每个岗位、每个社区工作人员都要分管好自己的楼门，直接接触群众，了解民情，在第一时间解决居民遇到的问题。建立了“三线一卡”机制，即“邻里互助服务”“互动巡回服务”“志愿者网络传递服务”三条线和为独居、患病、残疾等重点老人发放“天兴里社区助老连心卡”，使老年人的事有人管，老年人的困难有人帮，老年人的生活质量有保障，使生活在这里的居民，尤其是老年人真切地感受到社区对他们的关心。生活照料与精神慰藉相结合，个体家居养老与社区整体联动相结合，重点救助与日常帮扶相结合。使生活在天兴里社区的老年人感到踏实、舒心，儿女亲属放心，工作安心。社区为老服务工作，带动更多身体健康的中老年人走出家门，参加为老、助老和社区志愿服务活动。这一举动赢得了大家的信任，梁金凤也被选为第二届全国模范“小巷总理”以及南营门街2014—2015年度“十佳公仆”，并连续多年被评为“先进个人”。她带领的天兴里社区被天津市精神文明委员会以及和平区民政局评为“天津市文明社区”和“美丽社区”。在担任社区居民委员会主任的13年来，无论春夏秋冬、严寒酷暑，梁金凤都会带领着社区工作人员们起早贪黑地走街串巷，哪里有困难，哪里就有她的身影；哪里有矛盾，哪里就有她的身影。她在最平凡的岗位中为城市文明建设贡献着自己的力量。通过抓班子、带队伍、扬正气、树正风，在社区工作实践中锻炼成长，班子成员群众观念、责任意识增强，社区班子战斗力和凝聚力增强，在群众中树立了良好形象。社区党委成为社区居民群众的主心骨，社区居民委员会成为居民的群众之家。

一、扶困助困　温暖前行

陆康宇是天兴里社区的居民，一直以来失业在家。2014 年 2 月 10 日，突发脑溢血被送到总医院重症监护室进行抢救，抢救治疗费用不少，仅仅自费部分就花费了 50 多万元。由于家庭条件一般，花费的住院费和治疗费大部分都是向亲戚朋友借来的。陆康宇一直失业在家，并照料多年瘫痪在床的九旬老父和肢体二级残疾的妻子，由于其突发脑出血住院抢救，老父亲只能被送进养老院，但数日后去世；女儿陆璐只能暂时放弃工作，照顾父母，全家只能靠着妻子每月 1900 元的退休金艰难地维持生活，家庭生活陷入极度贫困。春节过后的一个中午，陆康宇突然摔倒了，身有残疾的妻子通过砸地板的方式向邻居求助，邻居得知情况后赶忙跑到社区来寻求帮助，当时是午休时间，梁主任得知情况后赶紧带着社区工作人员赶了过去，在路上拨打了 120 急救电话，并通知了他的女儿。赶到之后梁主任发现陆康宇已经基本处于休克状态，嘴里还含着东西，梁主任想都没想就用手把他嘴里的东西抠了出来，又和大伙一起把他从五楼抬到了楼下通风处等待救护车。在 120 到来之前，进行了基本的抢救，这样，陆康宇的生命才算是保住了。梁主任说：“对这样的困难家庭，咱们不能只管一时，还要帮他们渡过难关。”梁主任及时向街道领导和民政部门汇报情况，积极协调辖区单位和社区志愿者出手相助，到区社保中心联系、咨询、求助。在病人病情基本稳定出院后，他们为陆康宇办理了病退，又为他女儿找到了新的工作。经过几个月的努力，终于帮助这个困难家庭渡过难关。一家人感动得热泪盈眶，称赞梁姐是他们的大恩人，是群众的贴心人，并把感谢信送到街道党工委。梁书记说：“与居民相处，最需要的就是耐心和责任心，居民的事要当成自己的事一样去办，尽自己所能帮助他们，就是这份工作的职责。”2015 年 12 月，陆康宇终于领到了第一个月的退休金，缓解了家庭困难，也使女儿陆璐能安心照顾父母。一家人都十分感谢梁主任和社区对他们的帮助。

二、为残障居民撑起一片天

在梁主任和天兴里社区工作人员的心里，还有兄弟俩就像是亲人一样，他们就是王建国和王建新，兄弟俩都是残疾人，父母也都上了年纪需要人照顾。梁主任给他们申请了低保、残疾人保障金，尽量使他们的基本生活得到保障，逢年过节梁主任也都会去探望他们，了解他们的生活状况，询问他们的需求，说些知心话。在他们父亲过世时，带领社区工作人员去操办一些力所能及的事，并组织社区里的党员为其送行。管人要管心，管心要关心，关心要贴心。作为社区党委书记、社区主任，梁主任始终带着深厚感情和强烈责任为居民办事、为群众服务，做到真诚相待，真心相帮，真情感人，得到社区居民群众的信任和拥戴。群众有事找社区、找主任已成习惯，并且社区连续多年做到零上访。

三、敬老为老　义不容辞

梁主任带领社区工作人员入户走访和清理楼门的工作过程中，发现家住文善里 3 - 1 - 210 室的居民张桂兰的家门外堆积了很多杂物，脏乱不堪，十分不利于公共卫生。经过了解得知，张桂兰现年 63 岁，与其 82 岁且身患残疾的哥哥张桂林共同生活，两人均未婚无子。哥哥张桂林久病在床，生活不能自理，妹妹又身患老年病，两人的生活仅靠不到 3000 元的退休金来维持，其中大部分的钱还要用来看病买药，兄妹生活十分困难。梁主任在了解具体的情况后，第一时间对张桂兰家予以援助，保障他们的根本生活，然后又动员社区工作人员帮助她家清理了堆放多年的杂物，将残疾哥哥送去医院进行治疗。随后，社区在排查消防安全时又了解到张家兄妹常年使用蜂窝煤炉子取暖，安全系数相对较低，考虑到兄妹俩年事已高，梁主任觉得应该帮助他们赶紧解决这个安全隐患问题。梁主任及时和社区的人大代表——和平区武装部赵部长取得联系，希望为他家解决这一重大安全隐患。赵部长得知此事后，非常重视，首先让吴科长通过社区和张桂兰取得了联系并了解情况。2015 年 10 月 8 日下午 3 点，和平区武装部赵部长、徐指导、吴科长，在梁主任的带领下亲自来到困难户张桂兰兄妹家中，给她家送去了安装暖气所需的费用（现金），兄妹俩非常感动，连声道谢。随后，梁主任和社区工作人员主动入户为张桂兰家收拾整理，方便暖气的安装，只为让他们能过上一个温暖、安全的冬季。2015 年 11 月 2 日，供热在即，梁主任再次前去探望，查看暖气安装情况，看到他们家的客厅、卧室、厨房、厕所均安装了暖气，梁主任很开心。张家兄妹激动地说："太感谢梁主任和社区工作人员了，逢年过节我们总能像看见亲人一样看到你们，有社区在，居民的困难都能解决。"张桂兰说到此处时不禁泪眼婆娑。

作为一名社区干部，梁金凤深知社区工作是党和政府联系人民群众的纽带和桥梁，肩负着宣传党的路线、政策的重要使命，肩负着服务广大居民的神圣职责，社区服务也是科学发展观的核心，以人为本的具体体现。自从 2003 年梁金凤就任天兴里社区书记后，她就像一位家长似的和同事们一道经营着这个"大家庭"。当有人问她这样做是否值得，她说："社区工作虽然辛苦，但当我看到每一个需要帮助的家庭在大家的共同努力下得到帮助，看到他们脸上的笑容，就觉得一切都是值得的。"梁金凤在党的领导下，认真贯彻落实党的各项方针政策，牢记自己是一名共产党员，将为老为残服务摆在工作首位，当遇到有困难的人，她都会把他们的困难铭记在心，时时刻刻都在想着如何解决他们的问题。就这样，梁金凤以她高尚的人格和感召力，带动了又"一班人"，感动了全社区的工作人员。在她的带领下，社区党支部的凝聚力和号召力显著提高，服务居民群众的自觉性和主动性不断增强。

做居民身边的贴心人

和平区南营门街道世昌里社区

秦晓珺，天津市和平区南营门街世昌里社区综治社工，在世昌里社区基层工作7年。7年来，她关注民生、维护群众利益，以强烈的工作责任感和社会使命感，投入到人民调解工作中，化解各种社会矛盾，营造了和谐的社会环境。尤其是从事综治工作以来，一直把维护社区稳定，化解矛盾纠纷，推动和谐社区建设，保障社区居民群众合法权益作为衡量基层人民调解工作的重要标准。推动了街道社区和谐建设步伐，为南营门街道的社会稳定和构建和谐社区作出了积极的贡献，受到群众敬重和爱戴。她多次被评为“市级先进个人”“优秀社区干部”等。她所在的世昌里社区坐落于天津市中心，含世昌里、景阳里、松月邨、复元里、吉星北里、兴润公寓等6个小区，共计2389户，人口7652人。近年来，她针对辖区内流动人口多、困难群体多、上访人员多、民间纠纷矛盾多的特性和问题，秉承“凡事都要有章可循”的原则，采取了一系列措施和办法，增进人民调解工作互通、互融、共抓、共管的工作模式，提升了社区化解矛盾纠纷的能力和水平。工作这几年在南营门街道司法所的指导下，相继建立了人民调解组织、治保组织、联防组织，使社区司法工作走上正规化轨道。她坚持以情凝聚人心，从点滴做起，串门走访社区居民，关心社区困难群众冷暖，打造品牌社区。她牢记为人民服务的宗旨，为人热情，公道正派。在每次社区工作例会上她都会研究分析社区的情况，排查各类矛盾纠纷。由于社区的下岗失业人员多，贫困等困难群体多，所以矛盾的焦点比较集中，存在这样或那样的安全隐患，因此，必须善于观察事物的发展趋向，不回避矛盾，不上交棘手问题，发现问题及时解决。她经常入户解决居民家中存在的实际困难，写了大量的民情日记，在入户的过程中她主动将自己的手机号码告诉居民，让居民有事随时联系她，周六周日也能在居民家中看到她的身影。平时秦晓珺最关注的是老弱病残家庭、刑满释放人员家庭、低保家庭、流动户家庭、单亲子女家庭、问题青少年家庭等。经过多年的民调工作实践，她总结出了现在的家庭矛盾相当一部分是由贫困引起的，所以解决他们的矛盾就要设法解决实际问题。为此，她根据贫困家庭的实际情况对其家庭成员的详细情况进行汇总，建立台账，录入信息数据库，通过民政、妇联、工会、劳动就业局等部门推荐他们就业，解决他们的实际困难。三年来，安置就业人员 13 人，为贫困病人争取救助金 8000 余元，大大减少家庭困难引发的矛盾。多年来，无论是家庭内部矛盾，或是邻里纠纷，还是小区环境治理，她始终能做到认真履行职责，坚持严格调解与灵活处理相结合，努力做到小事不扩大、大事不激化，力争给每个当事人一个公正公平的说法和交代。她也能做到对调解工作积极主动，立足本职，尽责尽力。只要居民群众需要，她都会和调解员一道，化解一个又一个矛盾，平息一场又一场冲突，与居民群众共同营造起一个安全、和谐、文明社区。

秦晓珺是个热心的人，社区居民的难事，就是她放不下的心事。谁家需要救助、谁家屋顶漏雨、谁家婆媳之间有矛盾，她心中就像有一本账一样，力求做到及时解决，按时“清账”。世昌里 18 门 308 室因为装修时改动了水管，导致楼下 201 室的厨房房顶经常漏水，并由此事发生了矛盾，双方互不相让，经常发生口角。由于 201 室的张奶奶一个人住，一漏水她也无法解决，只能把全楼的总水闸关闭，这样一来导致全楼无法用水，本来只是两家的小矛盾，导致现在成为全楼无法正常用水的大问题。4 楼的郑奶奶来到居民委员会，找到了秦晓珺，寻求帮助。知道此事后秦晓珺不知跑了多少腿、动了多少嘴，楼上楼下，一次次引导、一次次协调。经过半个多月对两家耐心劝说，终于把问题说开，最终达成了双方共同维修的协议。她经常说，其实在社区工作中，邻里难免会出现一些矛盾和纠纷，如果处理不当或多或少会影响着社区安定。而且邻里纠纷大部分都是些小事，但就因为双方互不相让，导致矛盾激化，所以邻里双方应当按照“方便生活，团结友善和公平合理的精神”正确处理相互间的矛盾和生活问题，这样才能共同营造一个安宁、稳定的新环境。

社区巡逻队是她在社区组建的一支常年为维护社区治安而活跃在小区内的志愿服务队。2016 年 3 月 24 日，当秦晓珺带领巡逻队走到松月邨小区时，家住 1－2－816 室的王先生突发脑出血，当场晕倒在地。当时她立刻拨打了 120，由于抢救及时，王先生脱离了生命危险。当家属来到社区表示感谢的时候，她的一颗悬着的心也终于放下了。王先生的老伴激动得热泪盈眶，连声道谢，说：“多亏了你们的早发现、早抢救，才救了他一命。你们真是我们百姓的安全卫士！”通过这件事，队员们工作的情绪高涨，每日不辞劳苦地巡逻在辖区内，充分发挥了离退休党员、志愿者的作用。世昌里 8 门 508 室家刘奶奶的孙子，给平板电脑充电忘记拔掉电源插头导致起火，当时正值周日秦晓珺值班，一接到信息她马上跑到事发地点。当时消防车已经开始救火，首先安抚周围居民的情绪，等消防车走后她又组织志愿者和保洁队员对楼内进行清理。为了防止这类事件再次发生，她又请来消防队的指导员，组织居民举办了“日常安全知识”讲座。正是通过秦晓珺的不懈努力，与民警、物业真正做到了打、防、控一体化，真正地发挥了群防群治的作用，才使世昌里社区的治安越来越好，也因此被评为“平安小区”。

多年来，秦晓珺直接参与调解的家庭、邻里、婚姻、环境卫生等各类民事纠纷达 28 起，其中，调解矛盾纠纷 14 起。成绩和荣誉的背后是许多常人无法想象的执着和艰辛。女儿正面临中考，她无暇顾及；爱人在铁路工作，长期出差，回家时她不能陪伴；母亲生病做手术，她不能及时陪在身边照顾，也是手术后才赶到病床前尽孝，看着母亲术后还未睁开眼的样子，她默默在床前流泪。作为社区的工作人员，在居民心里她是大家的贴心人，但作为女儿她做得远远不够，对于家庭她亏欠的太多太多……但是既然工作在这样一个为人民服务的岗位，她的付出就无怨无悔。做社区调解员是社区稳定的守护神，民调工作是社区和谐稳定的第一道防线，这是她经常说的一句话。尽管没有高唱的赞歌，没有鲜花与掌声，没有冲锋陷阵的奋勇，也没有感人肺腑的动人事迹，但秦晓珺却在这样平凡的岗位上，凭着对工作的执着，对百姓的热情，无悔奉献于基层工作，有力地维护了社会稳定，维护了人民群众的合法权益。她忠诚社区事业，将满腔的热情与关爱奉献给社区居民。

立足平凡岗位　奉献社区居民

和平区南营门街道文化村社区

王丽莉，2015年8月通过考试成为和平区南营门街道文化村社区一名普通的工作人员。她所负责的内容主要是社区卫生和物业工作。她勤勤恳恳、任劳任怨，并肩负文化村院六栋、八栋、九栋的管片工作。到社区工作后，她和其他同志们齐心协力，共同奋进，带着诚心、热心、耐心，热情服务于每一位居民，为文化村社区各项事业的发展尽了一份应尽的责任，也和文化村社区居民服务工作结下了不解之缘。

一、贴心服务，解决群众实际问题

进入社区之初王丽莉首先对社区进行科学细致的分析，了解社区的基本情况、社区的问题和社区的需要。由于上任卫生社工退休，且没有专管物业人员，她就接管了卫生和物业的工作。虽然备考阶段对社区工作的知识进行过学习，对社区工作有一点认识，但要完成好这两项工作，对于刚入职的她来说，无疑是巨大的考验与挑战，顿时盲目和忙碌充斥了整个工作生活。但在这时，社区主任给了她一番语重心长的教导："社区本是个服务群众的良心活，从事社区工作不仅要依靠奉献和热情，而且要肩负着一种情感和责任，克服浮躁心理，磨炼严谨作风，对工作抱有强烈的认同感和归宿感，成为实实在在为居民办事的优秀青年，这才是你在社区工作中最该学会的，这也将会是社区工作带给你最大的财富！"精练而深刻的一席话让她顿然醒悟，重拾了信心和斗志，使她积极地投身到社区工作当中去。

居民委员会工作千头万绪，五花八门，时常会遇到邻里纠纷和矛盾。

她总是锲而不舍、百折不挠，不达目的绝不放弃，利用各种力量来协助解决问题。解决群众实际问题的同时自己从中不断成长。文化村 9 栋所在的文化村社区是老旧小区，因为年代久远，自来水管道出现了滴漏、生锈、堵塞的问题。这栋楼一共 24 户，由于自来水管老化，用水非常困难，3 楼以下的水流量小，水质差，水里常有杂质，3 楼以上的居民白天几乎无水可吃，只能用“夜来水”。每次入户到居民家中时，总是发现家中摆满了用来储存清水的瓶瓶罐罐，无处下脚。以前退休的老主任也多次为此事召开居民会议，商议解决方案，但由于各种原因，一直没能解决。作为文化村院 9 栋的管片主任，王丽莉感到责任重大，她下定决心一定要帮助居民解决此事，啃下这块硬骨头。王丽莉多次向上级部门和自来水公司反映情况，经多次协调沟通，自来水公司同意免费为文化村 9 栋居民楼改造水管。但这时又出现了新的问题，更换、维修管道需要砸一楼居民家的地面，取出老化的管道。9 栋居民家里大多经过装修，更换管道势必破损装修，整栋楼里，好几户居民不愿意这样做，因此更换管道的事情一度搁置。由于居民在家的时间不固定，王丽莉经常利用晚上、周六日时间挨家走访楼内各户居民。王丽莉经过几天的努力，终于将各户居民走访完毕。之后，她将征求意见表进行归纳汇总，将不同意更换水管的理由整理出来，召集整栋楼居民和自来水公司人员共同协调解决问题。比如，有户居民因为涉及在自家客厅内走一条明管，影响外观整洁，所以不同意更换。王丽莉基本上每天都去这户居民家中做工作，有时这户居民不给她开门，但是她并没有放弃，坚持一遍遍地入户摆事实讲道理，同时在征得楼上居民允许的情况下，承诺给这家客厅裸露的水管包好，将室内恢复干净整洁。最后这户居民终于同意更换水管。经过多次居民会议的协商，自来水公司决定不砸一楼居民家里地面，从楼道内走水管进入一楼各户居民家中，同时由楼上居民给一楼居民一定补偿，作为恢复室内原状的费用。居民同意了，这个问题终于得到妥善解决。2015 年 10 月 6 日一大早，自来水施工人员就赶来关阀门放水，经过居民委员会工作人员与施工人员一天的共同努力，到傍晚，自来水管已更换好，试水也成功。看着清澈的水从自来水管内流出，楼内居民孙怡开心地说：“多亏有社区人员的帮忙，为我们解决了一个大难题。”

二、心怀社区，工作不分分内分外

作为社区工作者，王丽莉将社区工作当作自己分内的事，在工作中不分分内分外，她把所有工作都当作重点。有人说“干得多，错的多”，而王丽莉不这么认为，她说：“既然选择了社区工作，就要在这里充分地发挥作用；不仅要干好自己分内的工作，还要干好社区其他的工作。”如在2015年11月人口普查期间，她在综治主任的指导下，结合本社区的实际情况，加班加点，错时入户，逐户、逐人、逐项进行核查。多数居民白天不在家，她就利用早晨、中午和晚上三个居民在家率较高的时间段，上门入户开展信息登记工作，切实做到房不漏户、户不漏人、人不漏项，确保调查工作既快又好地完成。每次新的任务出现，她都会认真对待，扎扎实实地完成。就像有位街道领导曾经说过：“面对困难工作，你是选择让还是选择上，是检验社区工作者的一面镜子。无论什么困难和问题，只要下功夫了，认真了，就一定会有解决的办法。”

三、无悔付出，平凡中体现不平凡

作为文化村社区卫生主任，王丽莉为自己制定了每天巡查制度。除了外出开会外，每天早上都要对院落环境卫生进行巡查，几年来风雨无阻从不间断，巡查中发现问题立即着手解决。为此结合实际建立了“三个第一”的管理机制：即第一时间内发现问题，第一时间内找到责任人，第一时间内予以协调解决。如坐落在社区内的“9块9百姓厨房”，烟囱长期滴油，严重影响小区环境，居民意见很大，也严重影响社区卫生工作的开展。她多次上门要求商家整改烟道，并帮助他们提出整改方案，但商家不愿出资，根本不予理睬。王丽莉在同餐馆协商的同时，将方案上报街道相关部门。在街道领导的重视批准下，经过协调达成一致，“9块9百姓厨房”烟囱常年滴油问题终于得到彻底解决。小区环境大大改观，油烟外溢现象得到了彻底解决，周边群众拍手称赞。在日常清理工作中她总是亲力亲为，以身作则。巡查时，见到地上有纸屑、烟头，她会随时弯腰捡起；

看到有工程土堆放，她会马上联系有关住户，迅速协调处理；看到社区有宠物粪便，她会用随身携带的报纸把它捏起，并在各处放置撕好的报纸以备居民使用。她的行为带动了居民，大家都自觉地维护小区卫生环境；看到辖区内外来商贩，她就会晓之以理动之以情，耐心地说服他们离开……

关于家人，王丽莉说："最对不起的是儿子，早上上班儿子还没起床，晚上回家儿子已经睡着了，很多天都不能和儿子碰面。"幼儿园开展亲子活动时，儿子看到别人的爸爸妈妈都陪着，非常羡慕，但因为妈妈在单位上班，不能来陪他，儿子觉得很失望，一放学回到家里趴在床上就哭。当她回到家里发现儿子在哭，问他为什么哭时，儿子说："你走，你走，我不要妈妈！我不要妈妈！妈妈不陪我！"王丽莉说，一想到为了居民，她就无怨无悔。

作为一名肩负社区神圣责任的普通社区工作者，她已经习惯于在火辣辣的太阳和强烈刺眼的阳光中工作，出入社区检查卫生，了解居民需求，为居民解难题。她走上的是这个平凡而崇高的社区服务工作岗位。在这里，没有令许多人趋之若鹜的财富和权力，但她已经决心用全部热情与青春奉献在这份工作上，苦与乐融入工作，融入漫漫人生。

独辟蹊径　庆西风景独好

和平区南市街道庆有西里社区

庆有西里社区，在和平区委、区政府的正确领导下和南市街道工委的具体指导下，作为综治社区主任的陈小寒始终把服务社区居民、提高社区居民生活质量和水平放在首位，在社区建设中勇于担当、善于作为、甘于奉献，想居民之所想，急居民之所急。广泛开展“体民情、知民意、帮民需、解民忧”活动，贴近群众、贴近实际、贴近生活，用真诚的服务赢得了民心，叩开了群众的心灵之门。

多年来，她通过自己的不断探索，为社区获得了天津市一级治保会、天津市平安社区等一系列的荣誉称号。

她从不拘泥以往的工作模式，大胆创新工作思路，回顾多年的综治工作，感觉自己有四个创新。

一、启动城市新青年之家，让外来人口体味到社区温情

2010 年 11 月，为了更好地加强外来人口管理，真正做到共驻共建，在陈小寒的倡议下，启动了“城市新青年之家”仪式，同时与青年农民工签订帮扶协议并整合社区资源，从多方面为他们提供服务，帮助他们发展，帮助他们维权，为他们送温暖、送技能，促进他们就业，真正实现志愿服务在社区的进一步覆盖。她还充分发挥电子阅览室、楼门文化展览馆、书画苑等硬件设施作用，吸引青年农民工加入文化团队，丰富其业余文化生活，使青年农民工从心底感到自己成为新市民。

二、促进社区小法庭的成立，使矛盾纠纷化解在源头

随着生活水平的提高，人们越来越关注自己的社区建设，同时对社区物业管理的需求也越来越高。我国的社区物业管理起步较晚，一些业主对物业管理法规观念淡薄。在享受物业服务权利的同时，却不愿履行缴纳物业费的义务，有的业主以房产开发企业遗留的房屋质量问题、垃圾桶靠近自家住宅等为由拒缴物业管理费，还有业主对缴纳物业费相互攀比，存在缴费吃亏心理。针对以上社区服务管理中出现的诸多问题及物业纠纷，陈小寒经过深思熟虑，打算在庆西走出一条新路子。在社区一把手王书记的支持下，2015 年她多次与法院沟通切磋，同时又到其他社区调研，最终以独特创新、贴近群众的方式成立了“社区小法庭”，成为社区综合服务管理工作中的一大亮点。

“社区小法庭”成立前，居民起诉、开庭、调解都要跑到法院，承担一定的诉讼费用的同时，还要花时间、费精力。成立之后，使大量矛盾纠纷及时化解在源头，实现降低纠纷解决成本、方便人民群众、减少法院立案压力、与政府大调解格局对接的多赢的效果。一年来，“社区小法庭”共开庭 7 次，涵盖物业小区矛盾纠纷、财产继承纠纷等内容，真正做到“小事不出社区，大事不出街道”，在社区筑起了“第一道防线”。

三、多层面多角度挖掘法制宣传形式，解决居民所需所想

为了切实提高居民法律意识，陈小寒积极与和平区检察院、和平区法院等司法机关联系，创新综治工作形式，为群众提供更专业、更全面的法制服务。与和平区检察院共同创办了检民“情感交流沙龙”，通过情感交流、法律引导的方式，化解居民遇到的烦心事；聘请了“社区检察联络员”，成为联络服务群众的纽带；组织“硕士检察官志愿服务队”到社区开展法制宣传活动等。为给群众提供更专业的法律服务，社区多次与和平区检察院、和平区法院联合开展专项法律咨询活动，以未成年人法律服务、民事法律法规宣传、禁毒宣传等为重点，通过未检专刊、宣传手册、

展板、现场解难答疑等多种宣传形式，为群众提供法律咨询服务，切实解决群众法律问题，赢得了社区群众的广泛称赞。

四、流动花朵与社区青少年共享大家庭温暖

她联系南开大学志愿者利用寒暑假及周六、周日，定期为流动花朵补习功课；还带他们参观交通二队、消防和平支队、和平区检察院参观学习。这些活动拓宽了孩子们的视野，增强了他们长大回报社会的信念。2015 年暑假，她又协调法院、检察院举办了“乘普法之舟 扬理性之帆”主题青少年模拟法庭活动。他们通过“亲身、亲历”参与模拟法庭，不但熟悉司法审判的实际程序、过程，从小增强他们的法律意识、自我保护意识。

陈小寒表示：在今后的工作中，自己将继续坚持秉承发展的原则，突出创新意识，在探索中实践，在创新中前进，以“共育、共建、共享，文明、特色、开放”为理念，坚持以人为本，服务居民，干出特色，干出水平。综治信访服务站将以政治素质高、办事能力强、工作作风实、群众威信高的全新面貌，着力把社区综治工作打造成功能完善、服务一流的和谐家园而努力奋斗。

暖意融融　心系群众

和平区南市街道大都会社区

和平区南市街道大都会分社工站有一名低保社工，名叫高珺。她在社区居民委员会这个平凡的工作岗位上，已经默默耕耘了13年。这些年里，她把自己的一片赤诚无私地奉献给社区广大居民群众，并对困难群体倾注了满腔热忱，在亲民、为民、利民中实现了她的人生追求和自身价值。“身为一名社区工作者尤其是低保社工，职责就是把社会救助工作做好，把党和政府的温暖、关怀送到每户困难群众家中，即使再苦再累心里也高兴。”这是高珺时常挂在嘴边的一句话。也就是因为这句话，一直激励着她。

她所在社区隶属南市街道拆迁片，最大的特点是困难群众多、残疾人多，南市街道60%的低保户都在这个社区，且均为人户分离。针对这一特点，她实行了每月签字制度，也就是低保户每月都要到社区签字登记，同时还会采取电话及入户走访的形式，使这些困难群众感受到社区的温暖。

多年来，在低保工作中，高珺既有人性化的工作，又有原则性的管理。个别居民受利益的驱动，即使达不到低保条件也想挤上这班车，有的到居民委员会软磨硬泡，有的则威胁恐吓，软硬兼施。对此，高珺总是耐心、细致地做宣传、解释工作，晓之以理、动之以情。一些无理取闹的人常常是来时气势汹汹，走时心平气和，让想侥幸钻政策空子的人羞愧而归。

居民胡某退休、离异，患有精神疾病，他来到社区以申请低保为由，想要慈善救助金。高珺了解他的情况后，认真地为其讲解相关的政策，但是胡某当时根本听不进去，并多次到居民委员会吵闹。通情达理的高珺对他的情况表示同情，但在原则面前她没有让步，不厌其烦地对胡某进行说服教育，春风化雨般做解释工作。几次前来吵闹后的胡某，最后动情地说，高主任说话讲理，办事讲原则，不讲原则的事最好别找她。

社区有一位王大娘，60多岁，没有工作，老伴已经去世多年，子女都已成家，大娘现在一个人生活。在一次入户走访独居老年人过程中，了解到大娘刚刚出了车祸，腰部以下没有知觉，已经卧床多日，因为子女患有重病，没有办法及时照顾老人。高珺了解这个情况后，主动与大娘居住地的社区居民委员会联系，为大娘办理了居家养老服务。尽管这样，她还是不放心，利用工作闲暇，到大娘家中探望。在高珺的照顾下，大娘病情慢慢有了好转，生活基本可以自理。与此同时她与大娘的子女沟通后，又与街道残联联系及时为大娘办理了残疾人证。尽管如此，大娘今后的生活还是没有保障，为了解除大娘的后顾之忧，根据当时的相关政策，高珺打算为大娘办理低保。这个消息对大娘及家人而言，真是雪中送炭。但是又一个问题来了，在办理低保准备材料的过程中，因为大娘年龄较大，而且又是残疾，部分材料没有办法亲自办理；大娘的儿子因为脑梗行动不便，也没办法帮其办理。了解大娘的困难后，她就和社区的领导商量，主动为大娘准备相关材料。在准备材料过程中，也是困难重重。因为大娘有子女，所以办理时需要提供子女的相关住房及收入情况，大娘的儿子现在住房没有房本，但是如果不提供相关的住房情况就没有办法为大娘申报低保材料。高珺也替大娘着急，但是冷静下来后，她对自己说："着急没有用，应该替大娘想办法解决。"于是她第一时间到大娘儿子家中了解情况。大娘的儿子住房属于公产房，但是不知道属于哪个房管站，这一下可犯难了，找房管站如同大海捞针。但高珺没有放弃，几经周折，她终于找到王大娘儿子住房的房管站，她为大娘出具了相关的证明，从而顺利地为大娘申报了低保材料。当大娘看到低保证的时候，眼睛湿润了。直到现在，大娘每次来到社区，都说社区就是她的家，高珺就是她的亲闺女。但是在高珺看来，自己并没有做出什么感天动地的大事情，只是在平凡的岗位上实实在在地做了自己该做的事。

有一次是在低保复审过程中，有一户享受低收入的小刘，本人无业、未婚，精神二级残疾；其父亲是农村户口，母亲退休，妹妹已经毕业。在复审过程中，高珺了解到小刘父母已经离异，其母亲为他购买了外区一套住房。了解了这个情况后，她就为其家属讲解相关政策，劝说他家属将小刘的户籍迁至现居住地，经过耐心的讲解，他顺利地将户口迁出。但是，当地居民委员会告诉小刘落户3个月以后，才允许申请低保。小刘犯难了，户口已经迁走，意味着原户籍地的低收入就要停保，但是在现居住地申请低保又有时间限制，这几个月的生活要怎么继续。小刘的父亲无奈之下又找到高珺，她一边安慰大爷，一边与街道办事处民政科领导汇报此事，并把小刘的家庭困难情况以书面形式报到上级部门。经过高珺的努力，原户籍地民政部门同意将小刘的低收入保留3个月，直至居住地为其办理低保为止，确保了小刘一家人的生活。

这样的事例在高珺多年的低保工作中已经不胜枚举，作为低保工作者，往大处说，是全面提高居民生活水平，把党的温暖送到困难户的家中，往小处说，是在替困难群众做好事，让社区的每户困难家庭都有饭吃，有衣穿。

多年来，高珺所受的委屈和辛酸不计其数，好在她已经学会了及时调整心态和换位思考，学会了体谅和宽容。通过实实在在的工作帮助了那么多的困难群众，得到他们的认可和信任，觉得还是值得的，同时也感受到肩上担子的分量。予人玫瑰，手有余香。每当看到被救助的人群生活得到了改善，家里的困难基本得到了解决，她就会感到由衷的自豪。回首13年来的工作，有成绩，也有付出的艰辛。社区工作是平凡的、忙碌的、琐碎的，但平凡中有一种充实，忙碌中有一种快乐，琐碎中有一种温暖。她经常说：“作为一名社区低保社工，我爱这个岗位，我会一如既往地把居民的利益放在第一位，一心一意地为居民办实事、办好事，做居民贴心人！”

任劳任怨　无私奉献　坚守维稳第一线

和平区南市街道怀远里社区

刘宝琨，来自和平区南市街道怀远里社区，负责社区综合治理工作，现年31岁。2010年参加社区工作，一干就是5年。5年来，刘宝琨认真遵守社区的各项规章制度，兢兢业业做好本职工作，认真履行岗位职责，积极努力地完成好社区的每一项任务，并利用业余时间自学社会工作专业知识，于2013年通过了全国社会工作师资格考试，向职业化社工的道路迈进一大步。

一、“稳定压倒一切，责任重于泰山”

作为一名基层综治社工，肩负着维护社区稳定的重要职责，对于这一点刘宝琨一刻也没有忘记。在处理社区社会治安工作中，有时遇到居民的不理解，他都耐心解释，积极引导，将矛盾纠纷化解在萌芽状态，避免冲突上访事件的发生。在维稳工作中，每天刘宝琨都会和平安志愿者在社区一线巡逻，排查各类社区治安隐患；两会，十八届三中、四中全会，APEC会议期间，刘宝琨主动要求到东站“二道防线”执勤，为维护社会稳定、保一方平安发挥了积极作用。在安全生产工作和食品、药品安全的工作上，刘宝琨更是深知责任的重大，每周都会对辖区的餐饮单位、娱乐场所、药店进行例行检查，发现问题及时提出并督促整改。同时向有关部门积极汇报，确保不发生安全生产事故和食品、药品中毒事故。此外，刘宝琨会定期组织居民和辖区学生开展食品药品知识讲座，发放相关书籍，普及食品药品安全知识。

二、加强法治宣传教育，全面推进依法治国

习总书记在党的十八届四中全会上提出要依法治国。依法治国，是坚持和发展中国特色社会主义的本质要求和重要保障，是实现国家治理体系和治理能力现代化的必然要求。在推进依法治国的工作中，一方面，刘宝琨定期利用电子屏宣传法治口号，让居民了解法治精神；另一方面，组织未成年人观看法制宣教片，邀请律师进社区为居民开展法律知识讲座。此外，刘宝琨还经常深入到南市街道保洁队，向外来务工人员进行法制宣传。刘宝琨相信，在自己的努力下，会让法治精神深入到每个居民的内心，人人都做守法的好公民。

三、依法调解促和谐，定纷止争保平安

刘宝琨在担任综治社工期间，努力将居民之间的矛盾、居民与居民委员会之间的矛盾、居民与政府之间的矛盾化解在萌芽状态，这样既促进了创建和谐、平安社区的发展，又增进了居民与居民之间的和谐友谊，凝聚了居民与居民委员会干部之间的亲和力。

2012 年 4 月，居住在怀远里小区 3 号楼 3 门 210 室的张大爷和楼下 110 室的周阿姨因为下水道堵塞的事情闹得不可开交，双方情绪都很激动。为避免矛盾继续升级，刘宝琨主动入户走访，向双方当事人分别了解情况，摸清他们的诉求。接下来，与房管站沟通，确定了最佳维修方案。从双方当事人的角度出发，权衡各自利弊以后，找到双方当事人反复进行调解，最终达成一致，既更换了新的下水管，楼上不再跑冒污水，又担负了楼下的部分破拆费用。楼上楼下恢复了往日的宁静，促进了邻里和谐。该事件的处理还获得了和平区疑难民间纠纷调处奖励。

四、保持高度政治敏感性，坚决抵制邪教侵袭

政治敏感性定义就是一个人本身的悟性以及后天形成的一种特性、能

力，这种特性使人们能够在不同的时期对党和国家的方针政策有正确的理解和把握，并结合自身的实际情况，应用到自身的工作和生活中去。对于邪教组织，刘宝琨一刻也没有放松警惕，一方面经常组织辖区居民和学生观看反邪教影片，让他们充分认识到邪教的危害性；另一方面，开展反邪教警示教育活动，发放反邪教宣传品，签订拒绝邪教倡议书，参加反邪教知识竞赛等。组织居民、辖区外来务工人员、辖区二南开中学学生等一起参与进来，共同抵制邪教侵袭，树立正确的人生观、世界观、价值观。在刘宝琨的不懈努力下，怀远里社区获得了2013年度天津市无邪教社区称号。本人还有幸荣获2012年、2013年度天津市优秀平安志愿者称号。

刘宝琨始终以一名基层维稳排头兵的标准严格规范自己的言行，为了稳定，为了人民的安宁，在本职岗位上默默实现着自己的人生价值，为社区平安稳定和群众安居乐业贡献着自己的力量。

平凡之中见精神　细微之处展风采

和平区南市街道福方里社区

奉献是敬业之本，只有无私奉献，才能在人生的旅途中高唱敬业之歌。和平区南市街道福方里社区党委副书记刘芳就是这样一位干一行、爱一行、钻一行的敬业奉献者。

刘芳自2003年3月参加社区工作，在社区工作的13年时间里，她始终保持高标准、严要求，做到公正无私、甘于奉献，以满腔热情为居民办实事、办好事，在平凡的岗位上兢兢业业，刻苦钻研，得到了领导赞誉、居民的认可。曾先后荣获“和平区三八红旗手”“和平区为老干部服务先进个人”“和平区优秀工会积极分子”“和平区群众信任的好主任”及南市街道“群众信任的好主任”“优秀党支部书记”“优秀共产党员”等多项荣誉。她撰写的《关于基层工会建设的调研》《平平安安过大年 文明安全放鞭炮》的等文章也多次获得奖项。在南市街道社区工作人员岗位练兵业务能力竞赛中荣获一等奖。还通过自己的努力获得了助理社会工作师的资格证书。

一、加强学习，抓好班子，带好党员队伍

作为一名党员，刘芳能够自觉在思想上、行动上与党中央保持高度一致。通过各种途径学习政治理论，并运用于工作实践。在工作中牢固树立合作意识、整体意识，识大体，顾大局，讲协作。以饱满的精神状态和求真务实的工作作风较好地完成领导和各级部门安排的各项任务。树立了“讲工作、讲团结、讲奉献”，“只为成功找方法，不为失败找理由”的个人工作信念。不仅自己能认真学习、深刻领会，在社区党员管理中结合各

阶段的任务开展了一系列的党课活动，通过召开党员大会、座谈会、学习会、观看电影、交流会、外出参观、观看党员网远程电教片等方式，多渠道、多形式开展集中学习，提高思想认识。通过活动不但调动了广大党员参与的积极性，也加深了广大党员及入党申请人对党的历史、党的知识的了解，激发了他们爱党爱国的热情和坚定走中国特色社会主义道路的信心。

二、体贴关怀，热情服务，平凡工作见真情

社区党员有相当一部分人年岁偏大、行动不便。刘芳一直坚持送货上门，并且在入户时对他们问寒问暖，表达党组织对他们的关心和问候，鼓励他们战胜疾病，享受快乐的晚年生活。这种学习方式受到了老党员们的一致好评。有个别党员生活上比较困难，为了使这些党员不脱离组织、不涣散党员队伍，她尽力和党员保持联系，到党员家中去做细致的思想工作。有一名失业党员家庭生活困难，情绪低落，不主动缴纳党费。刘芳得知后在春节后上班的第一天，就和支部书记到这位党员家中走访慰问，在拜年的同时了解他的生活需求和面临的困难，倾听他的心声，不断拉近感情，最后他主动缴纳了党费。之后刘芳还给这位同志介绍了新的工作，使他非常感动。她就是这样在工作中，狠抓党员的思想教育和自身学习，把部分党员从思想低落、无所事事的低谷中引导出来，变成了社区工作的组织者、建设者、参与者，从而影响带动了社区居民，推动了社区文明建设的发展。

三、爱岗敬业，情系群众，切实解决实际问题

作为一名社区工作者，刘芳时刻牢记全心全意为人民服务这一党的宗旨，把为人民服务作为工作的出发点和落脚点，把服务居民当作最大的快乐和享受。在日常工作中，一次次地帮助居民解决生活中的急、难问题，发挥了党员先锋模范作用。

小区的旧楼提升改造工作，为居民更换自来水、下水道、燃气管等，

都是利国利民的好事情，可涉及老百姓家里的事有的群众就不愿配合，刘芳能够做到与居民及时沟通，遇到居民与施工单位发生矛盾时，总是第一时间赶到现场。新福方里 1 号楼 3 门更换下水道，当时由于其中三楼的住户反悔，导致全楼的住户不能及时更换，其他住户的下水管已经切割下来，就等着接管了，全楼住户和施工队都非常着急。在这种情况下，刘芳凭着多年积累的工作经验深知讲大道理是很难办到的，因此她从拉近政府与百姓感情入手，让有意见的居民清楚地认识到，暂时损失点个人利益，换来的却是长久的生活上的极大方便。只要大家心齐，为整个楼门着想，邻居关系和睦了，没有任何矛盾，这对大家都是有利的，体现了“远亲不如近邻，近邻不如对门”的亲情感。此事最终达成一致，使工程顺利进行。

一天刚上班，居住在福方里 3 号楼的居民急三火四地来到居民委员会，说他家的自来水管放出来的是热水，而且水管已经变形弯曲，不知道怎么回事，非常害怕。刘芳知道后立即来到他家中查看，并逐层挨家挨户查看，发现有几户也存在同样的问题。情况紧急，她作出了果断的决定：一是每家每户停止用水，二是挨家排查问题，三是联系自来水公司。当他们排查到 7 楼住户时，发现该住户是出租户，租住了多名女孩，经过仔细排查发现这家的热水器排管有问题，马上通知此住户更换热水器，否则不许使用。这时自来水公司的工作人员来到现场，通过协调沟通马上为居民更换自来水管，但需要每家都得有人。这时刘芳已经楼上楼下跑了十几个来回，但在时间紧任务急的情况下顾不上休息，又开始负责联系每户居民，给大家做工作，结果只用了一天时间就全部更换完毕，使此事件得以顺利解决。她就是这样在平凡的工作中给居民化解了一次又一次的矛盾，切实帮助居民解决了一件又一件难题。

四、倾心护桑榆，真情暖夕阳

刘芳平时把“四就近”老干部服务工作作为己任，自觉用科学发展观指导和实践老干部工作，刻苦钻研老干部政策，使社区的老干部工作一步一个脚印，一年上一个台阶。

在工作中刘芳坚持以人为本，使老干部的生活质量不断得到提高。她首先建立了老干部基本情况登记本、老干部健康档案和老干部服务优惠卡，特别对生活不能自理、身边无子女、空巢的离休干部，加强了重点联系，结成“一帮一”的服务对子，给予特殊关照。另外，还为老干部开通了服务热线，对行动不便的老同志进行上门服务，使老干部在突发急病时能够得到及时救助。她还联系社区医疗卫生院根据老干部的不同身体状况，开展了为老干部送医送药到家的活动，为患病行动不便的老干部建立了“家庭病床”，同时经常开展医疗保健、健康咨询，深受老干部的欢迎。老干部见了她总是亲切地叫她“闺女”。

社区区属老干部石兰生大爷已经85岁高龄，属空巢老人，她就经常到家中看望或者电话问候。尤其得知石大爷眼睛患有眼疾并伴有眼底出血，看不清路，给石大爷的生活带来不便，她就和社区的同志带着慰问品到家中看望，给石大爷送去党的温暖和诚挚的问候；让石大爷安心养病，有什么事就打电话，随叫随到。

社区市属老干部李恩庆已经92岁的高龄，但每月15日的党员活动他都按时参加，由于行动不便，每次都是由儿子亲自送到社区，不管天气如何，从未间断。他儿子说：“每月就等这一天，希望看到你们，听听党的声音。”正是这些老干部们的热情成为激励刘芳工作的动力。高素质的工作状态是做好一切工作的重要保证。刘芳着眼于能力提升和作风建设，不断深化强素质、促服务，争当老干部的知心人、贴心人、暖心人。积极开展一张笑脸相迎、一张椅子请坐、一杯热茶相奉、一颗耐心倾听、一片诚意办事、一声“走好”相送等“六个一”服务。由于工作成绩突出，她被评为“和平区为老干部服务先进个人”，社区被连续评为“和平区社区离退休干部服务先进单位”“天津市社区离退休干部服务先进单位”。

五、当好配角，工作到位不越位

多年来，刘芳在岗位上，坚持自己的定位，明确自己的配角身份，充分发挥自身解决和处理突发事件的能力和优势。主动当好“一把手”的助手、参谋，积极为社区建设献计献策。在工作中树立大局意识，在一把手不在的情况下主动担当，发现问题，及时处理，不留隐患。在处理问题的时候坚持原则，敢于负责。面对社区中的一些复杂棘手难办的事，她总是化阻力为动力，妥善地解决好问题。在工作中注意搞好协调，促进团结，学会处理好与“一把手”和同事之间的关系，对领导做到多维护、多服从、多沟通、多成事；对同志们则注意引导，多关心、多理解，充分调动大家在工作中的积极性和主动性。发现问题多做积极正面的引导和疏导工作，使大家成为良好的工作合作伙伴。为使社区班子风清气正，增强凝聚力，提高战斗力，她做出了自己的努力。

六、以身作则，做好传帮带

在工作中，刘芳时刻不忘严格要求自己、约束自己。她堂堂正正做人，踏踏实实做事，以一种特有的信念和坚忍不拔、持之以恒的工作作风和工作态度树立起了良好的社区工作者形象。近年来，社区年轻的工作人员越来越多，他们的文化素质高，有热情，理解接受事物快，但缺少工作经验，在业务上她就手把手地教，用行动直接带动、影响他们，使年轻人尽快地成为社区工作的“主力军”。

这就是刘芳，她并不伟岸，却在平凡的工作岗位上做出了不平凡的业绩；她并不张扬，却用自己扎实的工作作风在默默奉献；她并没有豪言壮语，却在用自己的实际行动实现着俯首甘为孺子牛的诺言。以创新的精神和思路努力工作，在奉献中不断完善自己的人生，用自己的实际行动展现党员的风采。

将青春献给热爱的事业

和平区南市街道福厚西里社区

她曾抱着做一名心理咨询师的梦想报考了天津中医药大学应用心理学专业，但是一个偶然的机会使刚迈出大学校门的她，成了一名社区工作者。从事社区工作7年来，她始终坚持作风朴实、工作扎实、任务落实的原则，从点滴做起，真抓实干，真诚为每一位居民服务，在平凡的岗位上无怨无悔地付出，赢得了领导的认可和居民的称赞。她就是天津市和平区南市街道福厚西里社区居民委员会的民政主任刘志慧。2016年，她获得了“和平区群众信任的好主任”荣誉称号。

一、平衡理想，爱岗敬业表认同

刘志慧曾经的理想职业是心理咨询师，不懂什么是社会工作，也不了解心理学与社工的联系。但是当她踏入社区工作的第一天，看到了社区主任调解邻里之间的矛盾，使来前怒气冲冲的两个人握手言和，心平气和地离开，她就知道原来她的专业与她从事的工作竟如此相通，原来生活、工作中处处能用到心理学知识。她决定要在社区好好工作，利用自己的专业知识帮助居民。随着工作的深入，她发觉社会工作与心理学有着很大的不同，社会工作的服务领域更广泛，它以促进社会福利为目标，体现着很强的公益性。她爱上了自己的工作，在理想与现实间找到了平衡点，找到了社区工作的价值。

二、胸怀热情，锐意进取争一流

刘志慧热爱着社区工作，将一颗真心奉献给了社区居民，将一片真情扎根在了社区建设。因为热爱，唯恐自己不够优秀，她利用工作之余刻苦学习社会工作的专业知识、专业方法，先后一次性通过了初级社工和中级社工师的职业考试。尽管如此，她深知自己社会阅历尚浅，社会经验不足，专业技能掌握不够，在全面提高综合素质方面还有很长的路要走。她便自觉学习社区发展历史、社区业务知识及办理流程，以及党中央的会议精神等。2015 年，她被天津南开大学社会工作专业录取，成为一名硕士研究生。她表示要用专业知识武装头脑，从专业角度开展社区工作。

经过努力，她连续三年在社区工作考核中被评为优秀，获得了和平区群众信任的好主任荣誉称号，在天津市第一届纠风志愿者演讲比赛中获得第三名，撰写的信息《社区老志愿者为小区大门换新装》荣获和平区志愿服务工作最佳信息；在天津市美丽社区创建、评选过程中认真整理资料，清理社区环境卫生，不怕苦不怕累。在迎检过程中，赢得了市区领导的好评，评选中成绩排名全区第一。

三、情系居民，脚踏实地干实事

刘志慧自参加社区工作以来，坚持“讲究真，要求实”，心系居民，认真负责，爱在社区，甘于奉献。她先从摸清社区困难居民、残疾人、空巢老人、失独老人的基本情况做起，通过入户走访、个别访谈了解他们的需求，把他们的冷暖时刻放在心上。

1. 关心困难，关怀至上。她准确了解着社区中每户困难残疾人家庭状况，在生活上给予照顾。每当有好的服务或是政府的优惠政策，注重贯彻落实。有的残疾人属于人户分离的，她做到读懂政策，尽早通知，将所需材料、办事流程一次性告知，使家庭能够有充裕时间准备材料，减少其瞎跑道的概率。在办理残疾人“康复体育进家庭”过程中，因申请名额有限，而社区中需要这项服务的残疾人数较多，她积极协调街道残联，争取更多名额，让更多的残疾人享受到实惠。此外，她还组织志愿者走访慰问残疾人家庭，开展了多次“送文艺、送服务、送温暖”等系列志愿慰问活动，让他们感受到社区大家庭的温暖。

2. 关心老人，关注晚年。由于社区内空巢老人较多，刘志慧按照网格责任区定期入户看望，能搭把手的地方主动做，需要协调的及时上报，真正地将身子弯下去，解老人之忧。2015 年年初，社区内组织成立了老年日间照料站，老人可以在这里下棋、聊天、理疗按摩等。她常常过去陪老人聊天，使老人的生活不再乏味。同时，她还发掘了社区 3 位有理发技能的居民，动员他们成为志愿者，组建了“敬老爱老”免费理发服务队，为社区的空巢老人免费理发。对于行动不便的老人，她与志愿者还提供上门服务，解决了老人外出理发排队的难题，受到了社区内广大老年人的欢迎。另外，她引导、鼓励志愿者加入到“爱心助空巢”一对一帮扶结对小组中来，“早看窗帘晚看灯”，关注着老人们的生活，嘘寒问暖。坚持做到“五访、五送、五清”，尤其在恶劣天气时到老人家中问需求，帮忙代购物品。社区内形成了遇事有人管、有难大家帮的良好氛围。

3. 化解矛盾，促进和谐。她秉承着宣传邻里和睦，促进邻里和谐的理念开展居民矛盾调解工作。去年年底时，社区居民闫某由于楼上漏水，房主又长时间联系不上，一怒之下将楼门总阀门关闭，以致全楼无法用水。她得知此事后，与同事立即赶到现场了解情况，安抚闫某情绪，表示帮助他寻找房主，并说服闫某把水阀门打开。经过核查，该房主已退休，原电话已停机，找不到任何可联系的方式。于是，她抱着尝试的心理，和同事来到该房主原工作单位，通过查询底档找到了其另外住址。安排闫某与楼上房主见面解决矛盾，当时双方僵持不下。在她耐心调解之下，分析利弊，终于解决了矛盾，恢复了楼内居民的正常用水。

四、敢于担当，志存高远谋发展

面对社区事务比较杂、居民需求多样化，刘志慧认真分析、研究，把每件简单事尽职尽责地完成，敢于承担社区难事，勇于尝试、实践。

2015 年是社区居民委员会的换届年，在换届前，她主动协助社区一把手做好居民委员会换届的准备工作。如利用电子屏、宣传栏做好换届的宣传部署，制订换届选举方案，撰写居民委员会三年工作总结，按时发布公告等，确保社区居民委员会换届选举工作的有序进行。她还努力拓展工作思路，在志愿服务原有基础上尝试新做法，在社区建设上遇到各种困难和阻力时，把集体利益放在首位，全身心地投入到社区建设中。她的付出赢得了大家的认可。

五、以身作则，立言立行促团结

刘志慧一直严格要求自己，兢兢业业，真抓实干，并用自己的实际行动带动、影响他人，为将社区工作迈上更高的台阶而努力。她常说："对于社区工作者而言，工作不分分内分外，尽管大家各自分工不同，但分工不分家，有事情大家一起上！"

在日常与同事的接触中，她处处为他人着想，关心同事，乐于助人。当同事需要帮助时，她挺身而出，团结协作。换届后，因社区人员短缺，她除了干好本职工作外，还主动承担了社区纪检、工会等工作，协助社区副书记做好党建的日常工作。尽管社区民政工作繁重，她还是竭尽全力与副书记配合，完成了工会的走访、建会、协商工资等工作。在社区进行1%人口调查过程中，因居民有相当一部分是在职人员，她便经常利用休息时间和晚上入户填写核查表。她表示加班已是常事，虽然辛苦，但早已把工作当成一种享受，一种使命。在采集社区流动人口信息时，因人员流动性较快，流动居民不配合、不信任，每遇到这类情况，她都会主动介绍楼门情况、社区内可供使用的资源及社区活动等与之息息相关的事宜，使其放松戒备心理。

她就是这样一个普普通通、默默耕耘的人。尽管她没有什么惊天动地的事迹，尽管她做的都是平凡小事，但是她不断磨炼意志、增长才干、提升精神境界，在平凡的岗位上彰显不平凡。她用行动诠释着对社区工作的热爱，把群众的每一件事都当作自己的事来办，群众满意了，她才算安心。她说她要做个心地清净、品行端正的人，做个心系群众、乐于奉献的人，做个求真务实、奋发有为的人，继续在为民服务之路上奋斗，将自己的青春献给她爱的事业！

无私奉献　扎根社区

和平区南市街道怀远里社区

宋军现为怀远里社区居民委员会低保社工。从2009年3月参加居民委员会工作起，始终坚持全心全意为人民服务的理念。因此她详细了解了社区的基本情况，虚心向老同志请教，学习相关的法律法规，深入社区广泛地联系群众，通过不断的工作实践，工作能力得到逐步提升。她在自己平凡的工作岗位上取得优异的成绩，受到居民群众的一致好评。

宋军参加社区工作后，首先担任了卫生社工。环境卫生是社会精神文明面貌的组成部分，也是社会精神面貌的具体表现。因此，社区的精神文明建设首先要从环境卫生入手。环境卫生的好与坏直接关系到社区居民整体利益，与居民的生活息息相关，影响着居民们日常生活的方方面面。作为分管社区环境卫生工作的社工，她深感自己肩上担子的分量。

她每天坚持对辖区进行巡视，监督保洁人员认真清理小区环境，督促物业公司搞好小区环境卫生。发动楼长做好居民保洁费的收缴工作，对楼长家中有困难的，她自己利用业余时间逐户收取保洁费，较好地完成了保洁费的收缴工作。她认真解决居民的困难和问题，如路灯不亮、下水道堵塞、井盖塌陷、自来水管道破裂、暖气管道漏水等。针对居民反映的情况，自己能解决的自己解决，自己不能解决的积极和有关部门协调，做到件件有着落，事事有回音。认真做好病媒生物防治工作，将“四害”密度控制在国家标准范围内。加强防范措施，做到层层落实，专人负责，统一时间、统一投药，同时做好监测及查漏补缺工作，并耐心细致地向居民讲解用药方法和注意安全事项，做到家喻户晓，安全使用，使辖区彻底消灭蟑螂、老鼠及蚊蝇。以环境治理为主，药物消杀为辅，全面做好“除四害”投药巩固活动。针对“四害”活动的不同习性，春夏以消杀鼠、蝇为主，秋冬以消杀蚊虫、蟑螂为主；制订切实可行、科学性强、方法易操作的“除四害”的消杀计划，保证了辖区居民有一个干净、整洁、环境优美的生活环境。

在连续四年奋战在市容环境综合整治活动中，坚持以决战的气势、必胜的信心，发扬“五加二、白加黑”的拼搏精神，和社区工作者一起集中解决影响社区环境卫生的突出问题，实现环境卫生无死角、无缝隙、无盲区、全覆盖、精细化管理，达到时时干净、处处干净的标准。通过环境卫生专项整治，使长期以来群众反映强烈的环境卫生问题得到治理，环境卫生得到改观，社区面貌得到整体提升。在整治过程中，主动宣传整治工作的益处，使整治活动家喻户晓、人人皆知。针对有个别居民不理解、不配合的，和居民委员会其他同志到居民家中不厌其烦地做深入细致的思想工作，最终使综合整治工作得以顺利进行。

南荣里小区、荣安街 175 号、长寿公寓 4 号楼的自来水管网年久失修，居民家中经常出现跑冒，宋军得知情况后积极协调自来水二营销，对南荣里一门至五门、荣安街 175 号、长寿公寓 4 号楼自来水管网进行改造，使居民真正得到实惠。为了当天施工顺利且保证在有限时间内高质量完成任务，前期充分的准备工作是少不了的。施工换管其实只是一天的事情，但前期准备工作往往需要一周甚至几个月的时间。要入户换管，首先得征得同一楼门中所有住户的同意，施工时家家都要留人。而那些空置房屋、出租房、交易中的房屋等，经常出现户主不容易联系到的问题。即使所有住户都联系上了，又会有新问题出现，比如一楼要破拆地面换管，恢复装修的费用赔偿多少？新住房如果出现装修包了主管的问题，如何说服户主主动拆除？宋军不厌其烦地到居民家中做工作，耐心地告诉居民要从大局着想，为了大家的利益，最终居民欣然同意施工，从而真正将为民办实事办好事落到实处，使南荣里一门至五门、荣安街 175 号、长寿公寓 4 号楼居民解决了长期以来用水困难的问题。

2011 年，按照天津市巩固奋战成果、共建文明城市活动领导小组《关于建立千支万人城管文明督导队伍的安排意见》，怀远里社区居民委员会成立了一支社区巡逻队、晨练队、平安志愿者等各类志愿者组成的近300余人的社区城管文明督导队，共同开展城市市容管理、文明督导工作。

宋军带领社区城管文明督导队在日常巡查中尽职尽责，深入到老百姓的日常生活当中，善于第一时间发现问题，并能够及时正确地进行处理。结合“巩固治理成果，共建文明城市”的奋斗目标，发扬“同在一方热土，共建美好家园”的主人翁精神，积极参与城市管理，宣传市容环境综合整治取得的丰硕成果，宣传市容管理。特别是对城市执法工作的要点难点，让居民了解并理解市容环境综合整治和综合执法的各项工作，引导居民自觉维护城市环境，摒弃不文明行为，提高文明素质，用自己的文明行动感染和带动周围群众。

社区城管文明督导队的辛勤付出换来的不仅是居民群众生活环境的改善与变化，更是怀远里社区和谐与稳定的有力保障。2011年怀远里社区城管文明督导队被评为市级城管文明督导先进集体。

在2012年的旧楼区提升改造过程中，宋军配合施工队完善了小区设施功能，改善了居民居住环境，认真听取居民意见，对居民提出的施工中的问题认真听取、耐心解答，并及时向上级部门反映，使居民的问题及时得到解决，得到社区居民的一致好评。

作为一名共产党员，她坚持学习党章、党的十八大精神，坚决拥护中国共产党的领导，热爱社会主义祖国，认真学习马列主义、毛泽东思想、邓小平理论、“三个代表”和科学发展观。她加强自身党性修养，提高党悟，牢固树立共产主义信仰。她认真学习理论知识，坚持以理论结合实际，虚心向先进的党员学习，始终严格要求自己，在思想上、政治上同党中央保持一致。

低保工作是关系到居民生活的一项重要工作。服务社区是她们的宗旨，热情服务、提高服务质量是她们的工作标准。在实际工作中她做到了能办不推，不能办好好解释，认真讲解政策，让居民理解、明白，无怨言。在区、街道民政部门的帮助指导下，社区低保工作紧紧围绕市委、市政府的中心工作，以党的群众路线教育实践活动为指导，充分发挥低保工作维护社会稳定，调解社会矛盾，促进社会公平的职能，社区低保工作努力为人民排忧解难，努力解决好困难群众的生产生活困难，做好城市居民最低生活保障发放工作，切实维护了低保对象的基本生活权益，为社区的经济和社会发展营造了良好的社会环境。

作为社区的工作者，宋军深知自己的业务知识和服务能力还很欠缺。她将一如既往地认真学习，踏实工作，严格要求自己，脚踏实地、兢兢业业，服从领导，听从指挥，以行动诠释责任，争取多为居民做好事、做实事，做社区居民的贴心人，做一个称职有为的社区工作者。

扎根基层　在奉献中绽放青春

和平区南市街道庆有西里社区

2009年，她抱着青春的梦想，成为庆有西里社区一名普通社区工作者。走进庆有西里，就像走进了清新幽雅的殿堂。公园化的小区，客厅化的楼道，让人立刻感受到家一样的温馨。从那刻起，她深深爱上了这片热土；从那刻起，她知道青春的脚步踏出了象牙塔，踏上的是这个平凡而神圣的岗位。从此，她要将全部热情与青春奉献在这里，将苦与乐融入工作，融入漫漫人生。她，就是南市街道庆有西里社区的社工邢颖。

作为一名年轻的社区工作者，邢颖恪守“奉献不言苦，追求无止境”的人生格言。她深知作为一名新时期投身于基层、扎根于社区的青年工作者，现有的水平距离日益变化的新形势和新要求还存在一定差距，必须加强学习，自觉锻炼，牢固树立全心全意为人民服务的宗旨。她认真学习业务知识，并取得助理社会工作师、社会工作师资格证书。

2011年起，邢颖开始负责低保工作。低保是社区工作的重点工作之一，服务对象是生活情况十分困难的家庭。她在工作中建立低保特困人员台账，对辖区低保家庭、困难家庭做到底数清、户情明，切实为困难居民谋利益。渐渐地，从开始时一句句莫名的谩骂而委屈流泪，到后来因为他们一声声感谢、一个个赞许的眼神而甘之如饴，她坚持用爱心向困难人员伸出一双温暖的手。

作为庆有西里社区团支部书记，邢颖充分利用青年节、六一儿童节及寒暑假，组织辖区青少年开展丰富多彩、寓教于乐的活动，切实发挥基层团组织作用；积极发动青年农民工、天津大学及南开大学的大学生，加入社区志愿者队伍，参与社区服务，增强奉献意识，并鼓励他们在志愿者光辉的服务历程中收获梦想、丰富人生；在春节来临之际组织社区团员开展

“关爱孤寡老人 送福送寿送健康”“包饺子”等活动，加强青年团员的动手能力，增强了社区青少年对他人的关爱，丰富他们的业余文化生活。在全体青年团员的共同努力下，庆有西里社区团支部荣获和平区团建示范区、新长征突击队等称号。

2012 年迎来了新一届社区居民委员会换届选举工作，由于居民委员会的主任们作为候选人无法参与其中，刑颖承担了换届的组织工作。对于第一次参与换届工作的邢颖来说，无疑是一个巨大的挑战。她认真学习换届选举章程，按照规定确保每次会议、每个公告准确无误。最终庆有西里作为直选试点圆满完成换届选举工作。

社区工作不仅锻炼了她的意志，更为她搭建了展示才华的舞台。每年的迎新春联欢会、元宵节、邻里节各项文化活动，使她练就了策划、主持、表演多项才艺。在“‘谁不说咱社区好’天津市 2011 年魅力社区评选展示活动”中，她积极参与才艺比拼环节的节目彩排及演出，经过大家的努力，庆有西里社区荣获天津市第六名的好成绩。此外，邢颖还积极参加区、街道举办的各项活动。2012 年，代表庆有西里社区参加“和平区社区工作人员岗位练兵和技能竞赛”，荣获和平区团体第二名、演讲比赛第一名的好成绩。她多次主持区、街道举办的各项活动，深受领导和居民的好评。

邢颖常说：“我是一块砖，哪里需要往哪里搬。”琐碎的社区工作使她练成了十八般武艺。拿起扫把，她就是清洁员；拿着 PDA，她就是经济普查员；手握笔杆子，她就成了社区的“小秘书”。庆有西里社区是全国示范小区，特色楼门文化享誉全国，获得的荣誉不胜枚举，接待任务繁重。邢颖便担当起社区大小汇报材料的起草、上报工作，有时一稿二稿甚至三稿，常常到深夜还在敲着键盘。但每当看到捧回的奖牌、听到领导的肯定，她的脸上总是挂着满足的笑容。

路在脚下，路在延伸。尽管社区工作者不像北斗星那样闪亮，也不像拾贝人那样孜孜不倦，但邢颖会用智慧和勇气扬起理想的风帆，用青春和生命奏响时代的强音，用扎根基层的信念，在奉献中绽放青春，续写华丽的篇章。

踏实工作　真诚付出　收获喜悦

河北区宁园街道汇园里社区

陈晓婉，2012年4月，在宁园街道汇园里居民委员会开始从事民政工作。这些年，她在领导和同事们的指导帮助下，通过自己的努力，无论是在思想认识上，还是在工作能力上都得到了提高。民政工作包罗万象，关系到千家万户，日常事务琐碎繁杂，其中残疾人工作和老年工作面对的更是社会上的困难群体，在平时的交往中更要注意工作的方式方法。开始接手这些工作时陈晓婉还掌握不好分寸，主任和同事们都耐心地帮助她，使她尽快地进入角色，现在工作起来得心应手多了。为了做好本职工作，保证工作的高效运转，她注重政治理论和业务知识的学习，坚持参加街道的政治理论学习，并利用业余时间阅读报纸杂志，收听收看新闻广播，及时了解时事政政。

2012年6月，陈晓婉为社区居民刘柱办理了残疾人证，这本是分内之事，没想到刘柱的家人为了表示感谢竟送来了一面锦旗，上面居然有陈晓婉的名字。那是第一次在锦旗上见到自己的名字，当时那种激动、兴奋的心情简直无法用语言来形容。那时陈晓婉就想只要有付出就会有回报。从那儿之后陈晓婉干劲更足了，帮助双残户杨文庆、刘桂苓申请安装抓杆。杨爷爷和刘奶奶岁数挺大的，儿女不常在身边，而且两位老人又身有残疾，杨爷爷在卫生间里拴了一条毛巾，平时就靠那条毛巾帮助上卫生间。那次走访中陈晓婉看到这种情况，记录在案。过了一个月，正巧赶上申请抓杆，陈晓婉就帮杨爷爷和刘奶奶申请了，给杨爷爷安装抓杆时，她忘不了杨爷爷和刘奶奶那一句句的感谢，忘不了杨爷爷试新抓杆时那高兴而满足的眼神。这让陈晓婉感到帮助到别人的那种由心底发出的高兴和快乐，也更促使她在今后的工作中加倍努力，帮助那些需要帮助的人。八一建军节，陈晓婉到军烈属家中走访慰问，给他们送去慰问品的同时，也送去了党和政府对他们的关怀和问候。

2012年12月13日凌晨，天津下起了大雪，经过一夜，路面积雪已经很厚了，而且结了冰。14日一早上班，在街道有关领导的部署下居民委员会的工作人员开展了清雪活动。因为陈晓婉所在居民委员会所管辖的几个小区都没有物业，所以只能靠居民委员会的工作人员和志愿者来清理小区内的积雪。为了方便社区居民的出行，陈晓婉和其他工作人员、志愿者不怕冷不怕累，清理了管辖范围内所有小区的积雪。考虑到这种天气，那些行动不便的残疾人和老年人不便上街买菜，于是主任带领陈晓婉和低保主任一同为社区居民苏红利家和李秀珍奶奶家各送去一捆白菜。苏红利是社区的低保残疾人，他患有半身不遂，而且家住六楼，平时就不方便下楼，这种天气更是难上加难。看到陈晓婉他们冒着大雪给他送去白菜，他一时激动得不知说什么好，只是一个劲儿说着“谢谢”。临走时，苏红利还紧紧地握住主任的手说：“多亏你们来了，要不我还不知道这几天该怎么办呢。真是太感谢你们了，你们真是为人民服务的好公仆。”从苏红利家出来陈晓婉她们又去了家住种植园大街的李秀珍奶奶家，李奶奶今年80多岁了，儿女都患有精神疾病，因此家里所有的一切都靠她一个人来承担，至今她还住在那间破旧的平房里，煤水电都靠邻居的供给。由于年岁大了，腿脚也不方便了。陈晓婉她们进去的时候，李奶奶正在拿着小煤铲颤颤巍巍铲着自己门前的积雪。她们看到这种情况，立即拿起铁锹帮李奶奶铲清了积雪，又把一捆大白菜送到了李奶奶的手中，李奶奶感激得热泪盈眶，说：“平时你们就总照顾我，这大雪天的还想着我，我真不知道说什么好了……”陈晓婉问询了近一时期老人的生活和身体情况，同时还询问了家里的各种情况，当得知家里一切都好时，她们露出了欣慰的笑容。李奶奶一直把陈晓婉她们送到了胡同外，依依不舍地跟她们挥手道别。这本是一件平平常常的事儿，可是受访的居民却感动不已，连连向她们道谢。陈晓婉她们的这种行为不仅受到了居民们的好评，就连报社记者也把事迹刊登在了12月15日的《每日新报》上。真诚付出，换来了居民们对自己工作的支持和肯定，更坚定了陈晓婉为居民服务的决心。

鉴于残疾人工作属于动态管理，对于残疾人家庭，必须坚持按类别管理，定期入户走访，当残疾人情况有变化时，及时进行变更。陈晓婉坚持鼓励社区的残疾人和老年人参加街里和社区组织的公益活动，增强他们的自信心。每年的全国助残日，街道残联举办的全国助残日活动，陈晓婉都积极鼓励残疾人报名参加，增强了残疾人参与社会的自信心，同时也丰富了残疾人的精神文化娱乐生活。通过参与各种活动，使残疾人懂得，只要自己努力，自强不息，就会成功，就会得到人们的尊重。

在这些年的工作中，虽然通过自己的努力，取得了一些成绩，但为人民服务是没有止境的，特别是服务残疾人和老年人。陈晓婉觉得自己的业务水平和工作能力还有待于进一步提高，在以后的工作中，自己还得严格要求自己，学习掌握各种政策法规，学习掌握与民政工作相关的知识，“在工作中学习，在学习中进步”，努力提高业务素质，尽最大努力做好服务百姓的工作。

暖心在点滴间

河北区富方园社区

2012年一个阳光灿烂的日子，刘姗姗怀着青春的梦想，通过河北区民政局的考试，来到宁园街富方园社区，成为了一名普通的社区工作者。

在到社区工作之前，刘姗姗认为居民委员会的工作就是解决一些“家长里短”的小事，过去的老太太能干，大学生有什么不能干的。可是，由于从来没有接触过这类工作，上班后的头几天，回家吃过晚饭，脑子里还会嗡嗡作响。因为居民委员会每天实在太吵了，不停有人过来反映情况，说着东家长、西家短。一周过去，刘姗姗就彻底改变了对社区工作的认识，需要学习的地方太多了。居民委员会工作看似没有什么大事，但是每天细小的琐事不容有半点差池。“上边千条线，下边一根针”，虽然说社区工作千头万绪，错综复杂，但她却总能从这些酸甜苦辣中感受到传递着的正能量。

回首走过的一千多个日日夜夜，经历过欢笑，也曾有过退却，是社区给予刘姗姗成长的动力，培养了她坚定的信念，让她每一步都走得坚实有力，在社区的工作岗位得到了充分锻炼。

刘姗姗刚到居民委员会时负责综治工作，杜绝小区出现反动宣传材料、维护小区和谐稳定是她的职责。2012年11月的一天，晚上6点钟左右，刘姗姗接到社区志愿者郭姨的电话，说在富方园57门发现有法轮功宣传材料。刘姗姗挂断电话，马上赶到了57门。由于及时发现，使得楼道内12户居民家门上的宣传材料均得以收缴，楼道内张贴的宣传画也得以清除。由于担心其他楼道也有此类材料，刘姗姗又对周围几个楼门进行了检查。这时已经是晚上7点多钟，虽然早过了下班时间，但是看到手中的战利品，刘姗姗还是有一丝的高兴和安慰，悬着的心终于放了下来。毕竟通过自己的努力，避免了法轮功材料在小区中传播，确保了社区的安定团结和秩序的稳定。

其实刘姗姗不怕社区工作烦琐、辛苦，但是有时居民或社区单位不理解、不配合，不论你去多少次他就是不理不睬，冷言冷语这才让人感到心寒。那时刘姗姗还兼管统计工作，正赶上2013年的全国第三次经济普查，一件事让她慢慢地学会了坚强，渐渐地收起了小小的埋怨。当时的绿领产业园、顶好装饰城都属富方园管辖，园区企业较多，装饰城内个体门脸较多，再加上乐购超市内的专卖店、柜台，使得其社区普查量占到了全街道的近50%，工作量很大。困难最大、吃闭门羹最多的就是要让商户提供各类证照和相关经济指标。出现了门难进、脸难看、态度恶劣、不讲真话、敷衍了事等不配合现象。时间紧，信息采集的准确度要求高，工作面临很大难度。刘姗姗凭借着对工作的执着和热情，迎难而上，挨家挨户地宣传普查的重要性、目的性和保密性，向他们讲明政策，打消他们的疑虑。工作时间采集信息来不及录入，刘姗姗就利用下班、公休日抓紧时间将数据汇总、录入、上传、备份，圆满地完成了普查任务。

几年中，刘姗姗通过辛勤努力、执着探索，已经由刚开始对工作的生涩变得日渐娴熟，也渐渐懂得了这份工作的平凡和伟大。同时，她也意识到自己选择的是一份沉甸甸的责任。这个职业不仅要有洞察能力、专业能力、沟通能力，更要有无尽的热情和奉献精神。

2015年富方园社区“两委”换届，刘姗姗当选社区党委副书记，负责党务工作，兼管工会、妇联工作。换届刚刚结束，刘姗姗就经历了一次严峻的考验。那天早上还不到8点上班时间，刘姗姗刚到居民委员会，还没来得及坐下，就有好几位居民急匆匆地来反映情况，情绪都很激动。经询问了解到，富方园2号楼7门602居民陈某30多岁，患有精神病，父亲半身不遂卧床多年，由母亲照顾他们日常起居。她多次趁母亲不在家出门，在楼道内乱砸乱闹，楼下老奶奶吓得犯了心脏病，楼内邻居不敢出门，影响了大家的正常生活。邻居们也曾拨打过110，但民警来了也只是劝说其母亲看好女儿，根本不能把她怎么样。邻里关系非常紧张。这次楼内居民找到居民委员会就是强烈要求让她家搬走。由于居民们特别激动，刘姗姗没想太多，就冲到了7门，一进楼道，就闻到了一股很刺鼻的味道，刚上二楼就看到了满地的蒜和蒜皮，一抬头又看见墙上有很多凌乱的划痕，居民们说这都是陈某弄的。再到四楼就看到了两户居民家防盗门上的栏杆都已经支了出来，无法正常使用。刘姗姗再要上楼，有位好心的大姐就一把把她拦住了说："别上去，小心她闯出来打你。"当时，刘姗姗有些着急，说："这件事我一定管，一定要想办法解决。"门敲开后，陈某的母亲气冲冲地说："我女儿又犯病了，刚稳定下来，你们干吗不依不饶？"刘姗姗向陈某母亲表明了来意，她很不配合。刘姗姗就耐心地给她讲明了利害关系，请她安顿好女儿来居民委员会一趟。邻居们看陈某母亲同意调解，才愿意给时间解决此事。

起初，刘姗姗向陈某母亲提出将其女儿送到安康医院，陈某母亲很反感地说："我就一个女儿，不能送到精神病院受罪，而且我家的情况也交不起医药费。"刘姗姗一次又一次给她做工作，让她换位想想邻居们的感受，同意给她时间考虑。陈某母亲也同意看紧女儿，对损坏的财产进行赔偿，并向邻居们道歉。事后两天，刘姗姗多次联系陈某母亲，陈母终于同意将女儿送去治疗。刘姗姗担心陈母会改变主意，随即又和片警联系顺利将陈某送到了安康医院。根据她家实际情况居民委员会为陈某申办了低保救助。通过刘姗姗的努力，这次邻里矛盾终于得以解决，陈某家和邻居的关系也慢慢得到了缓和。现在陈某母亲非常支持社区的工作，逢人便说，"没有党、没有政府的关怀，就没有我家的今天。"

是一种坚守、一种执着，让刘姗姗学会了坚强、学会了担当，学会了以一颗热情的心对待身边的人和事，以一种高度的责任感认真处理社区大大小小的问题。她更加明白了作为一名共产党员，作为一名社区工作者，一事尽不到责任，损失的不是一个人的形象，而是党和政府的形象，是党和政府的信誉。只有时刻坚定理想信念，全心全意为人民服务，扎根社区，融入社区，肩负起政府和人民赋予的权力，才能真正从工作中汲取营养，积极地去面对未知的挑战！四年的时间已让刘姗姗深深地爱上了社区工作者这个职业。现在每当她走在社区的楼宇间看到居民的笑脸，她都会为自己是一名社区工作者而感到自豪，这是因为社区有了社工的服务而变得更加的美好！

发挥党员作用　做暖心社工

铁东路街道北宁湾社区

天津市河北区铁东路街道北宁湾社区主任王擎，1980年出生。她具备80后的特点，瓜子脸，中等身材，戴着一个红色眼镜，慈眉善目。2008年毕业于天津工业大学软件工程专业。这个专业在80后的年代是一个很火热的专业，专业要求高，头脑必须灵活。她作为一个女性与男性那强有力的大脑是不可相比拟的。男性属于理性头脑，对于这一专业可以掌握得游刃有余。女性就不同了，女性是感性头脑，对于这个理工科专业要想学到家，就得靠后天努力。她每天沉浸在计算机数据库的海洋里。大学毕业后她便步入了婚姻的殿堂，与相恋9年的爱人走上了红毯，共同创造幸福生活。2010年，由于怀孕，为了给自己的孩子无微不至的爱，她离开了她热爱的工作岗位，回归了家庭。2011年他们的孩子出生了，现在孩子已经快5岁了。对于一个有了孩子的母亲，她每天的生活重点不再是自己和爱人，而是还处在幼儿期的孩子。随着孩子的长大，家庭生活压力逐渐增大，为了缓解家庭负担，她在2012年通过街道统一招聘选拔正式成为一名社区社会工作者，进入天津市河北区铁东路街参加社区工作。

起初王擎被安排到宜清园社区。由于她的热情，很快融入到了社区工作中，同年4月换届时就被选举为宜清园社区党总支的副书记。在副书记这个岗位上，她工作游刃有余。宜清园社区党员大多数都是退休的叔叔和阿姨，她在日常的工作中，时常到每位党员家中走访，询问党员的最近情况，了解是否需要帮助，尽心尽力为党员及群众服务，想在大家前面，做到大家前面，全心全意地为他们服务。2013年夏天，宜白南里小区里有一条马路路面低洼，每逢下雨，就产生积水，影响居民出行，居民群众的反映非常强烈，也多次反映到了居民委员会。王擎听说了此事，立刻拉上社区主任和工作人员一同前往低洼路面查看，并如实记录路面情况，安抚群众情绪。她积极配合社区主任整理资料，上报上级领导部门。领导对这个事情非常重视，及时到现场查看情况，并协调相关部门进行路面整修，解决了居民出行难的问题。为此事，居民群众将锦旗送到了居民委员会，以表达大家对居民委员会和对她工作的支持和认可。宜清园还有一支支边助学小分队，王擎也是其中一员。她在小分队中就好比“诸葛亮”，当她知道玉树藏族自治州的贫困学生在严寒的冬天没有保暖措施的时候，马上提议，开展为玉树藏族自治州贫困学生做棉被活动，并将这“暖心”的棉被寄到了玉树，获得了玉树人民发来的锦旗。不仅如此，对于特殊人群她也非常重视。宜清花园小区有一位名叫宫英杰的残疾人，自小身患先天性小儿麻痹，至今未婚。虽然身体残疾但并不影响他在社区发挥作用。由于他的病情，本人不能正常表达，但是他的头脑非常清晰。一有时间，王擎就带领社区党员小分队到宫英杰家中提供服务，帮助他做卫生，给他过生日，春节帮助他打扫房间。宫英杰非常感动。有一次她去看望他的时候发现家里墙面有些湿，她立刻联系隔壁邻居，进行检查，发现是邻居防水层没做好，导致墙面渗水，她督促邻居尽快维修。平时她尽自己的最大努力帮助宫英杰。她每天到居民委员会都比其他社工要早。有一天早上，她接到了宫英杰的电话，说被烫到了。她立即和同事去看望。原来是因为宫英杰行动不便，将热腾腾的汤洒到了腿上。她们及时将他送到了最近的社区医院处理伤口，并送他回家。通过这件事，宫英杰更加感谢这位80后的社工了，他用他不太灵活的手为她写下了一封又一封简单的感谢信。当她每次看到宫英杰的信时就会流下激动的泪水。宫英杰与她非亲非故，她却将他当作自己家人一样对待。虽然是一件微不足道的小事，如今世上又能有几人做到？就算她现在由于工作原因调离了宜清园，宫英杰每年也会到北宁湾社区去看望她，和她聊聊心里话。这让她非常感动，也成为她做好社区工作的动力。

2015年是社区居民委员会的换届年，由于王擎突出的表现，被调到了现在的北宁湾社区任社区主任及党总支书记。北宁湾社区是新建小区，虽然没有那么多的退休党员，但是面临了很多其他方面的困难和难题。北宁湾社区居住的外地人口居多，虽然社区看起来很高大上，但是也存在着不好解决的问题。就在她刚刚来这里的时候，就遇到了一个棘手的问题——暖气问题，北宁湾社区的居民反映家中暖气不热，室内温度只能达到18℃的标准。居民认为进出水温度也应该不达标。她了解居民的诉求后，立刻与居民委员会工作人员到张兴庄供热站，与供热站联系，了解情况，并反映居民的愿望。在与供热站协商后达成一致，在供热站能力范围内提高居民家中温度。同时，配合河北区供热办来到北宁湾宁静家园、宁宇家园、致远家园以及宁湾家园实地考察，到居民家中进行测温，对极个别家中暖气冰凉的居民进行走访，并联系供热站上门维修。北宁湾除了暖气问题，还有广场舞扰民的问题，社区居民怨声载道。为了帮助大家解决这件事，她多次夜晚来到广场，劝说娱乐居民尽量提前结束，以免影响周边居民的日常生活。经过居民委员会的多方努力，广场舞扰民卡拉OK已改换场地，使周边居民非常满意。在日常工作中，她与同事打成一片。虽然北宁湾社区没有低保对象，但是仍然有长期患病的党员。她带领着党总支的班子，经常入户了解党员的所思、所想、所需。有一位党员名叫刘洪兴，是北京铁路局的退休职工，身患重病，不能自理；2011年患腰间盘突出，需要做手术，在腰部钉了6个钉子、6个夹子；2012年颈椎又出现了问题，需要手术，在颈椎钉了5个钉子、5个夹子；2013年胸椎也需要手术，每月的药费就要花费近千元，只有老伴一人照看，刘叔叔做了这么多手术，平时腿脚也不好，时常腿疼。她了解到刘叔叔的病情，十分同情，立刻带上社区副书记到刘叔叔家中慰问，为刘叔叔缓解精神压力。她表示虽然社区帮不上经济上的忙，但是通过送出关怀可以让党员本人感受到党的温暖。七一来临了，在街道的领导和安排下，各社区可以组织党员庆“七一”活动，她又开始了“七一”活动的安排。她了解社区隶属党员实际情况，凡是有疾病的党员都予以重视，统计党员个人情况、家庭情况以及病情，并为社区隶属党员安排购买七一慰问礼品。她总是将党员群众的利益放在首位，自己再苦再累也不计较。这样一位热心的社区书记，又有谁能不拥护她呢！

随着时间的流逝，现如今她已经36岁了，展现出一个成熟的暖心社工的风采。她曾说："会将这一生奉献给社会工作，并会为社会工作奉献自己最为微薄的力量。即使自己不能改变什么，至少可以感化着身边的人。"她是我们铁东路的骄傲，是我们北宁湾的骄傲。

关怀孤老困难群众　不是亲人胜似亲人

河北区团结里社区

团结里社区低保对象刘大爷，失业，没有收入来源，生活十分艰难。1952 年出生的他，至今未婚，也没有生育收养过任何子女，独自一人生活。

说起刘大爷这个人，大家对他的印象是穿着军大衣，留着点胡子，脾气有点古怪。每次来到居民委员会，刘大爷逢人便喜欢念叨父亲在革命年代的英勇故事。他的叙述有些混乱，颠三倒四，时常让人感到摸不着头脑。了解他的老人们都说他的精神有点问题，然而本人却固执地不肯办理残疾人证。刘大爷虽然已年过六旬，但身体还算硬朗，声音洪亮，遇到不顺心的事情、不理解政策的时候，偶尔也会无理取闹。但总体来说，他与居民委员会的关系还是很和谐的。

刘大爷的户籍居住地址满福里 6 号已拆迁，囊中羞涩的他居无定所，曾经在宝坻的一个小村庄里蜗居，当时团结里社区居民委员会工作人员为他办理了低保。后来幸亏得到了好心人的帮助，将北辰区一间破旧的小平房，以每月不到 100 元的租金，租给了他。但是，这平房不比一般人家的房子干净整洁，一进屋，墙壁上肆意飞溅的油点子映入眼帘，灰涂的墙壁似乎用手就能抓下几把粉来。数九寒天，即使是穿着羽绒服进屋的我们也还是忍不住打起了寒战。冷不丁从屋外刮进几缕凉风，让人不敢想象那下雨天的光景。然而刘大爷似乎对这样的生活环境早已习惯，常年的悲惨生活早已使他习以为常。刘大爷不仅未婚无子女，父母也早早过世，唯一的姐姐在很久之前便已出国，在国外定居，与他断了联系。举目无亲的他逢年过节，都是自己一个人在那间没有炉子取暖的屋子里，就着冰冷的空气吃着速冻饺子，与外面家家户户的热闹团圆形成强烈的反差。

2015 年的冬天格外寒冷，刘大爷无法忍受这冰冷的寒风，但没有炉子取暖，于是他去河北区政府上访。居民委员会接到电话后，低保专干刘晶和居民委员会主任立刻赶到区政府。然而刘大爷说话有些颠三倒四，工作人员对他的叙述感到不知所云，便劝说他去居民委员会反映问题。但此时居民委员会正在装修改造，那天居民委员会工作人员正集体整理东西搬往大悲院商业街临时办公地点，还没顾上通知居民。没有接到刘大爷，刘晶有些失望，一边担心刘大爷的情况，一边电话联系刘大爷，得知他在老居民委员会门口等着时，刘晶飞速赶回。

一见到刘大爷，刘晶首先将他带到居民委员会新地点，给他倒了杯热水，请他坐下，安抚他的情绪，等刘大爷激动的情绪平复下来，又仔细询问了刘大爷家的情况和诉求。当得知刘大爷的新租屋内没有任何取暖设备，连最基本的炉子都没有时，刘晶的内心被深深地触动了。那时临近 11 月，家家户户在坚固结实、密不透风的楼房里，还能感受到寒冷的侵袭，纷纷用空调电暖气取暖时，刘大爷却生活在破旧漏风的小平房里，连个可以生火取暖的炉子都没有。一想到这些，刘晶强忍住眼眶中的泪，握住刘大爷满是老茧的手，承诺一定尽自己最大努力尽快帮他申请到钱款取暖。

刘大爷走后，刘晶立刻开始着手帮刘大爷申请临时救助。考虑到刘大爷本人文化水平不高，住址也离居民委员会比较远，刘晶根据刘大爷描述的情况帮他一五一十地填完了烦琐的申请表。为了能让刘大爷温暖过冬，刘晶第二天便把刘大爷的临救材料上报了街道办事处居民科进行审批。刘大爷接到刘晶的电话，去银行取了钱，欣喜地给居民委员会打电话告诉大伙：“今年我终于能过个暖和点的冬天了。”

想到刘大爷独自生活的种种困难，刘晶思考着如何能帮助他申请更多的生活救助。由于刘晶是当年 6 月份新调来团结里社区居民委员会的低保专干，所以之前并不太了解刘大爷的具体情况。这次听说刘大爷孤身一人生活，而且没有任何亲戚，便想到了帮助他办理孤老户的公证。然而，公证手续并没有想象中那么简单。考虑到刘大爷年事已高，刘晶决定自己帮助他准备公证的材料。四处打听了公证手续后，刘晶从繁忙的低保工作中抽出时间，与居民委员会主任骑车前往河北区公证处进行咨询。然而咨询过程却并不顺利，工作人员告诉他们需要先拿号排队，等候咨询。于是经过了一段时间的等候，刘晶拿出自己事先准备好的问题，将工作人员的解答一一记录在本上，生怕因为自己的疏忽耽误了刘大爷的公证。过了几天，刘晶又带着刘大爷本人去公证处进行第二次咨询。为了减少刘大爷的等候时间，刘晶利用部分午休的时间提前骑车前往公证处拿号。随后，刘晶和刘大爷到窗口进行咨询。刘大爷因为与公证处工作人员意见不合发生了一点小摩擦，刘晶一边安抚他的情绪，一边与公证处的工作人员进行交流。刘晶对刘大爷的和蔼和耐心，让工作人员都以为刘晶是他的女儿。回去后，刘晶填好了公证所需的各种申请表，然后请刘大爷配合提供身份证等材料，又带着刘大爷去了公证处办理手续。本次办理过程中，刘大爷将军大衣落在了公证处。公证处工作人员给刘晶打电话，刘晶又立刻跑去公证处帮刘大爷拿军大衣并送还给他。在这次之后，刘晶又多次独自前往公证处去帮刘大爷办手续，拿单子。公证处的工作人员都夸刘晶是个孝顺的“好闺女”。当他们得知刘晶只是居民委员会的工作人员时，大家都惊呆了。

公证下来了，刘晶帮助刘大爷申请了低保调标，刘大爷每月的低保金从867元上调到1410元。春节前夕，居民委员会又通知刘大爷来领取春节救助金。刘大爷来到居民委员会，还是那身军大衣，饱经沧桑的他脸上挂着孩子般的笑容。他开心地对刘晶说道：“北辰那边养老院还有个活动，孤老户可以免费去那边过年，我过两天就过去。今年终于能过个好年了。”

“低保工作有很多的艰辛，居民的不理解、政策的局限，但是每当看到居民在我们的帮助下，生活开始逐渐变好，脸上露出笑容时，我们的付出便有了意义，这种满足感胜过了所有物质带来的喜悦。在低保工作中，像刘大爷这样的困难老人还有不少。”刘晶述说道。面对形形色色的困难群众，刘晶都会设身处地，把他们当作自己的家人一样对待，尽自己最大的努力帮助他们。平时，刘晶总会利用闲暇时间仔细研究各种救助的政策。作为一名基层工作人员，刘晶的力量很渺小，她不能指点江山，也没有权力决定救助资金的发放，但是在这最平常的岗位上，平凡的她努力做好一点一滴，心系群众、关心群众，在救助政策内为每一个符合条件的群众办理事务，不辞劳苦。作为一名最底层的社工，刘晶或许并不会为众人所知，但作为社区困难群众的“家人”，她的故事一定会被居民铭记在心中。

帮扶单亲家庭　关爱儿童成长

河北区王串场街道容彩里社区

袁樱洁，天津市河北区王串场街容彩里社区居民委员会的一名普通社区工作人员，主要负责低保工作。工作以来，她遇到了很多的困难家庭，在工作上尽职尽责地按照国家的政策为他们申请救助，解决他们经济上的困难，工作之余也会给予他们各方面的关爱和帮助。在这些困难家庭当中有这样一个特殊的单亲家庭。

男主人刘东（化名）在容彩里社区居住，他和女友没有结婚就生下了女儿宣宣（化名）。宣宣患有先天性唇腭裂，在她出生不久后，女友就毅然决然地抛弃了孩子，离家出走，音信全无。刘东家属多方寻找始终没有找到，从此刘东便一个人带着宣宣四处寻医。为了照顾年幼的孩子，刘东既当爹又当妈，无法外出工作，父女俩靠亲戚的救济勉强维持生活。与此同时，刘东的父亲又患上半身不遂，让这个本来就拮据的家庭雪上加霜。

为了给孩子看病，刘东四处奔波借钱，欠下了许多债务。在深入了解家庭情况后，袁樱洁为其办理了低保和救助，缓解了父女俩的经济压力。在走动办公中，袁樱洁和同事多次到刘东家入户，当袁樱洁第一次看到宣宣的时候，这个孩子给她的感觉是缺少同龄人应有的无忧无虑的快乐。宣宣失去母爱的同时又要忍受治疗的痛苦，身心都承受了巨大的压力，她便决心多留意宣宣的成长。有一天，宣宣的父亲找到袁樱洁说：孩子有些不太听话，有些任性，不爱说话，沟通起来很困难。自己既要照顾孩子的吃喝拉撒，又要考虑孩子的情绪，常感到力不从心。听了刘东的倾诉后，袁樱洁很理解他的心情。一般家庭中照顾孩子的多是母亲，对于一位单亲父亲来说，独立照顾孩子的困难可想而知。在工作之余，袁樱洁到图书馆查找一些关于育儿之类的书籍资料，看到有帮助的地方，就记录下来，回到家仔细研究琢磨，并把总结出的育儿小窍门和缓和幼儿情绪的方式传达给刘东，让他多关心孩子的想法，鼓励他多带孩子外出与同龄人玩耍，消解孩子的负面情绪。袁樱洁在进行入户走访的时候，特意带着玩具到他家，刚进门看到宣宣，她没打招呼就一下子躲到屋里。刘东说："主任你看，就这样，有人来了就躲起来不见人，怎么说也不行，特别认生。""让我来试试和孩子沟通一下。"袁樱洁跟刘东说。袁樱洁拿着玩具到孩子躲起来的屋里，一边叫着她的名字一边举着玩具，慢慢地走近她。看到玩具，孩子流露出欢喜的表情，袁樱洁便和她一起玩玩具，沟通就从这个玩具开始了。袁樱洁在和孩子的交流过程中慢慢了解她的需求和感受。之后，袁樱洁又多次到家中看望孩子，每次都带着一份惊喜。看到孩子变得越来越开朗，听着她开心的笑声，袁樱洁感到无比欣慰和开心。

一个晴朗的早晨，居民委员会工作人员一如既往地到居民家中进行走访的时候，看见了刘东父女俩在楼下的小花园里玩。刘东看到袁樱洁以后，满心欢喜地说："谢谢主任。现在我们父女俩的感情特别融洽，孩子对我比以前亲，有话也愿意和我说。这都是你的功劳呀！你每次还自己掏钱给孩子买书买玩具什么的，真是太感激了。""您别这么客气，这是应该做的。再说你这又当爹又当妈，也确实挺辛苦的。孩子还小，今后的成长道路还很长，你的任务还很艰巨呢。"刘东又说："时间真是过得太快了，现在又面临上幼儿园和教育的问题。我这人没学问，以后都教不了孩子，真够愁人的。"袁樱洁劝导他说："别着急，上幼儿园应该还好吧。不要紧张，你放心，我会帮你的，以后下班没事了就过来教教孩子，这样也能增进感情，不是很好嘛。你放心，我会多关照孩子的。"刘东欣慰地笑了。

孩子一天天长大，该学习的东西也日渐增多。为了能更好地帮助他们，袁樱洁常利用自己闲暇的时间上网看看有关育儿方面的资料，并根据实际情况选择一些适合的书籍。有一天袁樱洁带着书来到刘东家，刘东边招呼边说："宣宣正在屋里玩你送的玩具呢。"袁樱洁看见孩子玩得很开心，真的是看在眼里喜在心里。孩子看到袁樱洁来了，高兴地喊："阿姨！"袁樱洁很惊喜，因为之前的几次见面她都没有主动喊过。父亲连忙说："这些天我一直在教她跟别人打招呼，教她喊'阿姨'，现在喊得越来越清楚了。”看到一位父亲的耐心和爱心在今天得到了收获，袁樱洁为他感到高兴。袁樱洁把新买的书拿到孩子面前，教她学《弟子规》，一字一句耐心教她。孩子学得很认真，也很快。她们约定了，要认真读书，今后每次阿姨来的时候，都要读给阿姨听，孩子高兴地答应了。在之后的走动办公中，袁樱洁也经常到家中看望她，教她认字、学习，还时不时给孩子带去玩具和书籍。孩子变得越来越懂事、越来越开朗。袁樱洁变成了孩子口中的“贴心阿姨”，她们之间形成了一种不是亲人却胜似亲人的感情。

袁樱洁虽然没有做出过惊天动地的事情，但在平凡的岗位上用自己一颗温暖的心关爱社区困难家庭。走出社区，袁樱洁在社会上积极参加公益慈善事业，参加国际女性和平团体，资助困难家庭的学生，与纯公益组织到养老院看望老人，在特教中心为残疾儿童做志愿者，给予他们更多的爱和帮助，用实际行动谱写了一段段“暖心故事”。

用心去暖心

河东区向阳楼街道顺达西里社区

带着责任、带着满腔热情，顺达西里居民委员会书记张晶开启了自己的社工之路。之前虽然在部队和新疆商务厅工作过，但对基层工作接触的并不是很多。当她刚来到顺达西里的时候，面对如此多的孤寡老人、社会边缘人员、低保困难家庭等，有些不适应。但是她很快调整了自己的状态，迅速适应了环境，进入了角色，以专业的社工价值观，尊重、接纳每一位困难群体，建立科学的专业的工作关系，帮助每一位能够帮助的居民。作为一名书记，把有限的精力全都倾注到帮助困难群体及更多需要帮助的居民当中去，实现了困难群体的增权赋能、助人自助。顺达西里社区的服务对象大多为孤寡老人、低保困难群众以及残疾人，他们的人生都比较坎坷。长期生活在社会的底层，他们中有社会流浪人员，有在监狱服刑刑满释放的人员，有从小在社区中长大的身体残疾人员。由于他们的人生经历都比较曲折，所以，他们的认知会带有些偏激成分，人生观和价值观有异于社会主流。在初来到顺达西里社区的两个月中，张晶经过接触老人和院里的其他居民发现，居民们在日常生活中，有谩骂、造谣、以强欺弱等不好的习气存在，而且这些习气在短时间可能无法改变。他们看待问题很偏激，往往对对与错、公平与不公平没有明确的概念。偏袒自己就是公平，否则就是不公平。遇事总想着贪便宜，多拿多得。社区中的空巢老人也不能得到儿女很好的赡养。之前的社区工作流程认为，对于居民们的一些不好习惯的教育和劝说，“晓之以理，动之以情”的软文化，起不了太大作用和效果，只能将很多东西上升到制度方面，明文规定，严令禁止。虽然很多事情出发点和归宿是好的，但是，这样往往会造成居民们更大的误解。

经过了解，张晶决定先通过运用专业的价值观和方法技巧，有目的、有针对性地设计开展了帮扶活动。特别是建立“温馨夕阳”助老服务项目和建立社区爱心帮扶社团，以真情为他人、志愿献爱心的指导思想，长期开展对困难群体的帮扶活动，特别关注一些空巢老人和突发大病、生活困难的家庭。她通过志愿服务为社区居民排忧解难。张晶经常带领着帮扶队的志愿者来到敬老院和社区空巢老人的家中，送去对这些孤寡老人的深情问候，让老人们感受到来自社区中的关爱。“把自己当作老人的儿女，像孝敬父母、长辈一样对待院里的每一位老人，细心观察老人的需求，贴心为老人服务。”这是张晶和帮扶队志愿者经常说的话。爱心帮扶队的志愿者询问老人们的日常生活情况、身体健康状况、子女的外出工作情况等，及时了解和解决老人们的紧急需求，陪老人聊天解闷，为老人们捶腿按摩，与老人们亲切交谈，针对社区的空巢老人还会提供精神慰藉和心理抚慰，增进与老年人之间的交流与沟通。并赠送了一些生活用品和食品给老人，嘱咐老人要注意饮食，保重身体。为了让空巢老人在平时生活中更注重饮食健康，科学合理地控制食用盐和食用油的摄入量，预防三高疾病，同时她还自己掏钱向社区中空巢老人陆续免费发放控盐勺、限油壶、量油尺共 13 个。

在社区中有位刘大爷，老伴儿已经去世十几年，一双儿女也都在外地打工，好几年才回来看刘大爷一次。可能是因为刘大爷早年的经历，在社区里一直不爱与其他人交流，始终认为其周围的人都对他不利，对包括社工在内的所有人都有严重的不信任感，对他人的示好举动不能接受，并且出现逃避与他人交往的现象。张晶本着专业的价值理念，接纳他、帮助他，让刘大爷感到被尊重、被理解、被接纳，从而建立信心。当张晶面对刘大爷时，以专注的神情倾听和面对，让刘大爷能够感觉“她与我同在”、“她在专心地陪伴我”，这无疑给服务对象带来心理上的支持，增强面对困难的勇气和信心。她还经常和刘大爷的儿女联系，告知刘大爷近期的情况，也同时为他们做工作，工作再忙也要常回家看望老人。现在，在张晶点点滴滴的爱心汇聚下，刘大爷已经慢慢地从一个不愿与人交流、充满警觉的人变成了社区中都喜欢的乐观开朗的人。而他的儿女也承诺会在小长假期间回来看望他。

社区居民马顺通患有严重高血压、胃溃疡、重度脂肪肝，四肢无力没有劳动能力，且多次住院治疗花费大量医药费。其爱人邹阿姨无正式工作，靠打零工维持一家三口的基本生活。儿子马继伟2015年7月高中毕业，面临升学后的各种费用。一家一直居住在面积只有40多平方米的老旧房屋里，平日吃饭和学习，都只能在简易圆桌上，屋子里的灯光昏暗，孩子平常看书学习都非常不方便。屋里的墙壁因一直未重新粉刷，早已经发黄发旧。家里因无力承担天然气管道铺设的费用，仍然使用着老的煤气罐。现在全市基本实现了天然气管道全覆盖，换煤气罐变得十分不便，而且价格昂贵，一百多块钱一罐的花费更是给这个低保家庭带来不小的经济开销。而且煤气罐常年得不到维护，存在很大安全隐患。张晶在社区走访时听居民说到他家的困难，走访了10多家居民才打听到他家的门牌号，当时已经下班，可是张晶没有考虑到个人，用从居民处打听到的线索挨家摸底，实地入户了解，悄悄地记下了他家的困难。张晶不但在本上记录下他家的现实情况，更是在心里记下了他家的困难。回来之后总是向大家提起这个家庭，总是到处打听有没有可以帮扶和救助的政策，最后从河东区团委争取到扮靓家园的项目，可以为这个家庭改善居住环境，给马继伟一个常年成长扶持。千方百计地争取下这个项目后，去他家做工作，拍照片，记录和填报各种表格向区团委申请，请来团委和街道的领导和老师们上他家实地调研。经过半个月的努力和各界人士的帮助，马继伟家的扮靓家园项目终于审批下来。马顺通家庭顺利地参加了"美丽天津，扮靓家园"，拿到了第一笔改造款项。接着张晶马不停蹄地帮他找工人，谈价格，有时甚至为了省钱自己动手帮着马家出力。一开始的物料配送中，因他家住六楼且没有电梯，正赶上闷湿季节，配送的工人拒绝搬运。他家又是病的病，小的小，全靠女主人一人之力，张晶二话不说，中午没有回家休息，一直在现场帮助协调工人沟通解决搬运问题和材料的存放等问题。在改造中最大问题就是天然气管道的安装，由于需要花费大额的初装费，生活本就困难的马顺通家无力支付。张晶了解到这一问题后，积极与区街领导汇报及沟通，为他家争取这笔款项，改造期间张晶时常入户关注工程的进度，帮助他家解决施工中遇到的难题，并用镜头随时记录下改造的时刻。2015年的夏天，居民委员会在最热的伏天、最少的人力下，大家齐心协力用近两个月的时间完成了装修改造和天然气管道改装。马顺通家的房屋已焕然一新：经粉饰后洁白的墙面、更换的崭新灯具，厨房和厕所也铺上了漂亮的瓷砖，还有新配备的洁具和灶具……这一切都让马顺通的家有了翻天覆地的变化。在后期的回访中，张晶还将自己新买的衣帽挂钩作为贺礼送给他们，表达祝福。马顺通一家十分感谢社区和政府为他们所做的一切，还说孩子今后一定会努力学习，成才回报社会。

“踏踏实实做人，兢兢业业做事”，是张晶的座右铭。生活检朴，为人质朴，她用浓浓的爱关怀着社区的每个家庭和关注着社会的角角落落。无论是中老年人、孤残人士、低保家庭、妇女儿童，还是社区内的环境卫生、文化活动、公益健康等方方面面，都是她为民服务的出发点和落脚点。张晶一直在为社区的稳定和民计民生不懈努力和拼搏着，带领社会工作者的队伍像家人一样尽心尽力地用满腔热情服务社区、服务社会！

张晶始终把“以人为本、服务为先”的理念贯穿到社区建设和社区服务中去，把切实改善民计民生放在重要位置，以居民需求为工作出发点，以居民满意为落脚点，为社区居民提供优质、高效、便捷的服务而努力！

立足辖区经济　展现青春活力

陈　菲

社区虽小，但工作范围却不小，又由于万达广场社区地理位置的特殊性，社区的主导工作就要数统计工作了，统计工作不光涉及居民区的人口普查、劳动力调查，还涉及商业区的统计工作。其中最为重要的也当属商业区的统计工作，由于店铺及公司众多，统计工作也就尤为重要，定期的走访、各类报表及普查工作也在社区工作中排得满满当当。

高睿阳是万达广场社区的统计主任，虽然社区的统计工作繁多，但从未有一句怨言，工作上也坚持能自己完成的就独立完成，不给同事增加格外的工作负担。对于同事分配的任务也不分你我，按时完成，虽没有惊天的成绩，却也不甘落后，力争上游。

高睿阳初到社区工作时，恰逢2013年第三次经济普查工作开始。通过工作她了解到经济普查的目的是全面调查了解我国第二产业和第三产业的发展规模及布局，了解我国产业组织、产业结构、产业技术的现状以及各生产要素的构成，进一步查实服务业、战略性新兴产业和小微企业的发展状况，摸清我国各类单位的基本情况，全面更新覆盖国民经济各行业的基本单位名录库、基础信息数据库和统计电子地理信息系统。通过普查，进一步夯实统计基础，健全统计工作的部门协调机制和信息共享机制，为加强和改善宏观调控、加快经济结构战略性调整、科学制订中长期发展规划，提供科学准确的统计信息支持。

但对于刚接触社区工作的她来说，统计工作确实有难度，因为面对企业及商铺的不配合及反感让她不知如何应对，但同事的应对做法给了她指点。通过初次的全面走访，让她对统计工作有了更深的了解。2013年年底她被调到万达广场社区，经济普查工作也进入到了关键时期。她当时负责的区域为万达广场一层、二层及室外步行街，作为第四普查区的负责人，面对上百家企业，让她感觉压力很大，但是每完成一家单位的喜悦又让她对这项工作充满热情。经济普查一直持续到2014年中旬，虽然工作辛苦，但她说这项工作收获的工作经验让她受用终身。

2015年换届后，由于人事调动，高睿阳主动接管了统计工作，这个决定让大家都感到很意外。因为统计工作给大家的印象就是工作量大，定期任务和临时性任务很多，工作中更是需要耐心与细心。她告诉我们接手统计工作的初衷也是希望自己能在完成统计布置的各项工作中得到锻炼，从而进一步提升自己的业务水平。

在她接手统计后的第一项工作就是全国1%人口抽样调查，这项调查有利于查清2010年以来我国人口在数量、素质、结构、分布以及居住等方面的变化情况，为科学制订国民经济和社会发展规划，提供科学准确的统计信息支持。

由于前期她与前统计主任一起参与了画图及其他工作，所以干起来还算得心应手，在绘制区域普查图及编号时虽然工作到很晚，但她却从未有一句怨言，全心全意完成自己手中的工作。她说："统计工作虽然辛苦，但完成工作时的成就感，又让自己坚定了自己当初选择统计时的信念。"在后期下户普查阶段，她也不止一两次的遇到居民不理解不配合的情况，有的居民会问这项工作和自己有什么关系、意义又是什么。作为统计工作者，她总会耐心回答居民提出的各种问题，安抚居民的情绪，工作再困难也不轻言放弃，秉承踏石留印、抓铁有痕的劲头抓下去，善始善终、善做善成，防止虎头蛇尾。

她对统计工作的工作态度及热情让我们看到一名合格的统计人应有的高度的责任心和使命感打造着诚信统计。坚持原则，构筑统计职业道德规范。统计职业道德标准的核心是坚持实事求是。工作中，应坚持实事求是的思想路线，坚持尊重科学、严谨求实、团结协作、服务奉献的统计职业作风与职业态度，提供准确数据，不失真实，不掺水分，敢于抵制和排除弄虚作假，做到忠诚统计，确保统计数据的真实性。

在社区日常工作中，她也秉承一丝不苟、积极热情的工作态度。因为作为一名普通的社区工作人员，我们离人民群众最近，我们和人民群众最亲。我们最能体会到大众的心声，我们最能了解百姓的冷暖。我们的服务就是党和政府的服务，我们的关心就是党和政府的关心。工作中增强责任感、使命感和紧迫感，把坚持共产主义崇高理想同努力完成当前的工作结合起来，不断加强新知识、新业务的学习，提高工作的科学性，提高政治敏感性，埋头苦干，扎实工作，脚踏实地做好本职工作。

在社区网格化管理中她坚持深入群众走门入户，了解最直接的社情民意，解决群众最直接的疑难问题，熟悉社区每一家的快乐与艰难，熟悉社区里困难人群的生活小细节，将群众冷暖挂心上，把百姓忧愁放手边。

她说："社区虽小，责任不小。作为一个社区工作者，必须要干一行，爱一行，专一行，'责任大于能力'。必须有较强的工作责任心，才能在自己平凡的岗位上实现人生价值。创造美丽河东美丽上杭，争当投身建设好青年，这是每一位上杭社工的义务，这是当代上杭社工义不容辞的责任，这是当代上杭社工无限光荣的使命。义务在手，责任在肩，使命在心，我们必须去履行，我们一定能履行好！"

（作者单位：河东区上杭路街道万达广场社区）

后台社区社工小李的“暖心情结”

河东区大直沽街道后台社区

李妍，今年25岁。一个偶然的机会她报考了社区工作专职人员，考进社区之前，对社区工作并没有很清楚的认识，只是简单地地认为平日接待一下居民，解决一些居民生活的琐事。投入到社区工作之后，才颠覆了之前的认识……

2015年9月，李妍被安排负责社区计划生育工作。起初她对这项工作并不了解，相关政策也不熟知，于是自学《计生应知应会》，把重点的内容记录在本子上，及时询问街道领导和社区的原计生主任。再配合街道每周的培训，慢慢地了解到生育服务证的办理、婚育证明的开具、孕优工作的协调等。对李妍而言，这些开具证明的工作是有明确政策可以依靠的，相对容易。而那些用真心融化人心的工作更加有难度，比如，走近社区的失独人员、关爱社区的失独人员。

失独人员的概念是什么、社区有多少失独人员，他们有着怎样的年龄结构、有着怎样的生活经历和心理情绪，为了弄清楚这些问题，李妍首先上网查询关于失独人群的相关资料，然后了解自己辖区失独人员情况，通过整理得知，李妍所在社区的失独人员为6户，共计9人，年龄均在55周岁以上，孤老户2名。为了尽快了解每一位失独人员，李妍采取入户走访的方式，和他们谈心、聊天，了解他们的生活所需。刚开始，由于年纪小、经验少，大家对她缺乏信任，工作出现了一些困难，通过一次次真情实感的交流，他们逐渐对李妍建立了信任和信心，慢慢向她敞开了心扉。在聊天的过程中，李妍总是看到他们说话时不经意的泪光，阿姨们总会拉着她的手说：“小李啊，你也就比我女儿小几岁啊……”每当这时都会触动她的心。当李妍向他们分享自己最近的生活时，他们的目光总像看孩子一样宠溺地看着她，偶尔也会开怀大笑。李妍很感谢他们会在遇到开心或者不开心的事情时及时与自己分享。而李妍在社区有活动时他们也会积极响应，支持社区的工作。

2015 年 9 月，也就是李妍来社区的第一个月，大直沽街道计生办举办了“相亲相爱一家人”文艺会演活动，目的是鼓励辖区内失独人员参加活动，使他们重拾对生活的信心。在李妍入户邀请失独叔叔阿姨时，社区的丁姨和赵姨踊跃报名。之后的每周一下午排练，两个阿姨都是早早到达，在排练前拉着李妍的手说说自己最近的情况。李妍总是认真地倾听，紧紧握住她们的手。排练结束后，李妍左手右手挽着两个阿姨，像挽着妈妈一样，说说笑笑，直到送她们回家。这样，既丰富了她们的业余生活，又让她们时刻能感到贴心的温暖。

2015 年 10 月，社区组织给失独人员免费体检，李妍社区共有 5 名失独人员参加。在体检前一天，李妍给每位参加体检的叔叔阿姨都打电话嘱咐一遍“体检须知”。社区的高大爷在电话里说：“小李，你办事太周到了，你说的注意事项我都记下来了，就怕明天一糊涂给忘了。”虽然这是一件小事，但是对于这些老人们可能就是一件很关键的事情。在体检当天，李妍提前一个小时来到津东医院等待叔叔阿姨们，当叔叔阿姨从不同的科室体检完，李妍都关切地跑过去问问情况，当听到叔叔阿姨说没什么大毛病，李妍心里就踏实许多。在体检的人员中，有一位是独居的患有肢体二级残疾的袁阿姨，袁阿姨患脑栓塞行动不方便，体检过程相对较慢。李妍送走其他叔叔阿姨后，就全程陪同逐项体检，帮着她拿着体检单，帮她背包。袁阿姨一手扶着楼梯，一手扶在李妍的肩上，顺利地进行了大部分的体检内容。当最后要验尿的时候，袁阿姨从卫生间出来犯了难，因为一手要扶着拐杖，另一只手又由于患病没有力气，所以无办法把尿盒端到检验室。李妍看到她为难的表情，就说：“袁阿姨，我帮您把尿盒端到检验室，您在走廊的椅子上等会我。”袁阿姨说：“小李，真是不好意思。我都没好意思说，你能不嫌弃我，我特别感动。”李妍看着阿姨微笑对她说：“阿姨没事，您坐那等会我吧。”说着李妍就端起尿盒向检验室走去。送完后，又跑了回来，直到袁阿姨体检单上全部项目体检完毕。现在，李妍经常会来到袁阿姨家中，给她打扫卫生，陪她聊天，阿姨总是感激李妍体检当天对她的照顾和关心。每当李妍离开袁阿姨家中时，袁阿姨都会站在阳台上看着她走，向她挥手。通过一件微不足道的事情，可能就会触碰到他们心里最柔软的部分，让他们感受到社会的关爱，让他们知道只要敞开心扉，温暖从不曾离开。

临近2015年年尾，李妍得知：丁姨的老伴刘叔叔因脑出血被送往医院抢救。这个时候李妍想起了国家每年给失独人员缴纳的“暖心保险”，希望能给丁姨老两口尽一些绵薄之力。本来丁姨想咨询完保险电话后自己打电话联系，李妍想到丁姨自己一个人照顾老伴很辛苦，主动提出说：“丁姨，您安心照顾刘叔叔吧，我帮您问保险的事情。”丁姨在电话那边泣不成声，李妍叮嘱她要保重身体不能倒下，她哭着连声道谢。李妍马上和街道联系，并且和“暖心保险”负责人联系，把需要报销的材料、报销地点、报销时间都详细记录下来，并告知了丁姨，把住院的单据要保管好。但是，天有不测风云，刘叔叔因抢救无效去世。第一次在工作中真切地感到了永远的离别，向街道民政科长和社区主任汇报情况后，李妍受街道和社区委托到丁姨家中去慰问。李妍看着丁姨憔悴的面庞，拉着她的手说：“丁姨，您要保重身体。您还有我们。”李妍不仅把慰问金送到了丁姨手上，更把温暖送到了丁姨的心中。丁姨患有多年的糖尿病，李妍怕丁姨不能适应独居的生活，便经常打电话问问丁姨的近况和身体情况。丁姨告诉她：“小李，放心吧，我会努力生活，好好照顾自己的。”李妍的心才有了着落。

时间总是稍纵即逝，新年的脚步悄然来临，家家户户都在整理房间，除旧迎新，张贴吊钱和对联，增添节日气氛。每当这个时候，这些社区的失独家庭倍感孤独。李妍了解到社区有几户失独叔叔阿姨身体不好，无法给家中扫除，就向社区申请了几张家政服务卡，送到这些失独家庭中。赵姨的老伴邢叔叔说：“我们家的窗户已经好多年没有这么干净了！”社区许阿姨特别开心，打电话告诉她：“小李啊，家政人员给我们家打扫干净了！简直就是雪中送炭啊！要不我们老两口根本擦不了那么高的地方啊。”其实，这就是对普通家庭很简单的一件事情，对于失独家庭就是一个莫大的安慰。临近除夕，李妍来到高大爷、许阿姨家中，给他们贴上了红火的吊钱和对联，许阿姨亲切地叫她“二雷”，就是第二个雷锋的意思。虽然话语简短，但是充分表达了他们对李妍的信任和喜爱。

年关过后，2016 年暖心保险单分发下来了，在给失独家庭打电话时，了解到社区的王叔叔因患有严重肠息肉住进了人民医院。因有上次的经验，李妍把“暖心保险”需要的手续写在了纸上，想着看望王叔叔时把这个纸条一同给他。当王叔叔手术出院后，李妍在街道领导和社区领导的安排下，和社区同事一起来到了王叔叔的家中（王叔叔现独自居住在东丽区一个小独单中）。王叔叔看到她们，连忙招呼坐下。看到斑驳的墙壁、破旧的家具、沙沙作响的电视机后，李妍在饭桌上一碗剩挂面和两个馒头上定了神，心里泛起一阵酸楚。李妍连忙把慰问品递给王叔叔，告诉他现在这个时候更要加强营养，注意休息。临走时王叔叔送她们下楼，当王叔叔回身走进楼道的瞬间，李妍看到了一个驼背孤独的背影，心里非常难过。后来，李妍经常给王叔叔打电话询问他身体恢复得如何，鼓励他多下楼和邻居聊聊天，锻炼身体。

2016 年社区联合其他两个社区启动了“暖心联盟”项目。为了使失独家庭从活动中深刻感受到“人间自有真情在”的社会温暖。前期李妍入户邀请失独叔叔阿姨，并为他们录了正能量小视频。在 4 月 13 日的“暖心联盟”启动仪式上，社区 5 名失独人员准时参加了活动，高大爷作为代表进行了讲话。启动仪式结束后，李妍看到有的叔叔阿姨也红了眼眶，并亲切地告诉她：“小李，这个活动让我们接触了更多的人。”许阿姨还像小孩一般地问：“我棒不棒？今天居然忍住了没哭。”李妍和叔叔阿姨们都合影留念，从洗出的照片中，看到了叔叔阿姨们露出的笑脸，就是这次活动最大的成功。5 月 10 日，“暖心联盟”第二个活动——“直沽往事——寻根之旅”活动。社区赵姨报名参加，李妍担心二老不认识就去家中接他们。赵姨和老伴邢叔叔早就穿戴好等着她了，赵姨特别开心，问李妍：“我这件衣服好看吗？是我新买回来的。”每次李妍都会说：“赵姨那么年轻漂亮，穿什么都好看。”赵姨听完这句话开怀大笑。一路上，李妍挽着赵姨说说笑笑，邢叔叔就走在她俩的后面，时不时地和她们说两句。很快就来到了大直沽天妃宫进行参观，赵姨说：“在这住了一辈子了，都没进来看看。今天了解直沽文化和历史，增长了见识，太好了！”大家对活动都非常满意。

走进社区工作已经8个多月了，在这段工作过程中，李妍认真接待每一位办事居民，耐心倾听居民遇到的烦事，用心解决居民委托的急事。她时刻提醒自己要站在居民的角度看待问题。对于社区的失独家庭，既有同情心，还要有更多的同理心；既要关爱这些老人的生活，还要让他们融入社会；既要有无私奉献的大爱，还要有专业化的理论知识。做一个能体察民情、化解民忧、温暖民心的社工，有暖心、热心，不忘初心。

社区的“暖心”管家

津南区双港镇鑫港园社区

张雯，现主持双港镇鑫港园社区居民委员会工作。从事社区工作7年来，她始终坚持以“小巷总理”的责任感、社区是我家的胸怀、普通工作者的担当、志愿者的无私奉献、社区居民角色意识的理念对待本职工作。

鑫港园社区得到居民高度好评以及各级领导的肯定，2011年被评为天津市“魅力社区”，2012年又获得国家级“农家书屋”示范基地的荣誉称号，2014年被评为全国科普社区，2014年，获得首批天津市“美丽社区”荣誉称号。团中央第一书记、天津市一些领导专程到鑫港园参观调研，每年接待来自各地学访团体人数就多达百余人。

一、创新管理，发挥作用

农民还迁社区管理对双港镇是全新的课题。张雯根据“六位一体”管理模式，结合社区自身特点，采取各居民自治组织有负责人、有任务、有自主、有考核、有激励的“五有模式”，形成了较为完善的网格化管理的分工负责制。

同时，为了充分发挥居民参与自治的作用，在双港镇党委、政府的大力支持下，创建了集会议、展示、演播、教学、实践等多项功能于一体的“美德礼堂”。该礼堂通过搭建宣传、展示、培育、实践和激励五个平台，较好地发挥了文明示范引领作用。

树立文明标杆。张雯带领居民，以凡人善举感召人、好人好事引导人为契机，在他们中开展“美德之星”推荐评选活动。将居民身边的善行义举、模范事迹按照爱岗敬业、乐于助人、孝老爱亲、见义勇为分门别类地编辑成册，图文并茂，放在“美德礼堂”的显著位置，供人们翻阅学习；同时，还做成音像制品，在礼堂内滚动播出。通过持续不断的宣传展示，这些“美德之星”被更多人所熟知，成为居民们津津乐道的“草根”榜样。

发挥志愿者作用。鑫港园社区目前有各类志愿者队伍10支，人数已达550余人。针对社区现有情况，分成了巡逻、调解、问候等队伍。比如针对老年人需要慰藉的问题，张雯将社区内的志愿者召集起来，组成了“清晨问候队”，让志愿者与孤寡老人、空巢老人结成对子，每天早晨去看看老人或者给老人们打一个电话，不仅可以帮助老人排解寂寞，还能及时发现老人的异常状况并采取相应措施，确保老人身心健康。每逢节日，志愿者不仅电话问好，而且还带上亲手包的饺子、亲手编织的工艺品，亲自到他们家中慰问，使这些老人真切感受到了社区大家庭的温暖。

让“美德礼堂”持续发展。通过一年多的实践与长期入户了解的情况，张雯发现“美德礼堂”还可以继续扩大它的作用。借助2015年津南区公益项目的机会，她将美德礼堂纳入到“夕阳帮扶站”和“七彩课堂”两个公益项目中，不仅完成了困难家庭和残疾家庭之前提出的愿望，而且还又扩大了志愿服务队的类型。进一步完善了“美德礼堂”积分兑换制度，让“美德礼堂”有一个持续发展的平台，也让公益项目中的志愿者有一个得到“回报”的平台。

二、规范社团，提升素质

张雯积极组织引领每个社团树立共赢理念，实现以制度管理队伍预期。舞韵舞蹈、彩云空竹、无极太极队、旋风乒乓球队等二十几支社团先后代表镇、区、市参加各种比赛，取得骄人成绩。做到群众活动天天有，结合节日开展特色活动，每年开展主题活动达到60余场。

为提升每个社团队伍的整体素质，张雯与津南区文化馆老师沟通，为社区内的合唱、书法和舞蹈队进行了系统的培训，让他们从“自己玩”转变成“半专业”化。有的队员对此不理解，认为加入队伍就是为了消磨时间，不想参加这样的培训。张雯耐心地为他们分析了学习基础知识的好处，最终获得社团队员的理解和支持。现在社团队员们见到张雯，都会称她为“贴心小主任”。

三、服务居民，排忧解难

视服务居民为己任，认真听取民声，解决问题。比如房屋维修问题，捡拾废品成瘾，毁绿破坏环境引起民怨等问题，都是困扰居民、需要解决的难题和历史遗留的问题，解决起来非常棘手，还需多方配合。对此，张雯都会积极化解矛盾，为民解忧。比如8号楼的王大爷气冲冲地找到居民委员会，反映暖气管道跑水的问题，一进门就说：“如果你们再不给解决，我就去政府，看看到底有没有人管我们这些老百姓。”张晶安抚了王大爷的情绪后，了解了情况，立即找到物业公司一同去家里查看情况，得知是由于六楼管道井暖气管漏水造成的，因为早过了质保期，六楼又不愿破坏自家的墙体，导致事情一拖就是三年，至今没有解决。了解清楚后，她主动与建筑公司、供热公司、开发公司联系要图纸、想办法、看现场，将居民的损失降到最低。随后又联系从三楼到六楼的居民，为他们讲明缘由，化解了他们之间的矛盾。施工队也顺利进场进行了维修，现在他们四家不再为漏水而苦恼，关系也和睦了。比如社区内多名低保对象，由于家庭条件不好，中风后均都出现了半身不遂的现象，其实做过康复后，都会得到很好的恢复，但就是由于家庭经济条件不好，他们舍不得花钱，时间一长，自己情绪也越来越不好。得知情况后，张雯带领社区工作人员几次入户了解，带着专业的医务人员对他们进行评估，让他们享受到了为期一年的公益项目——康复治疗。康复治疗两个月后，受助的张姨、何大爷和张大爷一同为社区送来了锦旗，他们感谢社区对他们的照顾，更感谢这位社区主任对他们的关心和帮助，让他们再次感受到政府是关心他们的。事后居民都说：“社区来了一位为我们解决实事的主任，真是我们的福气。”

有人说张雯是小区的“小巷总理”，也有人说她是社区的“暖心”管家。

奉献社区终不悔　愿做百姓贴心人

津南区咸水沽镇首善社区

她叫王胜馨，是一名普通的社区工作者，社区工作已经伴她走过了16个春秋。她认真履行岗位职责，她在社区各项工作中，都立足本职，埋头苦干，乐于奉献。在群众眼中，她工作起来热心、认真、负责，总有使不完的劲；在同事眼中，她是一个好领导，亲和而不失领导力；在女儿眼中，她是一个好妈妈，关心女儿的健康成长。她就是这样一个平凡的人，在平凡的岗位上兢兢业业，恪尽职守，以求真务实、勇于创新的敬业精神，用满腔的热血、强烈的事业心和高度的政治责任感，忘我地投入到社区工作中。

一、破茧成蝶——完成人生重要角色的转变

从2001年参加社区工作以来，王胜馨从普通的社区工作者到社区副主任再到社区主任兼书记，不断超越自己，在服务群众的同时也得到了自我价值的提升。

2001年11月10日，一个普普通通的日子，王胜馨来到了咸水沽镇红星里社区居民委员会，成为一名光荣的社区工作者。时至今日，她的足迹遍布咸水沽镇的6个社区，服务1.4万户居民。从工作性质简单单调的原单位到紧张忙碌的居民委员会，生活的节奏一下子加快了许多。2010年4月12日，天气不是很好，时不时还下一阵大雨，她带着组织的信任和群众的期盼来到金石里社区居民委员会。三间车库改造的办公房阴暗潮湿，常年见不到阳光，摆设凌乱……她暗下决心，一定要干出个名堂来，让金石里小区变个样。为了尽快熟悉社区情况，她和社区人员一起利用人力资源

信息采集和人口普查的机会进行入户大走访，走家串户收集社情民意，不厌其烦地跑辖区单位，谋划社区共建事宜，社区工作在很短的时间内得到居民的认可和支持，科普讲座、模拟法庭、禁毒宣传等共建活动开展得有声有色。2011 年新建的居民委员会服务用房可以投入使用了，近千平方米的两层楼大到各功能间如何布置、如何发挥其服务居民的最大功效，小到宣传板报的每一个字，她都绞尽脑汁，反复斟酌，仔细推敲，直到满意为止。她就是这样享受了金石里小区从建家、管家、当家到爱家的整个过程。在这里，她的潜能得到淋漓尽致的发挥，辛苦其中，享受其中。

扎根社区 16 年，做群众的贴心人，坚持不懈地为群众服务，先后被评为津南区优秀共产党员、五五普法先进个人，获市、区五一劳动奖章、先进个人等荣誉称号。她精心打造的金石里社区被评为市级党建示范社区、国家级科普示范社区等。这是对她的认可，同时也是激励，让她更加坚定要在社区这个平台上走得更远。

二、扎实工作——在平凡中体现不平凡

王胜馨带领全体社区干部，热心为群众排忧解难，积极为困难群众争取各项福利，真正贯彻了“服务群众、一心为民”的工作原则。

金石里 6 号楼过渡房内住着 40 余户拆迁困难户，因海河教育园工程施工造成小区污水无处排放，一度给这里的居民带来了生活上的不便。眼看天气一天冷似一天，真要到了三九寒天，污水将整个路面冻结成冰，会给居民出行造成一定的危险。急群众之所急，她及时协调相关部门出动吸粪车、铲车、翻斗车、拉土车，经过一天的努力，把路面修好了。第二天气温骤降，总算没有影响到居民的出行，社区居民高兴得不得了。

23 岁的婷婷来自黑龙江伊春，父母都是地道的农民。婷婷大学毕业后到社区一所中学实习，在实习期间，为学生讲课时，突然感觉耳朵一下子什么也听不见了。经诊断，她患上了脑瘤，被鉴定为听力一级残疾，从此不能从事她热爱的教育事业。当了解到婷婷的实际情况后，急人所急，王胜馨及时为婷婷申请了最低生活保障，可微薄的低保金难以维持她的生活和医疗费用。女孩的病情逐渐恶化，连走路都很困难了。她奔走呼号，社

会爱心人士纷纷伸出援手，为婷婷筹措了6万余元的手术费用，成功施行了手术。王胜馨还亲自跑房管局、民政局为服务对象办理了廉租住房补贴，向残联部门申请了轮椅。屋漏偏逢连阴雨，夏季的一场大雨使母女俩租住的破旧平房摇摇欲坠，漏水特别严重。王胜馨和居民委员会同志将母女俩接到居民委员会日间照料站暂住，直到汛期结束。服务对象病情恢复后，王胜馨协调妇联有关单位派人专门教授她学习编织技术和穿珠手艺。目前，她的作品已经出售，并有可观收入。婷婷的脸上终于流露出久违的微笑。

三、无悔付出——朝着理想迈进

基层工作点多面广，既复杂又烦琐，有时甚至要牺牲业余时间。但问到她是否后悔从事了社区工作时，她毫不犹豫地说："无怨无悔！我还要在这个岗位上做得更好，走得更远。"一天忙碌的工作，虽然带给她身心疲惫，但是想想工作中的收获，她感到充实而又满足。

她总结要干好社区工作，应具备"三心二意"，要有爱心、耐心、虚心，对工作对群众要全心全意，对困难对委屈不要在意。几年的工作虽然收获了许多荣誉，但她说这些都只能代表过去。社区的建设还在进行中，还需要投入更多的精力、时间，做一名群众满意、领导认可、同事信任的好书记。人们常说：人的生命是有限的，但是为人民服务是无限的。社区工作如何做好为民服务，要牢记以人为本、为民着想的这一精神，做每一件事，要深入调查研究，看群众喜欢不喜欢，看群众拥护不拥护。社区工作要有提前量，不要等事来，要找事做。实践证明，只有这样，社区工作才能变被动为主动，就会得到广大群众的拥护和欢迎。

没有轰轰烈烈的壮举，没有任何豪言壮语，王胜馨在平凡的岗位上默默地耕耘着，默默地奉献着自己的青春。她还要在这个岗位上继续诠释这一份不平凡，把社区工作这份最普通的职业做成最出色的事业。

与社区居民高大爷的故事

南开区向阳路街道昔阳里社区

郑文钊，向阳路街道昔阳里社区的一名社工干事。2012 年参加社工录取考试，经过笔试、面试后被民政局录取。同年 7 月，被分配到了昔阳里社区，成为分管卫生的社工干事。2014 年，社区实行了网格化管理，郑文钊负责的网格是昔阳南里和宁强里。按照要求，网格长必须对自己所分管的网格做到“三清五到位”，即“家庭成员情况清、困难群众情况清、存在问题情况清，思想教育到位、秩序管理到位、协调服务到位、志愿活动到位、帮扶助困到位”。郑文钊每天在巡视环境卫生工作时带着管片的户籍册，熟悉了解分管的 288 户居民，同时也让分管片的居民了解熟悉自己。在接管这个网格时，主任还特别叮嘱郑文钊要多关注宁强里 1－4－304 号住户高占营、崔金玉夫妇，他们是社区特别扶助的失独家庭，同时也是特困残疾家庭，因此需要社区的特别帮扶。从此，郑文钊和昔阳里居民委员会志愿者服务队，长期对其提供帮扶志愿服务。

2014 年底，本来有着幸福三口之家的高大爷家中传出噩耗。高大爷 27 岁即将结婚的独生子因酒后驾车发生车祸陷入昏迷，一直处于植物人状态，为给儿子治病，高大爷家四处借债，但依然没能挽回儿子的生命，失去了独子。这样突如其来的变故对高大爷夫妇简直就是晴天霹雳，仅仅几天时间，就花光了全部积蓄，生活陷入了困境。在医院看望过程中，郑文钊与高大爷谈及今后生活的问题，高大爷说：“昨晚我回家时，看见门上有一张催缴暖气费的通知单，我现在是没钱交了，等待我的只能是停气挨冻。”郑文钊了解此事后，立即和主任找到了共建单位昔阳里供热站，和站长沟通此事，最终供热站同意免除高大爷家一半的供暖费。

郑文钊又和主任带头组织居民委员会的同志们和社区党员捐款，解决了高大爷家的供暖问题。而后的时间里，郑文钊把高大爷作为重点帮扶的居民，经常带领同志们前去看望。由于老两口日夜轮流守护儿子，无暇顾及自己的身体，郑文钊就找到高大爷所在楼门的楼门长孙姐，叮嘱她帮忙照顾高大爷。同样患有糖尿病的孙姐按照郑文钊的叮嘱，特意为高大爷制作糖尿病患者的饮食，天天给他送去，高大爷深受感动。高大爷的儿子高军5月过世，郑文钊和高军单位的领导为其办理了后事，并叮嘱高大爷，“您儿子不在了，我就是您的亲人。有什么事您就给我打电话，我尽力帮忙。”从此，郑文钊社区网格内的花名册和脑海里又多了一名重点帮扶对象。本来就身患严重糖尿病的高大爷已经年近70，经受不住这白发人送黑发人的人间悲剧，悲伤过度导致双目失明。为了让他享受民政部门天津市南开区重度残疾人护理补贴，郑文钊帮他预约了残疾人鉴定。郑文钊从家中接高大爷到眼科医院，帮高大爷挂号、缴费直到全程做完鉴定，然后把他送回家。

郑文钊想尽一切办法帮扶高大爷一家，改善他家的经济困难。通过学习政策，了解到计划生育中有一项“计划生育家庭特别扶助制度”，但这时已经错过了办理特别扶助的日期。郑文钊把此事记在心里，在第二年申请时，专门入户将申请表格送到夫妻二人家中帮其填写，并帮其把所有的证件复印整理好提交上去，直至办理好后，又将特别扶助证和银行卡送到其家中；同时利用市、区的好政策又为其缴了失独家庭保险，当把保险单送到其手中时，高大爷老两口感动得热泪盈眶。此外，昔阳里社区各个志愿服务队都对高大爷提供过各种帮扶服务。年关将至，社区不仅为高大爷家中送去米面油等慰问品，还组织了社区青少年志愿者到其家中为其进行了卫生大扫除，并且陪伴他们说说话，谈谈心。每次郑文钊都会劝慰老夫妇：“有什么困难您说话，就找我们居民委员会。”高大爷都会笑着说：“我从来没拿居民委员会当过外人，有过不去的难关肯定少不了麻烦大家。”话音未落，年后开春还就真遇上了麻烦事。因为楼上住户家中暖气漏水，导致高大爷家房顶墙皮大面积脱落，高大娘搀扶着失明的高大爷来到居民委员会反映情况。高大爷情绪十分激动，几次落泪。郑文钊和王主任详细了解了情况，并多次到楼上住户家做调解工作，起初楼上住户并不认可赔偿损失，但经过动之以情、晓之以理的说服教育，楼上住户同意赔偿损失，高大爷家得以重新粉刷了家中的墙壁。郑文钊带领志愿服务队拿着清扫工具再次来到了高大爷家中，把屋里的卫生又打扫了一遍。高大娘激动地说："谢谢你们，因为你们家中才能整洁如新。"高大爷多日愁眉不展的脸上露出了笑容。

在2015年初，在宁强里旁的煤气灶具厂因整治天津市大气环境工程升级为长江道中继泵站。在其施工期间，高大爷受不了工程的噪声，连续几天都没有休息好，心脏难受、血压升高，情绪焦躁。高大爷自己一点点摸索着来到了施工现场，拦在大门口，极力反对施工继续进行。郑文钊了解到这个情况后，帮助老两口联系了社区内的日间照料中心，给老两口提供休息的地方，并联系社区医生帮助他们量血压、买药，到了中午把热腾腾的午饭端到他们面前。高大爷也说出了自己的无奈。郑文钊说："我理解您的感受，在他们施工的这段时间我就天天接您和大娘来这里休息，等到晚上施工停止了我再送您二老回家。"高大爷听后感动地点着头，说再也不会找工程队的麻烦了，以后还会帮助宣传中继泵站工程对大家的好处。

2016年6月，郑文钊接到了高大娘打来的电话，说高大爷这几天解不出小便，想去医院但自己没有办法带他去医院。郑文钊立刻赶到高大爷家，随后拨打了120急救电话，和邻居一起把高大爷抬到了救护车上。到了医院帮助他挂号，赶紧找来急诊大夫。大夫看了他的病情立刻帮他下了尿管，说："再来晚一些，就会造成肾损伤，会危及生命的。"并建议去泌尿科门诊再查查有没有其他的病因。郑文钊又推着高大爷来到了总医院的泌尿科门诊，检查、拿药。待病情稳定后，把高大爷送回家，叮嘱高大爷按时吃药。郑文钊心里的一块石头才算落了地。从最初和高占营家的接触到如今的熟识，郑文钊充分发挥社区社工志愿者奉献他人、帮贫扶困的精神，用实际行动精准帮扶。每当看到高大爷夫妇从悲伤过度如临末日到重展笑颜开始新生活的状况，郑文钊就感觉工作再苦再累都是值得的。

直到现在，社区还一直坚持着定期为高大爷家上门做卫生、解决日常生活问题等种种服务；遇到急难问题，更是第一时间解决。高大爷非常感动，说：“党是妈妈，居民委员会是家。主任就是我亲妹子。网格长胜过我的亲儿子。社区党委、居民委员会对我比亲人还亲。”

身体力行的大妈老师

韩凤娟

天津武清和平之君儿童福利院及儿童康复中心成立于2003年，是一家以政府为主导、社会共同参与的儿童福利机构，集孤残儿童的养护、医疗、康复、教育、职业培训等多功能为一体。和平之君儿童福利院里生活着一群有特殊需要的孩子们，员工中有着一位“妈妈”，她的名字叫陈燕。孩子们总是称呼她为“大妈老师”。在孩子心中，她既是妈妈又是老师。

陈燕于2007年来到和平之君儿童福利院工作，刚开始对这份工作不是很有信心，因为觉得自己本身不是一个细心的人，不会关心和照顾这些孩子。可是，当她与孩子们一起生活、学习一段时间后，爱上了这份工作，这一干就是9年。

福利院的儿童不仅承受着自身的生理、心理残障所造成的不幸和困难，而且往往也会遭受社会人文缺陷所带来的痛苦和艰辛。有一次，陈燕带着几名肢体残障的孩子去社区玩耍，在路上有人对孩子们指指点点，还像躲避瘟疫一样绕着孩子们走，一点也不顾及孩子们的感受，这让陈燕心里很不舒服。回到院里，她立即和领导申请，能否组织一些活动，让社区居民多了解我们的孩子，关注和接纳这一群体。在她的建议下，院领导也非常重视，先后组织了“认识你的邻舍”“同在一片蓝天下”“社区文艺演出”“游戏开放日”“公车游”等社区共融活动。经过几年的努力，当福利院的孩子与周围的居民打招呼时，居民们都会热情地给予回应，并且还会主动邀请福利院的孩子们和家里的孩子一起玩。孩子们也能和社区的小朋友一样在学校里接受教育。“不管身体如何，孩子们的内心是稚嫩的、清澈的，我们要让这些孤残孩子与正常孩子一样被人们接纳，与正常孩子一样拥有天真烂漫的童年。”

上学对于普通孩子而言是顺理成章的事，而对于福利院的孩子而言，虽然很聪明但多有肢体残障，上学是渴望的，困难是现实的。为圆孩子上学的梦想，陈燕和同事一起到学校沟通，取得老师的理解，同时做好孩子们入学前的培训及心理辅导，让孩子在面对其他小朋友无心伤害的时候知道怎样接受与沟通。在孩子入学后及时了解孩子在学校的状况，与孩子一起上下学。有个叫芊芊（化名）的女孩，下肢残疾，行走不便，在院内有阿姨帮忙，而在学校课间时间短，学生多，每次去卫生间都很困难。陈燕就留心观察学校设施，发现离芊芊班级不远处还有一间不经常使用的卫生间，发现后兴奋地立即与学校领导沟通、协调，解决了她遇到的实际困难。

福利院是一个大家庭，很多物品一起分享。随着孩子们渐渐长大，有能力照顾自己的小朋友也需要一个属于自己的、同时和小伙伴们谈心的空间，需要一个安静的环境去学习、思考。鉴于此，院里要为有能力的大龄的孩子成立男女生小屋（宿舍），这个任务就交给了陈燕。为了孩子，说干就干！一边是有针对性的技能及安全培训，一边是和孩子一起确定房间地点、给小屋起名字、分配房间、制定居住规则、儿童分工、房间的装饰布置、家具的购买等，经过半年多的努力，终于有 10 名儿童在 2014 年的 1 月份分别入住了“快乐小屋”（男生宿舍）和“温馨小屋”（女生宿舍）。陈燕又多了一份新的工作，每天下班后都会到男女生宿舍坐坐，和孩子们聊聊天，一起做饭。“了解孩子们的需求和想法还真得有点窍门，孩子说话要认真听；孩子的一举一动要仔细去观察，感知他们的内心世界，为孩子们解决生活上的矛盾和学习上的问题。”陈燕如此说。每当看着孩子入住小屋时开心的样子，陈燕的内心都会很激动，有时会流下眼泪。“我们的孩子有一大家人陪伴，而这里的孩子没有父母、没有亲人，如果我们再不能用更多的时间去照顾、去帮助、去爱他们，他们怎么办?”经过观察，这些进入小屋的孩子们，不论在学习还是生活上，都有了很大的进步。

福利院的工作看似单一，好像只是生活照顾，其实不然，照顾孩子是基础，让孩子有更美好的未来也是我们分内的工作。这一句“更好的未来”看似简单，做起来要坚守信念、一切为了孩子的信念。她认为单有实践经验没有理论作为基础，那就是空中楼阁；没有实践经验单有理论基础，也是纸上谈兵。为不断充实自己，她先后参加了“心理咨询师”“儿童教育”“特殊教育”等培训班。在她的倡导下，院里设置了幼儿早教课程、亲子抚触律动操，让孩子用身体去感知世界，去学习、去康复。现在院里成立了模拟职业培训班，大多都是唐氏综合征的儿童。陈燕组织讨论会，和老师们一起分析可利用的资源、团队配比，评估孩子的能力、讨论培训班的方向，敲定成立培训班的最终目的。为大龄的孩子们设计职业化的培训课程、制作小饰品、手工皂、做小点心、开设模拟小超市，为孩子们设立收银、理货、保洁、接待等岗位。我们都知道，对于残障儿童的职业化培训是一项艰苦、长远的工作，但是为了孩子们将来能够自食其力、能够工作、能够在社会上贡献出自己一份微薄之力，有质量、有尊严地生活，再难再累也一定会坚持！

“福利院的孩子们最信任、最爱的人就是我们这一群工作在福利院的‘妈妈们’。”陈燕知道，她有责任照顾、教育好孩子，尽自己最大的努力让他们有更好的环境茁壮成长，对得起孩子“赐予”她的称呼“大妈老师”。陈燕说：“我陪着他们长大，他们却给了我成长的方向和动力。”

（作者单位：武清区民政局）

陪孩子走每一个“台阶”

武清区民政局

一、初识福利院

和平之君儿童福利院这个名字既熟悉又陌生。黄颖十几岁时就知道和平之君儿童福利院，那个时候很喜欢缠着姨妈听她讲福利院里孩子的故事，每当听完内心有一种莫名的伤感，期盼着有一天可以去看看那里的孩子。但因为条件限制，一直没有机会。2007 年，知道自己将成为福利院的一名老师后很是兴奋，多年的梦想即将成真。但当真正亲眼看到那里的孩子时心里又十分忐忑不安，生怕自己不能胜任这份工作。

二、坚持的动力

当时黄颖刚满 19 岁，正是既懵懂而又茫然的年龄，在工作中不懂得如何和孩子们沟通更加不知道怎样照顾孩子，那时在脑子中闪过这样的一个念头就是离开福利院。有一天黄颖和一个小朋友在做口肌训练时，小孩对她喊“妈妈”。听到这两个字时黄颖既感动又难过，感动孩子的信任，难过自己的放弃。那个时候黄颖就坚定一个信念，自己一定要坚持下来，对自己说一定要对孩子们好。

三、因爱完善自己

工作伊始，因为专业知识和照顾儿童的经验不足，常常睡不好觉、吃不下饭，为了能尽快掌握工作技能，让孩子们能开心、快乐地成长，黄颖一方面向有经验的员工学习，另一方面阅读有关育儿的书籍，还参加“儿童康复”“特殊教育”“亲子教育”等有关方面的培训，尽自己最大的努力让孩子们开心、快乐。努力完善自己，2013 年考取了社工证，2015 年考取了孤残儿童护理证，2016 年又通过了“心理咨询”的考试。

四、叩响无声的世界

第一眼看到伟伟（化名）的时候觉得这个女孩活泼可爱，微笑着望着黄颖，似乎被这迷人的微笑所感染。知道孩子是一个聋哑儿童后，黄颖就申请帮助伟伟做语言训练，每天很早就来到福利院，从洗漱到吃饭不停地和孩子说话，从简单的发音“啊”一遍一遍示范，一遍一遍教，感觉不到声音就让孩子用手感觉自己喉咙的震动，孩子发出一点点声音，黄颖都兴奋不已。虽然很努力但效果不明显，向领导反映了希望伟伟可以接受专业训练。当得知在有关部门的帮助下伟伟可以去启智学校走读的消息后，黄颖高兴得跳了起来，但是又担心伟伟没有单独离开过福利院。于是，黄颖产生了要和伟伟陪读的想法。一方面可以陪伟伟一起化解离开福利院的焦虑，另一方面可以学习新的知识和方法来进一步帮助伟伟。在得到院领导同意后，黄颖带着伟伟走出了福利院的大门。伟伟一开始显得有些害怕，总是躲在黄颖的背后，黄颖会紧握孩子的手坐在一起，让孩子放松心情，等孩子慢慢熟悉了学校的老师和同学后，黄颖就在教室的最后面看着孩子，一开始孩子会慌乱地找黄颖，当孩子看到黄颖的时候就会安心下来看老师上课。当孩子可以发出不清晰的音“妈”时，黄颖开心地流下了眼泪。

五、一群开心果共同成长

一次次的关于儿童的教学评估方式的培训学习，使黄颖对儿童教学又有了新的认识，恰巧院内又进行教学评估的改革，黄颖便自告奋勇去带实验组“西瓜组”。为全方位地了解孩子，她找出儿童的不足制订符合儿童需求的教导方法，丰富课堂内容，让儿童在游戏中学习，在快乐中得到训练。从评估—制订计划—书写教案—带课方法都反复探索，她深入研究，找出一条适合的路，在教学改革上献上微不足道的力量。经过一年的努力，“西瓜组”已经走上正轨，其他组别纷纷过来学习取经。孩子们有了更大的进步，同时黄颖也成了一名合格的个训老师。

“桂圆组”的小朋友和黄颖的孩子年龄差不多，一共11名儿童。刚到“桂圆组”时内心很纠结，照顾一个小孩儿都很难，更别说11个小孩儿。更加担心以前所学的知识在“桂圆组”用不上。当看到“桂圆组”的孩子们时，黄颖的心融化了，母爱让她更加坚定做孩子们的“妈妈”，而且一定要做好。为此，黄颖积极参加亲子教育培训，努力成为合格的“妈妈”。每天上课开始黄颖都会摸摸孩子们的脸蛋和他们拥抱，让他们感觉到妈妈的存在。笑笑是一个唐宝宝，6岁了每天只能靠站立架才能保持站立。看到笑笑站在站立架上像“受刑”似的，黄颖很难受，不愿看到孩子这样痛苦，就建议把站立架撤掉自己扶着孩子站。看到笑笑有意识地站、慢慢地让他扶着桌子，刚开始笑笑哭得很伤心，黄颖有一些不忍，但是一再告诫自己，即使再不忍心也一定让孩子学会站立。现在笑笑能靠墙站立了，相信不久的将来笑笑可以用助行器走路。小强是一个爱笑的孩子，虽然4岁了但他只认饭，其他水果、零食都不吃，这样可能导致营养不良、不均衡。对此，黄颖很着急。于是就先用酥软的饼干捏碎喂他，一次不行两次，反反复复不知道有多少次，现在的小强可以用手拿着雪米饼吃了。黄颖真的很开心，现在她组的孩子们不断地给她制造惊喜和快乐。有一次聚会，很久不见的长辈说：“看你没怎么变，怎么还像个孩子一样。”黄颖深知是福利院孩子给自己带来的欢乐和活力。

生活、工作平淡无奇，专业、实操零碎细致，社工的“灵魂”像在骨子里一样，指引着黄颖前行，陪伴孩子们走好每一个台阶。

用心做公益　用爱暖社区

西青区民政局

自从事社区工作以来，王杨便积极主动联系居民群众，融入到居民群众中去，切实了解居民的实际需求，帮助有困难的居民群众解决问题，对网格内的居民情况了解详细，做到了心中有数。尤其在社区公益志愿活动方面，作为一名服务社区工作者，在服务与奉献中，她体验着这份“志愿”的神圣与高尚。虽然活动只是由一些看起来平凡的小事组成，但是这些平凡的点点滴滴都可能对服务的对象产生巨大的影响，甚至在不知不觉中可以发挥一个拯救者的作用。当社会工作者奉献自己一份力量的时候，心里会觉得很幸福，觉得终于为社会做了一点力所能及的事情，在志愿活动中找到了自己的价值。志愿者不是单纯的奉献，也可以从活动中学到很多的东西。王杨就是一个受益者，她从中学到了许多知识，明白了很多道理，增强了组织能力，锻炼了意志和耐心。

王杨现在不仅是一名社区工作人员，还多了一个亲切的称呼——“王老师”。说到这个称呼，便不得不说她在社区开展的公益项目——童心小米罗社区幼儿绘画活动。迄今为止，这个公益绘画项目共计服务3800多人次，还多次受到了电视台与各类报纸的报道，同时也获得上级各部门的肯定，其中3次接受西青电视台的采访。获得的表彰有：2014年12月，获得西青区微创投“优秀项目”称号；2015年9月，获得汇丰社区伙伴计划“优秀项目”称号；2015年12月，获得天津市文明委授予的“优秀服务团队”称号。

开展这项活动，也是在平日里走访入户过程中发现的一些问题受到的启发，这项活动从2014年7月份开展至今，两年的时间里她放弃了每周的休息时间来保证每周活动的开展。记得那是活动班第一次开展活动，为了让社区的孩子从身边的小事做起，讲究卫生、爱护环境，为建立和谐社区献出自己的一份力量。以“梦想中的家园”为主题，引导孩子充分发挥自己的想象力，把自己建立美好社区的想法和愿景，用手中的画笔大胆表现在画面中。激发孩子对社区大家庭的热爱，提高孩子的想象力和创造性。第一次活动，也是了解参加社区绘画活动孩子的情况，以便更好地制定适合社区孩子的活动课程。但是通过此次活动，她发现了一个严重的问题，就是年龄稍大一些的孩子，不仅没有像想象的那样画出一幅幅内容饱满的绘画作品，反而当看完引导图片和视频却不敢下笔去画，抬着头眼巴巴地望着她说：“老师，我不会画……”这句话着实让她感到有些意外。

给她印象最为深刻的是活动班上一个9岁的男孩子，个头高高的、身体壮壮的，一笑起来眼睛眯成一条弯月牙，还有两个小酒窝，着实可爱。但是每次开始创作的时候，他总是会趴在画纸上一动不动。走过去问他：“怎么了？身体不舒服吗？”他就会抬起头小声说：“老师，我不会画。”这时她会耐心地再次给予他引导：“你心里的家是什么样子的？你想让你的家里有哪些东西？或者，你想设计你的家是什么形状的？长方形、圆形还是菱形？大胆去画，没有关系！”可是这样说过之后，男孩还是不敢提起笔，他说不会画，怕画错。一次活动下来，在多次引导与鼓励中才勉强画出一个简单的房子图形。王杨看到这种情况，在活动之后，主动找到了他的妈妈了解孩子的平时情况，觉得是不是平时对孩子太过于要求而导致孩子缺少自主能动性，可是孩子妈妈的话再次让她吃惊！他的妈妈说：“平时孩子是有一些内向，我们在家也是经常鼓励他的，没有更多苛责过他，应该不会这样的。我们在外面的培训机构也在学习画画，而且已经连续学了3期绘画了，每次拿回来的作品都非常好。”这一系列的对话让她更是疑惑不解，按常理来说，他应该比别人画得丰富才对，怎么学习过画画反而在这里不敢动笔了呢？后来又经过多次的了解知道了原因所在，他在外面学习画画之所以每次拿回来的作品都非常完整是因为老师提前将图案印在了上面，只需要他们对图案进行涂色。

得知这一情况她又再次主动找到了孩子妈妈谈心：“您注重孩子的艺术教育是非常值得称赞的事情。但是学习绘画，是一门激发孩子创作思维的课程，应该让孩子大胆去创作，无论画的好坏，家长都应该首先倾听孩子在绘画中想要表达的东西，理解他们所要讲述的内容。无论是谁都拥有与生俱来的绘画能力，这种能力是幼儿在成长过程中非常自然培养而获得的能力。一岁的时候获得一岁的能力，两岁的时候获得两岁的能力，不同年龄的孩子具备与年龄相应的能力的时候，绘画的能力也会自然地表现出来。这时候对家长来说最重要的事，是欣喜地守护孩子的这种能力，为孩子创造绘画活动的环境与氛围。孩子的绘画作品不是教出来的，而是培养出来的。”孩子妈妈听了她的话之后说：“真是如此，平时只是涂色，孩子根本没有动脑子想自己要画什么、自己喜欢什么，反正只要涂上颜色就是一幅完整的画，自己都不用构思。您真是给我也上了一课。平时我忙于工作，没有仔细考虑过这些方面。以后我一定勤于跟您交流，为孩子搭建更好的平台。”

随着活动的不断开展，一边耐心鼓励孩子自己创作，一边和孩子的妈妈形成活动后的良性互动。现在，当初这个羞涩的小男孩不仅可以自己巧妙地构思出一幅完整的画作，而且每次绘画之后，都会大胆地给每一个朋友和老师讲自己所画的内容。妈妈看到儿子的成长与进步，开心地笑了。

通过这件事更让她觉得孩子的画不是用来“看”的，而是用来“听”的，就是这个意思。更准确地说，孩子的画是“听”了才能够明白的东西。对于孩子来说，他们的画只有被“听”，他们的绘画行为才有意义。被“听”，被理解了，就有了表达的乐趣。因此，对于孩子的画，作为家长最重要的态度就是去“听”，去了解，去感受！她也因为自己的力量帮助到了社区的居民而感到由衷的兴奋。

她先后组织孩子们参加了 2014 年 10 月广州举办的“同一个家园，同一个梦想——许钦松携全国少年儿童优秀美术作品大展”，有 7 人获得优秀奖，1 人获得最佳展示奖，1 人入围。“2015 年第二届‘梦想杯’全国青少年儿童美术作品大赛”，共 17 名孩子的作品获奖，获得奖牌和证书，其中获得金奖 3 个、银奖 5 个、铜奖 7 个、2 个优秀奖；“CYAA 梦想杯全国少儿美术作品大赛”，共 18 名孩子的作品获奖，其中金奖 4 个、银奖 6 个、铜奖 8 个。在开展公益活动的同时她仍不忘记让孩子们也加入到社区大家庭的建设中来，组织孩子们参加社区开展的各类活动，在社区开展的“庆圣诞，迎元旦”联欢会中，“童心小米罗”绘画班的小朋友不但集体制作了具有创意的节日贺卡，还积极报名参加文艺节目演出，并为社区的独居老人送上了“平安果”。孩子们的表现为整个联欢会增加了无限的快乐和丝丝温暖，得到了社区领导、工作人员和家长的一致好评。

她还在社区党组织、居民委员会指导和支持下，积极发展社区志愿者队伍，社区志愿者人数达到70余人。在儿童类公益项目童心小米罗公益活动开展的基础上，组建了一支10人左右的别具特色的“小小志愿者队伍”，取名“泉水叮咚”。对此她并没有满足，还陆续扩展出蒲公英的飞翔流动儿童关爱活动、萤火虫计划等儿童类社区公益活动，以及关注社区老年人生活的“老年课堂”等公益项目，使社区活动变得更加丰富多彩。同时，因为公益项目的良好开展，还吸引了来自天津南开大学的志愿者7人、天津师范大学志愿者5人、NGO组织人员2名，让社区活动被更多人了解和认识。

她带领着志愿者团队在开展了50余次主题志愿服务，亲子交流方面开展20余次志愿者服务，社区居民委员会与社区居民间的交流沟通架起了一座桥梁。同时还带领着“泉水叮咚小小志愿服务队”在社区内开展创城文明宣传活动以及春节安全宣传活动。她说：“希望我们社区小小的甘泉水同样可以滋养整个社区！让我们社区的儿童从小树立社区主人翁的意识！”热情周到的服务让她赢得了辖区居民们和孩子们的信赖。

她不仅有激情，而且更有思想。社区建设的蓬勃发展让她感到无比的欣慰和骄傲，心中时刻装着去挖掘、去传播、去扩大社区建设影响的责任担当，敏锐地发掘社区各项活动，通过各种媒体桥梁对社区情况进行报道，全年共刊发社区报道50余篇。

她对社区公益服务工作有着无比的热爱和钻研，把全部的身心和热情投入到了工作中去。她真正做到了“用心做公益，用爱暖社区”，就像她坚信的那样“心心在一艺，其艺必工；心心在一职，其职必举”。只要能够倾一生的时光与精力、倾一生的思维与智慧、倾一生的执着与追求，黾勉苦辛，朝乾夕惕，不气馁、不放弃，把自己所从事的工作做到完美、做到极致，那么，就能超越梦想、成就辉煌。

点滴关怀都是爱　被弃女孩守望新幸福

西青区民政局

社区工作者工作在基层第一线，专门从事着社区的管理和服务，行使着政府各部门下派的各项事务，默默无闻。社会工作者的工作，很平淡，也很烦琐，需要为辖区居民解决各种生活难题，使社区变成温暖的大家庭。

刘兴梅是精武镇兴旺里居民委员会的工作人员，居民委员会是一个由六个人组成的社区，每个工作人员都尽职尽责地做好社区工作，为社区居民服务，将温暖带进每家每户。

下面让我们一起了解一下一个漂亮可爱的被弃女孩孙婷婷的故事。

服务对象：孙婷婷

年龄：6 岁

身份：学生

一、孙婷婷的出生引发家庭矛盾

孙婷婷一出生被就送走。孙婷婷的母亲孙晓芳和她的父亲于 2009 年 11 月 6 日结婚，婚后夫妻恩爱，孙晓芳也很快怀孕，2010 年 11 月 7 日可爱的小女孩孙婷婷出生。但是，不幸也随之而来。孙婷婷的爷爷奶奶并没有因为这个小女孩的降临而高兴，而是想方设法地想把这个可爱的小女孩送走。看到这里，大家可能会感到非常吃惊，为什么要把孩子送走？根源在于孙婷婷的爷爷奶奶有重男轻女的思想，他们一直想要一个大胖孙子，对于刚刚出生的孙婷婷不屑一顾。

孙婷婷父母离婚。孙晓芳夫妻两人也因此经常闹矛盾，在爷爷奶奶的强烈干预下，无奈之下把孩子送到了姥姥家。母亲孙晓芳患有先天性心脏病，因为想念自己的女儿，再加上坐月子时公婆对她冷眼相待，孙晓芳在情感和心理上都遭受重创，精神抑郁，出现肝硬化腹水的现象，在这样的情况下，丈夫却提出了和她离婚，绝望之下，孙晓芳答应了，于2014年5月19日和丈夫办理了离婚手续，最后净身出户。

孙婷婷母亲去世。孙晓芳回到了娘家生活，但是她娘家房子也不大，她的母亲还患有哮喘病，家中只靠父亲打零工维持生活，又要为生病的孙晓芳治病，让这个本身贫困的家庭更是雪上加霜。对于父母而言，孩子就是自己的希望，即使生活再拮据再困难，也要治好女儿的病。由于不幸婚姻的笼罩，离婚后生活的贫困以及丈夫对孩子不管不顾的态度，孙晓芳的病情越来越严重，于2016年3月17日突发心脏病离开人世。

孙婷婷查出患有先天性心脏病。年迈的父母要面对白发人送黑发人的丧女之痛，年幼的孙婷婷也失去了母亲，就在此时，孙婷婷也查出患有先天性心脏病。孩子的身体状况也在不断恶化，她的姥姥姥爷拿出为数不多的积蓄给孩子治病，两位老人已经失去了女儿，不能再失去唯一的外孙女。即使生活再艰苦，也要治好孙女的病。老两口看着可爱的外孙女，这么小就要承受疾病的痛苦，他们却爱莫能助，因为积蓄有限，只好向亲戚朋友借钱给孙女看病。庆幸的是，孙婷婷的病情有所好转。

二、生活艰难　寻求帮助

孙婷婷的姥爷主动向居民委员会求助。孙婷婷的姥爷找到居民委员会，希望居民委员会帮助解决孙婷婷的抚养权变更问题。如果姥姥姥爷抚养她长大，需要变更抚养权。但是老两口文化程度不高，对于如何变更抚养权一无所知。这时，孙婷婷的姥爷找到居民委员会，把事情的前后经过告诉居民委员会，希望居民委员会把如何变更抚养权的相关事宜告知于他们，并协助解决。刘兴梅听到孙婷婷的事情后，感到非常痛心，对孩子充满怜爱之情，也对她的姥姥姥爷失去爱女之痛以及保护外孙女的心情十分理解。看到老人讲述着伤心的往事，眼睛泛起阵阵泪花，刘兴梅有如感同身受，心里有说不出的滋味。刘兴梅安抚老人，让老人的心情恢复平静，然后承诺老人，会尽最大的努力帮助他。

居民委员会接案，解决孙婷婷的问题。居委会人员到孙婷婷的姥爷家中，耐心地和孙婷婷以及她的姥姥姥爷进行了交谈，了解事情的具体情况，在交谈中刘兴梅发现孙婷婷是一个可爱、真诚、善良的小女孩，同时又有一些敏感。在沟通中要顾及孩子的感受，避免和孩子谈及父母的问题。居民委员会针对孙婷婷的情况进行了集体分析和讨论，并撰写了预估摘要，分析了抚养权转让的相关事宜。根据孙婷婷爸爸及爷爷奶奶重男轻女的思想，刘兴梅初步判断他们应该会同意变更抚养权，当下与她的爸爸取得联系，进行沟通。

居民委员会介入，帮助转让抚养权。居民委员会人员和孙婷婷的姥爷一起到她的爸爸家中协商此事，首先是让她的姥爷和她的爸爸进行沟通，刘兴梅在一旁倾听并做好记录，看情况是否需要介入。像预想的一样，双方沟通得比较顺利。然后，刘兴梅联系天津市西青区法律援助中心，通过法律程序帮助变更孙婷婷的抚养权。最后，经过公证，孙婷婷的抚养权终于转让给了她的姥爷。

居民委员会帮助孙婷婷办理低保。居民委员会人员看到孙婷婷的困境（患有先天性心脏病，失去了母亲，被父亲抛弃，由身体不好的姥姥姥爷抚养，生活十分困难），想为其申办低保，减轻姥姥姥爷的生活压力。作为居民委员会工作人员，刘兴梅比较了解她的家庭情况，知道她的情况符合低保申办条件，想办法帮助这个可怜的小姑娘一家。刘兴梅找到孙婷婷的姥爷，将申请享受居民最低生活待遇的程序和需要准备的材料告知于他。首先，需要孙婷婷的姥爷写一份有关享受居民最低生活待遇的申请，写明家庭人口、收入等实际情况。然后，将此申请和需要上交的其他材料上报街镇对其进行审核。街镇审核通过后，上报区民政局进行核实。经区民政局审核通过，终于帮助孙婷婷获得了最低生活保障待遇。能给孩子减轻一点负担，让居民委员会工作人员感到十分欣慰。看到孩子的笑脸，刘兴梅觉得所有付出都是值得的。

三、关爱汇集　重获幸福

多方慰问，让爱汇聚。在得知孙婷婷的不幸遭遇后，很多好心人到孙婷婷家中慰问。镇政府得知此情况后，在春节前夕，由居民委员会工作人员陪同，也前往孙婷婷姥爷家进行慰问，给他们送去了2000元慰问金以及米、面、油等生活必需品。此外，工业园区的领导也在春节前去孙婷婷家慰问，送去了慰问金和生活用品。很多街坊邻居也在尽自己所能帮助他们。对于孙婷婷而言，不仅仅需要的是物质上的关怀，更需要精神上的慰藉。从小缺失父爱和母爱，给孩子的身心造成了很大的创伤。作为社区工作者，刘兴梅尽自己最大的力量帮助孩子，多和孩子沟通、交流，取得孩子的信任。

对孙婷婷开展儿童社会工作。儿童作为一个独立的社会个体，具有社会属性的特点。童年是每一个人人生的基础，儿童是每一个家庭的基础，儿童是一个社会发展进步的基础。因此，关注年幼的孙婷婷的身心健康非常重要。儿童在身心发展过程中，具有快速性、阶段性、顺序性、不平衡性、个体差异性和分化与互补性的特点，大部分父母或者监护人并不知道儿童在成长过程中的身心发展特点，作为社区工作者，刘兴梅不断向这些家长进行宣传，普及儿童成长中家长需要注意的问题以及家长应该怎么正确引导孩子健康茁壮地成长。孙婷婷的家庭情况比较特殊，社区工作者经常去她家里，对她的身心发展进行正确引导，对于她学习上出现的问题进行辅导，对生活中出现的问题进行力所能及的帮助。

继续探访，让爱延续。虽然孙婷婷的问题已基本解决，但是这个可怜的小女孩的遭遇一直挂在刘兴梅心上。刘兴梅早已被这个可爱、善良的小女孩吸引，一直惦念着她。再加上孩子的姥姥姥爷身体不好，刘兴梅也一直担心老两口的身体状况，所以不间断地去他们家看望姥姥姥爷，帮助他们做做家务，并经常和孙婷婷聊天、谈心，做孩子的知心大姐姐，让这个缺失父爱、母爱的小女孩感受到爱，让孩子感受到家庭的温馨与温暖。

通过孙婷婷的事情，刘兴梅更深刻地感受到作为一名社区工作者身上兼具的责任，不仅要做好自己的本职工作，更要付出爱心和耐心，把爱汇集在社区，让爱温暖整个社区。

社区工作者，做的是社会最基层的工作，很平凡也很烦琐。全心全意为社区居民服务，尤其是服务社区内的困难群体，把关怀和爱心带进社区、送进每个居民心里，是每个社会工作者的基本责任、基本工作。

暖心社工郭妍的故事

西青区民政局

她们，工作在基层第一线，专门从事着社区的管理和服务，行使着政府各部门下派的各项事务，默默无闻。她们，工作很平淡，也很烦琐，需要为辖区居民解决各种生活难题，使社区变成温暖的大家庭。她们就是我们的社区工作者。2013 年 7 月，天津师范大学社会工作专业毕业的郭妍，一个品学兼优的女大学生，毕业后坚定地选择了要当一名社工。

是什么样的原因让这个年轻漂亮的女大学生选择了“上为政府分忧，下为百姓解愁”的社工工作呢?

一、机会总是偏向有准备的人

2013 年 10 月，作为进行社区管理体制改革试点的西青区李七庄街面向社会招聘一批大学生社工，要求的条件和录取后培训待遇等吸引了大批的高校毕业生。凭着在大学社会实践时就对社区工作有了一定的了解和理论准备，郭妍相继通过了公开选拔、考试、面试和审核等一系列严格程序，顺利成为第一批招收 30 多名大学生社工中的佼佼者，佩戴上了让社区老百姓都很信服的社工工作证，成为李七庄街道第一批社区社会工作者。她自豪地说：我的志向就是要从一名社工做起，现在就是我踏入社会的新起点。佩戴上这个证就意味着责任和义务，走进社区的百姓家，他们也会很放心地让我进家入户啦!

二、干中学和学中干，让她很快成长为一名合格的社工

郭妍工作的富力津门湖社区，属于新建的居民住宅小区，在指导居民办理低保手续时，常常遇到一些不符合低保政策的居民，为了达到目的，居民有的谩骂、有的威胁，大吵大闹，并提出种种无理的要求。郭妍表现得十分镇静，总是想着既要坚持政策，又不能激化矛盾。她经常先给他们倒上一杯水，耐心地讲清政策和申领审批步骤等，并对居民的家庭人口、住房、收入及就业情况一一做好记录，然后晓之以理、动之以情为居民讲解合规办理的手续和程序。尽管背负着很多不理解，尽管很累很辛苦，但她的解释让不少这样的居民心服口服，最后都配合办理了相关的手续。连续两年抽样调查和比对，只要在她手上办理的低保户无一出错。低保户抽样比对中，小郭以“三个一”（政策一口清、数据一口准、情况一口熟）的回答，赢得了领导的一致好评。凭着对工作的热爱和一股不服输的韧劲，她用出色的工作赢得社区居民的交口称赞。

郭妍与同事们多次入户走访，努力解决好被访居民需要解决的问题。她始终牢记这样一句话：“干什么不重要，重要的是干好什么。”因此，对待每一项工作，她都带着强烈的责任心去做，一步一个脚印，没有半点浮夸和马虎。

三、平凡的工作不平凡的感动

8 月的天气骄阳似火，持续十几天气温超过 39 摄氏度高温。在这高温持续季节，如何让社区内的孤寡独居老人安全地度夏，已成为摆在社区工作者面前的一个难题。为了更好地做好高温慰问、走访工作，针对富力社区的实际情况，郭妍与同事们分别制订工作计划，以上门走访和电话慰问的方式了解老人情况。对 90 岁高龄以上的两位独居老人和社区内患有高血压等疾病的老人，她一周数次上门看望，详细了解老人的饮食及身体情况，叮嘱老人在高温期间少外出，饮食宜清淡，多喝水，注意防暑降温，需要帮助就与社区联系。对一些家庭空调制冷不好的老人，她还及时拨打

了售后服务电话，让工作人员及时修好了空调，还老人一个清凉的空间。家住23幢的杨老奶奶逢人便说：这个小孩是个小天使哟！心地好，冬送温暖夏送凉，把社区领导对我们老年人的关心送到了我们心里。

每逢节日，社区的老人们会带点自己亲手制作的糕点、粽子和自家拿手小吃来社区给郭妍和她的同事尝尝，使得社区服务大厅里充满了欢声笑语。今年社区送清凉的活动还没有开始，家住2幢的郑老奶奶却提前给小妍她们送来了防暑降温的家酿酸梅汤，让社工们倍觉感动。

四、足球梦引发母子矛盾心理辅导解心结

16岁的何勇是个足球迷，母亲把他送到杭州足球青少年训练基地参加集训，眼看初中快毕业了，他的成绩却一落千丈。小勇说自己无心学习，将来想做个职业球员。母亲急坏了，她认为足球生涯前途渺茫，儿子的理想不切实际。母子俩经常为此发生激烈争吵，甚至动过手。母亲孙女士在动用多方资源解决问题无果的情况下，寻求社工支持。

在与小勇的接触沟通中，郭妍发现，这个处在叛逆期的男孩寡言少语，缺乏主动性。可每次一开口，就显得咄咄逼人，顶得母亲说不出话来。为了冲破小勇的心理防线，她不厌其烦地多次上门走访，像朋友一样与他聊英超、西甲等足球话题，小勇终于道出了自己的苦闷："我从小就踢球，水平也算不错，教练比较赏识。文化课已经落下太多，升高中、考大学没什么希望了。还是当球员适合我。"

小妍了解到，小勇在集训营中的水平属于中上，但从教练的角度看，他的技术已成型，进一步发展空间并不大，当职业球员的希望更是渺茫。可小勇觉得自己还有提高余地，只是母亲不看好不支持，不肯帮他实现理想。

针对小勇这一情况，郭妍和同事们对他进行了心理辅导，每次都从小勇感兴趣的足球聊起，引导他多角度分析问题、解决问题，帮助他拿出适当的、切实可行的方案，打消不切实际的想法。同时，也适时引导孙女士，看是否可另寻途径继续儿子的足球梦。毕竟练了这么多年，放弃也不是解决问题的唯一办法。一系列工作的铺垫，母子俩的对立情绪明显缓解，

双方都能时不时为对方着想。如今，通过教练的引荐，小勇已经前往广州某足球学校继续练球。

五、巧妙解决垃圾堵塞问题

有一位70多岁的杨大爷从老家来和儿子同住。按理说过上了享福的日子，他却一直无法融入本地居民的圈子，平时一个人独来独往，很少与人交流。日子长了，他将目光转向小区垃圾桶，陆陆续续开始从垃圾桶中捡垃圾，堆放在自家门口及楼道公共用地上，攒够之后再卖钱。后来他还购买了一辆三轮车，专门用来运输捡来的废品。他的行为影响了楼道卫生，造成邻里行走、停车不便，惹得邻居们牢骚不断。

无奈之下，社区工作者介入。郭妍和同事们分析，杨大爷与儿子儿媳缺少情感上的沟通，家庭中的乐趣较少，又长期生活在农村，进入新环境后生活单调，因语言、习惯等原因难以融入社会。再者，杨大爷节俭惯了，虽然生活条件宽裕了，仍然舍不得扔掉废旧东西，想用它们换点钱。

为此，小妍及同事们从多方面着手，帮助杨大爷建立新的生活方式，"戒"掉收废品的习惯。首先，与杨大爷的儿子儿媳沟通，让他们意识到自己对老人关心不够，平时多与他聊天，让他参与家务，没事带他去逛逛公园。然后，面对面与杨大爷交流，耐心给他解释社区环境卫生的重要性，鼓励他加入社区绿色环保志愿者队伍，带头做好所在楼道的保洁工作。最后，想办法帮杨大爷拓展生活乐趣，了解到他喜爱象棋后，将他拉入社区的象棋队，和老棋友们结成伙伴。很快，杨大爷找到了生活的乐趣，融入了社区居民的生活，改掉了拾垃圾的习惯。

作为社区工作者，郭妍的工作平凡而微不足道，看起来都是一针一线，零碎小事，但恰恰是这样的细微小事，常常成为困扰一个家庭一个小区一个社会稳定的大问题、大隐患。郭妍的工作就是这样于细微处见精神，困难解决之后的轻松、居民理解的宽慰、群众送来的锦旗，就是无声的赞赏、默默的支持，让郭妍和无数个和郭妍一样的社区工作者们，在这样平凡的岗位上孜孜以求地努力着，为了百姓安居乐业付出着！

暖心社区主任宁维的故事

西青区民政局

“做每件工作都要认认真真，不求所有人的认同，但一定要对得起自己的良心。只有把寻求帮助的人当作是自己的亲人，才能最大限度地发挥自己的光和热，力求让每位寻求帮助的居民都满意!”这是天房美域社区工作站的主任宁维同志经常说的话。这是最朴实的话，也是她本人对工作的最基本的态度。

2014 年的冬天，社区迎来了一位腿脚不太方便的阿姨，阿姨一脸愁容，宁维热情地接待了她。

“阿姨您好！请坐，您希望我们为您提供什么帮助吗?”宁维问。

随着一声叹息，阿姨开始讲述起了自己的事儿，“我是住在华庭的一位居民，我姓范，今年60 多岁了。你也看到了我腿脚不便。老伴儿因为身患重病，一直住在疗养院，现在既要操持着家里的大大小小的事务，又要经常跑疗养院照顾看望自己的老伴儿，但我经常觉得力不从心，而且我感觉自己好累，生活也提不起兴致来……”

“范阿姨，您能告诉我都是哪些事情让您觉得最烦琐，最头疼吗?”

经过宁维和范阿姨的深入聊天，宁维深深地理解了范阿姨一个人在生活中面对的种种压力和困扰，有精神层面的，有物质层面的。在经济方面上，范阿姨本身腿脚不便，加上长年累月的劳作也需要长期吃药，而老伴儿因为需要长期住在疗养院，也是一笔不小的开支。在精神层面上，范阿姨每天基本上一个人在家，生活比较单调，无人聊天，也没有什么兴趣爱好，始终是家和疗养院两点一线的生活方式，长期积压下来的沉郁，使得她更是沉默寡言，生活意志消沉。为此，宁维和社区的所有社工们一起开了个“个别案例会”，针对范阿姨的现状进行了一下剖析和总结，并制订了一些相关的办法，希望通过社工的介入能缓解范阿姨的现状，能让她生活得轻松起来。制订的内容如下：

一、针对范阿姨的情况，尤其经济情况要进一步核实，如果符合本市关于申请特困户的相关条件，则由专门负责民政工作的同志协助办理相关事宜。

二、对范阿姨的家庭情况进行详细的摸底，把两个人的联系方式留给范阿姨，负责帮助范阿姨的一些基本生活的协助工作，尤其是范阿姨腿脚不便，如代办缴纳水费、电费、电话费等事项。

三、几个社区工作人员每半个月尤其是特殊节假日轮流去范阿姨家，和阿姨聊聊天，关心阿姨，让她感受到社区温暖，帮助她保持对生活乐观向上的态度。

四、将范阿姨家列入特殊节假日开展贫困家庭的慰问活动的范围，将社会的关爱送到范阿姨家。

以上是针对范阿姨家的状况制定的一系列办法，并在实施过程中不断完善计划。

有一次范阿姨再次找到了社区工作站，说要办理老年卡，但由于老年卡为户籍管理制，而范阿姨的户籍并不在宁维负责的区，看着阿姨有些为难的样子，宁维热情地说："范阿姨，您别发愁，只是正常的申请手续就好。这样吧，如果您去户籍地那里一个人不方便的话，我陪您去吧！"

"真的吗？谢谢你，小宁。"范阿姨也热情地称呼着宁维。

就这样一来二去，宁维开着车，带着范阿姨来来回回跑了三次，终于将老年证办理下来了。握着这个老年证，范阿姨的眼眶湿润了。

在这个方案的实施过程中，宁维与范阿姨建立了良好的关系，取得了阿姨的信任。在一次次的谈话之后，范阿姨也不再和之前似的一筹不展，每次看见宁维都是笑脸相迎，总是忍不住握着宁维的手，一次次地说着感谢类的话语。

"真是太谢谢你们了，年轻真好，跟你们在一起我感觉生活中都充满阳光了。"范阿姨会心地笑着说。

其实类似的案例还有很多很多，每个案例大致的流程是一样的，可却各有各的特点，除了正常的来社区办事之外的居民，每个来寻求帮助的人，尤其是老人都或多或少有着自己的烦恼或问题。对于存在这种现象的居民，宁维都是告诉自己要耐心一些，细心一些，争取做到早发现早解决，并做好随访跟踪工作。

宁维平时也是个对生活积极乐观，爱学习的人。她经常勉励大家除了要好好工作以外，还要好好学习，因为学习是自我提高的必要途径。正如她说的，她自己也是一有空就看书，学习社区事务中可能涉及的一些如婚姻家庭、财产纠纷等方面的法律知识，以及心理咨询方面的书。她善于在谈话中运用一些技巧去和来寻求帮助的居民沟通，并在谈话中发现问题，进而有针对性地解决问题。同时，宁维也经常组织大家一起开展总结会、交流会等，不断总结经验，提高能力素质。

调解天使

西青区民政局

集贤里社区居民委员会的电业楼是个老楼，老楼建成时间长，很多设施也都陈旧不方便使用，所以居住在这个楼里的居民免不了就会出现一些矛盾。

电业楼居民崔家与孙家同住2单元，崔家住二楼孙家住三楼，住在三楼的孙家往楼下拎垃圾时，路过二楼崔家偶尔有把垃圾洒落在楼道里的疏忽，破坏了楼道卫生还影响了崔家出门入门的心情。二楼的崔家对此很有意见，并找到孙家交涉过多次，可是孙家不以为然，最终发生争执。两家人虽然同住一个单元楼上楼下，却彼此拒人千里，常常爆发冲突。

居民委员会社工张盛得知此事后，主动找到当事人，在民调大厅对此事进行了调解。通过前期细心地梳理两家人关系的来龙去脉，张盛基本掌握了崔、孙两家矛盾的焦点，并且对两家人的性格特点有了大致的了解：孙家大大咧咧、行事粗放，较少照顾别人的情绪，崔家细腻敏感，一板一眼却有点较真儿。本来就因为垃圾洒落一点小事，结果夹杂着其他情绪，两家慢慢积累了很多矛盾。张盛受理后，了解到两家关系自从发生矛盾后就一直不好，经常有小摩擦，就先分别找崔、孙两家人聊天，通过聊天了解双方的态度和对这些事情的看法。一次在与三楼的孙家唠家常的时候，老孙说："这个二楼的老崔实在矫情，不就是掉了点垃圾吗，至于上纲上线跑到我家来数落我吗?"而二楼的老崔说："三楼的老孙太过分，垃圾哩哩啦啦弄了一楼道。我一开门一股臭气，又脏又闹心。"张盛同时也在聊天中悄悄渗入促进两家人和解的建议，为两家人今后的和解打下伏笔。慢慢地，两家人在聊天过程中的语气有了缓和。三楼老孙说："其实，要是我住在二楼，一开门一地垃圾，苍蝇乱飞，我也不痛快。"二楼老崔说：

“哎呀，这点事情其实我们好好说道说道，也没什么解决不了的，何必搞得这么僵?”眼看着两家人都有了体谅彼此的态度，张盛才把两家人请到了一起，坐在居民委员会的会议室里，让两家人面对面好好谈一谈。见面过程中，张盛劝慰两家人，彼此都需要站在对方的立场上，多体谅对方，多理解对方。谁家都有个对错，大家住在一起就是缘分，凡事慢慢说慢慢解释。大家都退一步，生活会更方便、更舒心。张盛依据相关规定做出解释，分析了有关法律关系和利害后果，帮两家人进行协商。

在一段时间多次调解过后，当事人双方都对此事有了理解，孙家注意了自己的行为，崔家也觉得事情不应该小事变大事，只要双方都注意就不会再发生矛盾。崔家、孙家都表示邻里之间要多谦让，远亲不如近邻。从此，双方再也没有因为此事而发生过矛盾。而在整个调解过程中，张盛与两家人接触，不知不觉中拉近了与居民的关系。社工张盛入情入理地分析，全心全意地帮忙，客观公正地调解两家人的误会，耐心地给两家人沟通牵线搭桥，让崔、孙两家人深深地感受到张盛为居民生活付出的辛苦努力，理解到社区工作的烦琐不易。

对这次引起的邻里纠纷，张盛运用情、理、法相结合原则与调解的技巧，对问题的解决进行全面分析，最终化解了这次纠纷。从这个案例看，两家因小事引发大矛盾，双方都憋着一口气，都不肯让步，是这次矛盾纠纷的最大起因。邻里之间出现问题需要双方共同面对，没有本质矛盾就建议大家换位思考，相互包容体谅。社工只有多走访、多沟通，才能成为居民生活中的好帮手。

一朵向阳花　普照大家园

西青区民政局

从事社区工作7年多，让李娜印象深刻的是家住津尚花园小区59岁的李阿姨。一次前往津尚花园小区走访，发现一个阿姨独自坐在小区的一角发呆，还不停地抹着眼泪。李娜便上前仔细询问，得知阿姨原来是黑龙江人，已年近花甲，她儿子22岁时候游泳溺水身亡了。由于独生儿子的意外死亡对她打击过大，她心情非常压抑，从此对丈夫不理不睬，性格发生了巨大的改变，整个人变得忧郁了。最终导致和丈夫离婚，对她来说这是双重的打击。几年后她向单位申请了提前退休，从老家黑龙江搬到这里。经过观察，李娜还发现，李阿姨搬到这里后，由于对周边的人和环境都不熟悉，内心感到十分的孤独。听了阿姨的故事后，李娜心里一惊，原来李阿姨，内心竟是如此无助、痛苦。李娜伸出双臂抱了抱她，给李阿姨讲起了自己的一点经历，以同理心和同感去拉近与李阿姨的心理距离。李娜随即决定，每天去探望李阿姨，跟李阿姨谈心，帮她干点家务活，给她买点水果，从各方面都关心她；教她学习电脑，教她如何玩手机游戏、做手工，让她把内心的郁闷宣泄出来，把她当成自己的亲人。慢慢地，她的心扉打开了，愿意主动和自己聊天了。李阿姨说她以前是一名音乐老师，爱说爱笑。自从儿子出事后，她的世界都变了。经过李娜半年多时间的开导，李阿姨变得爱笑了。李娜还鼓励她到社区里参加合唱团，让她给其他爱好唱歌和弹琴的居民们当老师。李阿姨对这份“工作”很满意同时也非常负责，从此阿姨也有了精神的寄托。现在她已然成为社区文化活动的骨干，带领各个文化团队参加各类比赛，并且取得了很多成绩。因此，她们成了忘年的朋友。李娜从心里感到高兴：最大的成就感就是看到帮助的人得到最大的改变，如今李阿姨一天天变好，生活有了积极的方向。

“办事服务便捷化，做老年朋友的贴心人”，是李娜对做老年工作的宗旨。考虑到老年人行动不便的特点，为了给他们的日常生活带来方便，李娜专门设计制作了“社区便民服务卡”，里面罗列着社区工作人员、管区民警的姓名、职务、负责工作及联系方式，背面印有报警台、查号台、供热等14项日常生活中所涉及便民服务电话，在家和外出时的安全防范常识，家庭节能小常识等，让老年人享受到居家生活的便利服务。为了让老年疾病防患于未然，李娜与驻社区的福芝林药房共同邀请了总医院有关心脑血管疾病的主任医师，不定期地为老年人讲解老年人疾病预防的相关知识，并邀请中医科主任给社区居民免费号脉开方，还组织了不定期的理疗，受到了广大老年朋友们的欢迎。不仅如此，李娜还专门在社区内设立了法律咨询岗位，每周三司法所所长都会就居民关心的遗产、赡养、继承、婚姻等有关家庭的法律问题进行解答；还与驻社区的理发店签订了共建协议，为社区70周岁以上老年人办理了免费理发服务卡，每月老人们可持服务卡到店免费理发一次，也可提前预约上门服务。此外，还精心为社区80周岁以上的老年人设计了“社区祝寿卡”，凡是居住在京福里社区80周岁以上的老年人，生日当天，李娜都会亲自给他们送去社区的祝福，让老人们感受到了来自社区大家庭的温暖。

科技助老是李娜在开展工作中的创新想法。记得自己刚进社区工作的时候，社区电子阅览室刚刚配置了电脑，6台电脑还没有组装，李娜就蹲在那对着说明书研究了半天，拿着线反复插试，最终把6台电脑都组装好了，心想这下可以给老人们办电脑培训班了。当天下午，李娜就把宣传单材料弄好了，每天利用下班时间到各家进行宣传，耐心地给老人们介绍开展电脑培训班的意义。很多人怕学不会，不敢学，李娜找了他们好几次。有的老年人说：“我不会打字呀，怎么办？”李娜说：“没关系，到时候我们会一个字母一个字母地教您，您就放心吧。”几天后居民委员会成立了中老年人电脑培训班，有二十多名学员报名参加，年龄最大的71岁，最小的也有63岁。每周二、四、五，李娜和同事们从键盘上的一个一个字母教起。这些叔叔阿姨们记忆力较差，刚教完的知识转身就忘了。有时感觉手把手教课也挺吃力的，但是看到爷爷奶奶和自己聊天时的笑脸和对问题钻研的态度时，心里感觉甜甜的。有人问李娜：“你后悔当初办学习班吗？”

李娜笑着说："他们有屡忘屡问的精神，我就有锲而不舍的精神！"记得那时李娜怀孕6个月了，就在教得兴致勃勃的时候，产检医生告诉她孩子心脏畸形，可能到不了分娩孩子就要死在腹中，需要引产。当时李娜真要崩溃了，感觉天都要塌了。这对她来说真的是打击太大了。电脑班的学生纷纷给李娜打电话安慰她，坐小月子时她们还买了鸡蛋、鸡等补品去看李娜，当时李娜真的很感动。没过一个月，李娜回到单位对大家说："电脑课不能耽误，大伙还等着我呢。"就这样，老年人电脑培训班到现在已经办了10期，已有近70名老年人从中受益。这些老人们从没有任何电脑基础甚至连开机都不会，到现在不仅可以实现盲打，而且还学会了网上买衣服，和在外学习或工作的儿女们视频聊天，等等。居民陈大爷现在都会网上购物了，他说："我这两下子都是小李老师教的。以前觉得这玩意儿挺深奥，现在聊个天、冲个浪，小菜一碟！"

随着智能手机越来越普及，老年人也不再满足于接、打等"初级"要求了。经过调研，社区70%的老年都在使用智能手机，但苦于不会操作，很多功能不能正常使用。为了满足广大老年人的需求，李娜带头组织举办了智能手机小课堂，免费教社区老人学习使用智能手机，如何用智能手机给自己的生活带来方便。为了让老人们更加清晰明了地学习到有用的知识，李娜提前将一些软件的安装使用程序编写成了文字打印出来，发到了每位老人手里，并且以简单易懂的方式制作了PPT教程，并把一些软件的使用步骤做成了展板，按照步骤一步一步地手把手地教老人。在培训过程中，李娜和工作人员虽然手把手教了几遍，但一些老人还是记不住使用的方法，即使当场学会了，又担心回家就忘记了。为了更快地让老人们学会智能手机的使用，李娜建议组成了小组帮帮学，以一帮一、多帮一的形式，使得学习效果更加明显。李娜安排的课程内容十分丰富，涵盖了如何收发短信、连接手机无线网络、使用微信,以及预防网络诈骗等。不仅普及了老人们现代科技知识，同时也提升了老年人的安全防范意识，给他们带来了欢乐。下一步，李娜还将根据老人们的生活实际需求，改进授课方式和内容，逐步提升办学质量，让更多老年人享受智能生活带来的乐趣。张大爷说："现在什么东西都是智能化的，看到别的老人都会使用智能手机了，心里也很想学，但就怕学不会，又觉得很麻烦。现在在工作人员的耐心指导下，觉得没有想的那么难，使用起来也很方便。足不出户便可感受世界万千，真是好啊!”“举办此次微课堂，让老人学习掌握微信基本知识，既满足了老人们多元化的需求，也拓展了我们学习知识、了解社会的渠道，丰富了我们的晚年生活。”

另外，李娜还准备建立网络信息平台，举办网络技能培训开展交流、微互动、微展示等形式，把握党的十八大提出“唱响网上主旋律”的深刻内涵；充分认识网络宣传阵地的重要意义和老干部在网络宣传中的积极作用，全面实施“助老工程”，引导老干部宣传党的政策、献计科学发展，做正面舆论的引导者、主旋律的推动者、正能量的传播者，利用网络平台发出好声音、讲述好故事。

不仅如此，李娜还想在不断满足老年人的文化活动上下功夫，提升生活品位。打牌、串门、看电视，是农村业余生活的“老三样”。李娜决定要为他们平淡的生活加点“文化味儿”。她像“星探”一样，挨家挨户到社区里挖掘文艺骨干。短短一年，从刚开始的一两个社团十几人，发展到现在拥有梨园国剧社、翰墨书画社、健康舞蹈队、乒乓球俱乐部、葫芦丝社团、鸿儒读书社等18支文化队伍，社团成员百余人。李娜带动党员群众自编、自导、自演了很多不同形式、不同主题的各类演出活动，每一场演出居民委员会成员都亲自策划、组织。丰富多彩的文化活动，满足了居民多元化的文化需求。同时还积极倡导新型、文明的生活方式，引导居民多看书、多运动，阅览室、棋牌室、乒乓室、健身康复室等全天开放，极大地丰富了居民的文化生活。这样，不仅提高了居民的整体素质，也增强了居民的归属感和社区凝聚力。

几年来，通过李娜的不断努力，现在在社区服务中心很多分内的事居民们都抢着干、替干，门把手坏了，王大爷从家里拿来工具给修好；厕所灯泡不亮了，不知谁悄悄给换上了。李娜用心换来的是居民们更多的真心，社区俨然成为充满阳光的大家园。

军营编外指导员

西青区民政局

于丽霞今年66岁，居住在西青区中北镇侯台社区。从公务员岗位退休后，她积极参与社区志愿服务活动，并在2010年组建了侯台社区兵妈妈服务队、兵妈妈艺术团，将拥军工作从社区延伸至西青，面向驻津部队。6年来她带领兵妈妈们走进部队，为消防41中队、武警部队、警备区等6支部队开展拥军服务，受到各部队官兵的欢迎，亲切地称于丽霞为“编外指导员”。

于丽霞从小在军队大院长大，当过10年的军嫂，特殊的身份凝聚起爱军情结，在南开区王顶堤街道办事处做过12年“双拥”工作。她热爱军营，对部队有着深厚的感情，退休后又延续她的军人情结，带领20余名兵妈妈为部队开展特色服务。从驻地部队消防41中队开始，为驻区、驻津部队服务。从亲情服务向多元化为部队服务，被西青区双拥办授予双拥服务站。她建立的军人鹊桥之家、军队厨师培训基地，累计为6支部队拥军服务活动近百次，为1800人次官员服务。

驻地消防41中队担负着西青区及南开区王顶堤一带的消防安全保卫工作。每当消防车驰过，那阵阵报警声传入于丽霞及周边居民的耳中，为官兵们安全担忧，为这些可爱的战士奉献爱心成为居民们的心声。在侯台社区居民委员会的支持下，于丽霞因势利导，在2010年春节前夕组建了侯台社区兵妈妈服务队，在当年小年之日带着生活慰问品、演出队走进军营，20余名兵妈妈为战士送吉祥的中国结，发放革命传统的针线包和年货。这边军民联欢会，那边饭堂里兵妈妈和战士们包上了带家味的饺子。当饺子刚端上桌时，营区警报响起，几分钟时间战士们从兵妈妈的视线中消失，乘着消防车直奔火场。亲眼见到这场景，让兵妈妈们真实感到“警报就是命令，人民生命财产重如山”的道理。于丽霞和兵妈妈们在寒风中等待半个多小时，战士们终于安全归来。兵妈妈们一拥而上，与兵儿子们拥抱，将母亲的爱传递给战士。这一堂生动的国防课，让兵妈妈们更加关爱战士们的成长。她们每月主动到军营为兵儿子做母亲的“私家菜”、包饺子等。于丽霞经常带材料为战士们做凉菜，兵爸爸们的水煮鱼、锅贴，兵妈妈们的洋白菜肉丸子，每次必做。特别是贵州籍的兵妈妈自带材料做的水煮鱼，战士们辣得冒汗，吃得可香了。

于丽霞在与指导员的交流中，得到更多的军人需求信息。她发动社区各组织，到军营为战士讲课，有书法、军事知识、历史知识、人生观教育、旅游、法制等。每次讲课，每次大型活动，于丽霞一开口就是“兵孩子们你们好”，将母亲的情、社区居民的情传递给战士。窦指导员说：“于妈妈的一句问候，相当于我半个月的思想工作。”于丽霞成了中队“编外指导员”。每年春节、八一，于丽霞带领兵妈妈们到军营，兵妈妈们各显其能，在厨房为战士做妈妈的私家菜，包家庭味的饺子，成了常态工作。战士们最喜欢的活动就是与兵妈妈们一起包饺子，一起聊家常。慰问活动碰到战士们过生日，于丽霞就把生日蛋糕送到兵儿子面前，战士手捧蛋糕一股暖流在心中流淌……在部队的支持下，于丽霞还组织高校学生和社会群众到部队慰问，送半导体，送演出等，让战士们的心与群众的心连在一起。每年老兵离队工作有点难度，于丽霞主动配合，给战士送慰问品，把群众的感恩传递给战士，又把创业与求职、就业知识讲给战士，还帮助联系就业单位，等等。老兵们感动得流下眼泪。

消防41中队也支持社区的工作，已连续5年每逢暑假开办社区流动儿童夏令营。20余名孩子到军营一日活动，列队训练，爬上高高的训练架，学习叠被子，从宿舍杆滑到消防车旁，看看消防车中的“宝物”，穿上消防服，戴上消防大头盔，坐在消防司机驾驶位上体验，与叔叔们一起午餐。当了一天消防兵，上一堂生动国防教育课，许多孩子当即表示长大参军报效祖国。

为驻津部队创新拥军服务，于丽霞带领的侯台社区兵妈妈服务队，为官兵服务，每年春节天津卫视新闻栏目都予以报道。陆续有部队要求服务。警备区高炮团官兵长期压力大，心理咨询师到团部，为他们改善部队生活建立军队厨师培训队伍两支。武警三支队四中队新兵到部队想家，于丽霞又把南开区、和平区两支演出队发展为侯台社区兵妈妈艺术团20余人，元旦之际带着生活用品和兵妈妈艺术团走进武警三支队四中队。舟桥团千余官兵中秋节思乡，兵妈妈艺术团也送去关爱。2015年春节，受天津警备区警卫连邀请，和平区新兴街全国优秀志愿团队以阳光奶奶演出队、侯台兵妈妈们双重身份到警卫连，与百名战士联欢。身穿彩装的兵妈妈们精彩演绎民族舞蹈、快板、合唱等，受到官兵欢迎。现场兵妈妈们还教战士表演蒙古舞等。中午，兵妈妈们与战士共进午餐时，将饭菜送到战士手中，张连长说战士们感到了第二故乡母亲们的温暖。警备区通信站大部分是女兵，于丽霞为女兵连开展人生观教育，并与女兵们合影，大照片刊登在《天津民政》2015年8月刊上。

每当老兵离队的季节，于丽霞为离队老兵讲创业、讲求职，讲人生第二起点如何起航。她还将个人电话留给老兵们，说当有困难时，有需要时找于妈妈；将来在天津相亲安家，于妈妈牵红绳。一句为老兵牵红线，迎合各部队官兵们相亲需求。她们成立天津首个军人鹊桥之家，举办军地青年相亲会七场。相亲会开到六支队，开到天津警备区营区，举办大型军地青年相亲会，为驻津十余支部队的军官近百人次服务，今后还将提供为走入婚姻殿堂的军人举办婚礼等服务。

于丽霞已是花甲之年，她的爱军情结丝毫未变。兵妈妈们对军人的服务更加真诚，于丽霞带领的兵妈妈们对子弟兵的热爱之情更加醇厚。